CW01619279

137 | MONA | GÜNCEL | 6

Artık Dön! Kendine! - İşaret III

DENİZ ERTEN

Artık Dön! Kendine! - İşaret III
© 2018, ALFA Basım Yayım Dağıtım San. ve Tic. Ltd. Şti.

Kitabın tüm yayın hakları Alfa Basım Yayım Dağıtım Ltd. Şti.'ne aittir.
Tanıtım amacıyla, kaynak göstermek şartıyla yapılacak kısa alıntılar dışında,
yayıncının yazılı izni olmaksızın hiçbir elektronik veya mekanik araçla çoğaltılamaz.
Eser sahiplerinin manevi ve mali hakları saklıdır.

Yayıncı ve Genel Yayın Yönetmeni: M. Faruk Bayrak
Genel Müdür: Vedat Bayrak
Yayın Yönetmeni: Arzu Çağlan
Kapak Tasarımı: Emir Tali

ISBN 978-605-2182-31-4

1. Baskı: Aralık 2018
34-36 Baskı: Mayıs 2021

Mona Kitap, Alfa Yayın Grubunun tescilli markasıdır.

Baskı ve Cilt
Melisa Matbaacılık
Çiftehavuzlar Yolu, Acar Sanayi Sitesi, No. 8, Bayrampaşa-İstanbul
Tel.: (0) 212 674 9723 Faks: (0) 212 674 9729
Sertifika No. 45099

Genel Dağıtım
Alfa Basım Yayım Dağıtım San. ve Tic. Ltd. Şti.
Alemdar Mahallesi, Ticarethane Sokak No. 15 34110 Cağaloğlu-İstanbul
Tel.: (0) 212 511 5303 Faks: (0) 212 519 3300
www.alfakitap.com info@alfakitap.com
Sertifika No. 43949

DENİZ ERTEN

ARTIK DÖN!
KENDİNE!

A

İŞARET III

MONA

Benim canım Allahıma... Benim güzel Allahıma...

Bu yolda hepimize nuruyla ışık tutan canım peygamberim Hz. Muhammed (sav) en başta olmak üzere Hz. Ali, Hz. Ömer, Hz. Ebubekir, Hz. Osman, Hz. Hasan, Hz. Hüseyin ve tüm ehlibeyt halkına ve sahabemize... Abdülkadir Geylani Hazretleri, canım pirim İbnü'l Arabî Hazretleri, Mevlânâ ve Şems Hazretleri... Güzel Allahımın bütün güzel dostlarına...

Allahımın bana verdiği canım ailem; başta annem Tülay, teyzem Şenay, ablam Mira Şeniz ve canım Mehmet Ali Hocama. Dursun ağabeyim, Neslihan'ıma... Bu kitapların yazımı esnasında Hakk'a yürümüş canım anneannem Servet'ime...

Bu kitapları yazmamda vesile olan kıymetlim dostum Azra'ma... Benden emeğini esirgemeyen sevgili yayın yönetmenim ve dostum Arzu Çağlan'a... Gece gündüz demeden benimle beraber çabalayan Kezban'ıma...

İşaret 1'den beri bu yolda beraber yürüdüğümüz canım kardeşlerime, tüm İşaret okurlarına...

Kalbi Allah için çarpan ve iyiliğin elçisi olmak isteyen herkese...

Tüm kalbimle teşekkür ederim. Hakkınızı ödeyemem.

Canım Allahım... Biz senden razıyız... Ne olur bize lütfunla, merhametinle muamele eyle... Sen bize kolaylaştır...

Ve...

Canım Allahım, ne olur...

Hiç hak etmesek de... Sen de bizden razı ol...

Bilirim ki...

İşaret Serisi kitaplarında geçen tüm sözlerimin,

tefekkürlerimin başı ve sonu

"Her şeyin doğrusunu yalnız Allahım bilir"dir...

Allahualem bi muradihi bihi...

İÇİNDEKİLER

ELHAMDÜLİLLAHİRABBİLÂLEMİN... 17

SERVET'İM 19

KEVSER Mİ KUASAR MI? 25

EKRAN VE GÜZELLEŞMEK 29

Fetih Suresi, 29. Ayet, Feth Tasavvuru, 29. İşaret 33

TALİM 1 46

Ya Sin Suresi, 20. Ayet,
İnsan-ı Kâmil Tasavvuru/Bilinci, 20&21. İşaret 49

Kasas Suresi, 16. Ayet,
Takip Edilen İzler Tasavvuru, 16. İşaret 53

Bakara Suresi, 257. Ayet,
Özünü Arama Tasavvuru 257. İşaret 54

Kasas Suresi, 29. Ayet,
Takip Edilen İzler Tasavvuru, 29. İşaret 54

Rad Suresi, 40. Ayet,
Gök Gürültüsü Tasavvuru, 40. İşaret 70

Nahl Suresi, 82. Ayet, Arı Tasavvuru, 82. İşaret 70

Ankebut Suresi, 64. Ayet,
Örümcek Tasavvuru, 64. İşaret 72

Cin Suresi, 28. Ayet, Cin Tasavvuru, 28. İşaret 73

Bakara Suresi, 256. Ayet,
Özünü Arama Tasavvuru, 256. İşaret 74

TALİM 2 76

Hac Suresi, 78. Ayet, Hac Tasavvuru, 78. İşaret.......... 79

Yusuf Suresi, 108. Ayet,
Yusuf Tasavvuru, 108. İşaret.. 91

Enam Suresi, 162. Ayet, Hayvan (İlkel)
Bilinç (Hayvani Nefis) Tasavvuru, 162. İşaret 101

Enbiya Suresi, 87. Ayet,
Haber Getirenler Tasavvuru, 87. İşaret 104

TALİM 3 107

Fussilet Suresi, 53. Ayet, Ayırt Etme-Tafsil ve
İzah Etme Tasavvuru, 53. İşaret 108

Nahl Suresi, 68. Ayet, Arı Tasavvuru, 68. İşaret 110

Yusuf Suresi, 2. Ayet, Yusuf Tasavvuru, 2. İşaret ... 114

Bakara Suresi, 185. Ayet,
Özünü Arama Tasavvuru, 185. İşaret 115

Sad Suresi, 76. Ayet, Sad Tasavvuru, 76. İşaret........ 134

Bakara Suresi, 38. Ayet,
Bakara Tasavvuru, 38. İşaret.. 135

Bakara Suresi, 263. Ayet,
Bakara Tasavvuru. 263 İşaret.. 136

Sad Suresi, 72. Ayet, Sad Tasavvuru, 72. İşaret........ 137

Bakara Suresi, 32. Ayet,
Özünü Arama Tasavvuru, 32. İşaret 140

Maide Suresi, 32. Ayet, Sofra Tasavvuru, 32. İşaret 142

Nisa Suresi, 174. Ayet, Kadın Tasavvuru, 174 İşaret 147

Maide Suresi, 15. Ayet, Sofra Tasavvuru, 15. İşaret 148

Bürûc Suresi, 21-22. Ayet,
Burç-Sur Tasavvuru, 21-22. İşaret 150

YAZARDAN 151

Rad Suresi, 28. Ayet,
Gök Gürültüsü Tasavvuru, 28. İşaret......................... 164

Allahuekber Telkin/Talim 174

Enam Suresi, 12. Ayet,
Hayvani Nefis Bilinci, 12. İşaret 177

Muhammed Suresi, 7. Ayet,
Muhammedi Bilinç Tasavvuru, 7. İşaret...................... 180

Fakir Sofrası 182

Yardım Etmek 194

Subhan 196

Kehf Suresi, 9 Ayet, Mağara Tasavvuru, 9. İşaret 202

Bakara Suresi, 30. Ayet,
Özünü Arama Tasavvuru, 30. İşaret 209

Bakara Suresi, 31. Ayet,
Özünü Arama Tasavvuru, 31. İşaret 209

Bakara Suresi, 32. Ayet,
Özünü Arama Tasavvuru, 32. İşaret 210

Yunus Suresi, 44. Ayet,
Yunus Bilinci Tasavvuru, 44. İşaret 214

Enam Suresi, 12. Ayet,
Hayvani Bilinç Tasavvuru, 12. İşaret........................ 214

Âli-İmran Suresi, 128. Ayet,
İmran Ailesi Tasavvuru, 128. İşaret 215

Bakara Suresi 112. Ayet,
Özünü Arama Tasavvuru, 112. İşaret 216

Taha Suresi, 27-28. Ayet,
Taha Tasavvuru, 27-28. İşaret.................................. 218

Taha Suresi, 39. Ayet, Taha Tasavvuru, 39. İşaret ... 218

Kasas Suresi 7. Ayet,
İzleri Takip Etme Tasavvuru 7. İşaret 220

Mücadele (Mücadile) Suresi,
Hakkını Arayan Kadın Tasavvuru 221

Mücadele Tasavvuru 225

Mücadele Suresi, 1. Ayet,
Hakkını Arayan Kadın Tasavvuru, 1. İşaret 229

Mücadele Tasavvuru, 7. Ayet,
Hakkını Arayan Kadın Tasavvuru, 7. İşaret 232

Zümer Suresi, 53. Ayet,
Zümreler-Sınıflar Tasavvuru, 53. İşaret 234

Mücadele Suresi, 8. Ayet,
Hakkını Arayan Kadın Tasavvuru, 8. İşaret 235

Hadid Suresi, 4. Ayet, Demir Tasavvuru, 4. İşaret ... 236

VE ALLAH'INA İMAN ETTİ YANİ GÜVENDİ! 238

Taha Suresi, 37. Ayet, Taha Tasavvuru, 37. İşaret ... 241

Taha Suresi, 38. Ayet, Taha Tasavvuru, 38. İşaret ... 241

Taha Suresi, 39. Ayet, Taha Tasavvuru, 39. İşaret ... 241

Taha Suresi, 40. Ayet, Taha Tasavvuru, 40. İşaret ... 241

Taha Suresi, 41. Ayet, Taha Tasavvuru, 41. İşaret ... 242

Rabb'inden Mektuplar 243

HİKÂYEM 247

BAKIŞ "ACIM"DAN BAKIŞ "AÇIM"A 249

Çoğu insanın kalbinde okuma yazması yok.
Oysa kendini okuyamayan kaderini yazamaz...

ELHAMDÜLİLLAHİRABBİLÂLEMİN...

Âlem olan her birimiz ve âlem olan kâinat için her şey Rabbim tarafından en mükemmel şekilde planlanmış.

Şahit misin?

Bu bir **gerçek** hayat hikâyesidir...

Bazen hayat ve olaylar seni bir tarafa doğru iter. Bu senin hiçbir planınla örtüşmez, şaşırırsın, anlayamazsın. Durumu "oku"yamazsın...

İşte o zaman hatırla! İlk ayet neden "Oku!" ayetidir ve rol modelin Muhammed Mustafa (s.a.v.) neden *"Ben okuyamam ki..."* demiştir? Henüz bir kitap yokken "Oku!" dendiyse sana ve sen okuyamıyorsan ikinci cevabı hatırla:

"Rabb'inin adıyla oku ki, O seni bir dirhem etten yarattı." Düşün! Ve fark et! İşte o an Rabb'inin elini tut ve de ki:

"Ey beni bir misyonla, hikmetle yaratan güzel Allahım... Kulu için anne şefkatiyle çırpınan, kendini 'Hannan' diye isimlendiren güzel Allahım, bana doğru yolu, doğru metodu göster."

İslami kavramları hurafe, klişe diye gören kör kalpler bilir mi ki hidayet kavramının aslı nedir, ne demektir? Hidayet "hediye" demektir.

"Rabb'inin sana hediyesi."

Peki bu 'hediye' ne içerir? Rabb'inin sana yol göstericiliğini, kılavuzluğunu... Unutma! Senin "hayat koçun" kalbinde yaşıyor. Orayı temizle ki parazitsiz bir şekilde duy Rabb'ini... Niye üzülüyor, "Yalnızım, çok yalnızım" diyorsun?

Allah'ın seninle, O seni asla yalnız bırakmıyor.

Hâlâ görmüyor musun?

Hadid Suresi, 4. Ayet, Demir Tasavvuru, 4. İşaret

"Ve huve meaküm eyne ma küntüm!"

"Ve her nerede olursanız olun O sizinle beraberdir..."

Uyan ve ayağa kalk!

Ve emin ol, her şey O'nun planı dahilinde...

Haydi oku!

Rabb'inin adıyla oku!

Rabb'inin adına oku!

SERVET'İM

Yeni kitabımı düşündüğüm zamanda yetiştirememiştik. Cevabını o dönemde bilmiyordum. Tek bildiğim bunun bir sebebi ve hikmeti olmasıydı. Emindim. Ve sonrasında gelişen pek çok konu ve olaydan ötürü aynen de öyle olduğunu gördüm. Gördük.

Çalışma masam anneannemin, benim hayatımda baba, anne, arkadaş, dayanak olmuş Allahımın muhteşem zuhurlarından birinin tam karşısında duruyordu son yıllarda...

Kalçası kırıldıktan ve hastalıklarına eklenen son rahatsızlıkların ardından çalışırken gözüm üzerinde olsun, gereken bir şey olursa biiznillah yetişebileyim diye tam karşısında oturup çalışırdım.

Bir gün *kitabı yetiştiremedim,* diye düşünürken canım Allahım kalbime "*Yeni kitabını anneannene ithaf et...*" dedi.

Bir anda dondum... Sadece durdum. Sonra ellerim titremeye başladı... O süreçte sağlığı çok iyiydi. *İlham mı vesvese mi bu his acaba?* dedim kendi kendime ama bir kez içime şüphe düşmüştü. *Evet, evet vesvese... Vesvese olmalı...* diyerek kendimi sakinleştirmeye çalışıyordum. Sonra kafama onlarca soru, karıncaların hiç ummadıkları bir yerde karşılaştıkları şekere üşüştüğü gibi birdenbire üşüşmeye başladı. Anneannem vefat mı edecekti yoksa?

Ama doktoru, "Gayet iyi bu aralar" diyordu. Allahım... Canım Allahım... Allahım korusun... Yoksa şeytan benimle oyun mu oynuyor dedim kendi kendime...

Bu düşünceler dönüp dururken kafamda *Yeni kitabını anneannene ithaf edersin* dedi kalbim tekrar... *Vesvese değil ilham.* Gözlerim dolmaya başladı. Hızla hareket eden bir suyun bir anda kupkuru toprakları bastığı gibi... Uzandığı koltukta, ona oturduğum yerden baktım. Uyuyordu. İçim titremeye başladı, ama emir demiri keserdi. Ve her şey sadece rahmetti. Allahımızı bir ufacık nokta kadar da olsa tanımaya başladığında, aslında hiçbir şeyin şer olmadığını fark etmeye başlıyorsun. Aslında her şeyin, her olan şeyin, görünen perdesinin altından, sana sonsuz şefkat, rahmet ve sevginin yegâne sahibinden hayır gönderildiğini fark etmeye...

Yaşanan her şeyin; kendi ellerinle ve seni sevdiğini iddia eden, ama sana bıraktıkları manevi mirasın ne olması gerektiğini düşünemeyenlerin, elleriyle yaptıklarının sonuçlarının açığa çıkması olduğunu anlamaya başladığında, Allah'ını suçlamak gafletinden kurtulmaya başlayıp, kendinin ve atalarının görmezden geldiği sorumluluklarını nasıl da çiğnediğini fark etmeye başlıyorsun. O zaman bakıyorsun ki uyuşturucu kullanan bir anne babanın çocuğunun da uyuşturucu bağımlısı olarak doğması gibi bu olaylar. Ve olanlar Allah'ın suçu değil "onlar"ın suçu... Allah, onları ve çocuklarını yine temizlemek ve kurtarmak için elinden geleni yapıyor, ama sen göremiyorsun...

İşte sevdiğin birinin Hakk'a **"vefa"** borcunu ödemesini yaşarken, canın acısa da Allah'ının kim olduğunu, O'nun sonsuz sevgi ve rahmetini kendi çapında ucundan da olsa bilmen ve O'na güvenmen, seni teskin ediyor. O zaman bir gün "hakiki mümin" olabilirsem *"Onlar üzülmeyeceklerdir ve korkmayacaklardır"* ayetinin aslında "Onların canları acımayacak" demek değil, "Onlar hakikatleri bildikleri için, olan her şeyin olabilecekler içinde en hayırlısı ve en rahmet dahilinde olanı olduğunu bildikleri ve bundan da **emin** oldukları için güvendeler" demek olduğunu anlıyor ve elhamdülillah diyorsun...

Gözlerinden, âciz bir "insan" olduğunu ve artık sevdiğini göremeyeceğini, onunla yan yana olamayacağını, onu öpüp koklayamayacağını, onun o güzel sesini duyamayacağını bildiğin için, ateşten yaşlar düşse de, bu alevlerin Rabb'ine teslim olmuş Hz. İbrahim'i yakmayan ateş olduğunu anlıyorsun...

İşte bu yüzden; babamın Hakk'a yürümesinden sonra, küçücük bir çocukken annemden istemeye utandığım, tüm arkadaşlarımda olup bende olmadığından dolayı o zamanki "çocuk kalbimle" burkulduğum, her gün bu yüzden gizlice kırtasiyeye gidip vitrinin dışından ona camın ardından dokunarak, dışarıdan baktığım "yeşil yandan kollu masa kalemtıraş makinesini" bana alan anneanneme... Ona bu hayalimi sadece bir kez, o da bir gün ağladığımı gördüğünde söyledim. Küçücük torununu mutlu etmek için aldığı ilk maaşıyla, bu "hayalimi" kendi ihtiyaçlarının ve her şeyin önüne koyup, o yeşil kalem açacağını bulup, alıp sınıfa getiren, arkadaşlarımın karşısında onunla ve kendimle gurur duymama sebep olan anneanneme... Gitmek istediğim pikniğe "Babam yok artık, masraf olur evimize" diye kendimce sorumluluk sergileyip gitmemeye karar verdiğimde, boynumun bükük, gözlerimin dolu olduğunu fark edip, evde olan azıcık malzemeyle o piknikte "herkesin favori yiyeceği" olmuş "un helvası"nı yapıp nefis bir kapta süsleyen ve yine onunla ve kendimle gurur duymamı sağlayıp beni o pikniğe yollayan anneanneme... Ve daha sayamayacağım, hayatımıza sayısız katkısı ve fedakârlığıyla yön veren, ablamın ve benim "bizim kahramanımız" olan benim "canım anneanneme" bu kitabı ithaf ediyorum.

Onun özel bir ruh olması, canım Allahımın kulları içinde ailemizin direği olması Allahımın bize lütfuydu ve hâlâ öyle... Sonsuza dek de öyle olacak...

Biz Hızır'ı (a.s.) da, Peygamber Efendimiz'i (s.a.v.) de, pek çok Allah dostunu, Abdurrahman Gazi Hazretleri ve Hz. Ali'mizi (r.a.) de ondan ve onun onlarla yaşadıklarından dolayı yakinen tanıdık.

Amel defteri her daim açık olanlardan, daimi Hayy olanlardan ol Allahımın lütfu anneannem...

Sadece bizim ailemizdeki yetimlerin değil, kaç ailedeki kaç yetimin başını okşadın ve onları mutlu ettin sen ki sen de küçücük yaşta babasını kaybetmiş bir yetimken...

Sen evde yokken, kapın herkese açık olduğundan eve dönünce not bulurmuşsunuz ya, "Biz yedik içtik gidiyoruz, Allah razı olsun senden Servet Teyze..." diye, Allahım hakikaten senden razı olsun canım anneannem... Sen o güzelliğinle Allahımın kulundaki eli, tecellisi, vesilesi olduğundan dolayı her cihanda canım Peygamber'imin (s.a.v.) sancağı altında, ona ve ehline, âline, sahabelerine, dostlarına komşu ol, onlarla haşrol inşallah benim canım anneannem... Sen bizim Servet'imizdin. Adın gibi... Ve hâlâ Servet'imizsin. Keza ölüm yok canım anneannem...

Bu muhteşem hayat deneyiminde Allahımıza senin gibi bir tecellisini bizimle yaşatmasından dolayı sonsuz müteşekkiriz...

Canım Allahım... Biz senden razıyız, ne olur sen de bizden razı ol. Lütfun ve merhametinle bizi eğit. Muhakkak ki sen mutlak güç ve kudretin sahibisin. Ve muhakkak ki sen her şeye kadirsin.

Memnune kızı Servet Atataç, canım anneannem için bir Fatiha okumak isteyen kardeşlerim olsun, duamdır...

Bu kitabı önce canım Allahım, sonra canım Peygamberim (s.a.v.), canım İbnü'l Arabî Hazretleri pirim ve Allahımın tüm dostları ve anneanneme defalarca yoldaşlık yapmış canım Hızır (a.s.) efendimiz ve tüm peygamberlerimiz ve Cebrail (a.s.) başta olmak üzere dört büyük meleğimiz ve sonra da kendisi de yetim olan anneanneme ithaf ediyorum...

İyi ki bizim hayat deneyimimizde bizim anneannemizdin ve anneannemizsin.

Aile büyüklerinin değerini bilmezsek Allahımızı anlamamış oluruz. Eğer çocukları put edinip yaşlıları önemsemezsek hesabını vermek kolay olmayacaktır. Çocuk ve mal Allahımın Kuran'da bizi uyardığı bir konudur, çünkü onları herkes sever. Oysa yaşlılarımız, anne ve babalarımız Allahımızın "Bana şirk koşmayın" dediği ayetlerden sonra "Anne babanıza iyi davranın!" diye uyardığı bir meseledir...

Allah-ü Teâlâ Kur'an-ı Kerim'de şöyle buyurmaktadır:

"Rabb'in ondan başkasına ibadet etmemenizi ve anne babaya iyilik etmenizi emretmiştir. İkisinden birisi yahut her ikisi senin yanında ihtiyarlık çağına ulaşırsa, sakın onlara öf bile deme; onları azarlama, onlara güzel söz söyle; onlara rahmet ve şefkat dolu tevazu kanadını ger. Onlara alçakgönüllü ve şefkatli davran ve onlar hakkında dua edip şöyle de: Ey Rabbim, bunlar küçükken beni nasıl yetiştirip büyüttülerse, sen de onlara merhamet et, acı."[1]

"Sizin evlerinizde beli bükük yaşlılarınız olmasa üzerinize bela yağardı" diyen bir Peygamber'in (s.a.v.) ümmetiyiz... "Beli bükülmüş ihtiyarlarınız olmasaydı, belalar sel gibi üzerinize dökülecekti."

---

1 İsra Suresi, ayet 23-24.

Anne sözünden çıkmadığı için Efendimiz'i (s.a.v.) göremediği halde efendimiz tarafından hırka giydirilmiş Hz. Veysel Karani'nin sevdalısıyız.

Annesi için ağlayan ve ona sevgisini her an dile getiren bir Peygamber'in (s.a.v.) ümmetiyiz... Bir yaşlı hastayı ziyaret etmemiz için teşvik ederken, o yaşlı hasta için "Beni niye ziyaret etmedin?" diyen bir Allah'ın kuluyuz.

Seni seviyorum Servet'im... Bir gün yeniden buluşmak üzere...

"Herhangi bir genç yaşlılığından dolayı bir ihtiyara hürmet ederse, yüce Allah da yaşlandığında ona hürmet edecek kimseler halk eder."[2]

"Küçüklerine şefkat göstermeyen, büyüklerine değer ve saygı göstermeyen bizden değildir."

"Saçı sakalı ağarmış yaşlı Müslüman'a saygı gösterip ikram etmek, Allah'a saygıdandır."[3]

"Düşkünleri görüp gözetiniz, zira siz ancak düşkünleriniz sayesinde yardım görür ve rızıklanırsınız."[4]

"Bereket, büyüklerinizin yanındadır."[5]

"Beli bükülmüş ihtiyarlar, süt emen bebekler, otlayan hayvanlar olmasaydı belalar sel gibi üstünüze dökülecekti."[6]

---

2 Tirmizî, *Birr*, 15; Ebu Davud, *Edeb*, 58.

3 Ebu Davud, *Edeb*, 23.

4 Tirmizî, *Cihad*, 24; Ebu Davud, *Cihad*, 70.

5 Münavi, *Feyzu'l-Kadir*, 3/220.

6 Acluni, *Keşfü'l-Hafâ*, 2/230.

KEVSER Mİ KUASAR MI?

Kuran'da geçen "Kevser" kelimesinin, uzaydaki "kuasar"-ları ifade ediyor olabileceğine dair bir fikri, Deniz Erten'den ilk duyduğumda çok ilginç buldum. Çünkü bu iki kelimenin telaffuzları birbirlerine çok benziyordu. Üstelik A-Rab-cada "v" harfinin "u" sesiyle de okunabildiğini göz önünde bulundurduğumuzda, bu benzerlik daha çok ortaya çıkıyordu.

İslami manada "Kevser"in anlamı kesin olarak bilinmemekle beraber, bunun "sütten ak bir nehir" olduğuna inanılır. Ve aynı görüşe göre bu nehir dünyada değil, cennettedir.

Benzer özellikler, uzayda gözlemlenebilen, fakat ne oldukları hâlâ çözülememiş kuasarlarda da bulunur. Ve hatta onların kara deliklerin tersi olan ak delikler olabileceğine dair kuvvetli bir görüş mevcuttur.

Kuasarlar 1950'li yıllarda ilk keşfedildiği zaman bilim insanlarını çok şaşırtmıştı. Çünkü o kadar uzaktaydılar ki onları görememememiz gerekiyordu. Normal şartlar altında, milyarlarca ışık yılı uzaktaki cisimlerin, dünyaya ulaşacak kadar güçlü ışık yaymaları mümkün değildir.

13 milyar ışık yılı kadar uzaktaki kuasarlardan bahsediliyordu. Yani bir saniyede 300 bin km hızla hareket etseydiniz,

oraya varmanız 13 milyar yıl sürerdi. Ama o kadar güçlü ışık yayıyorlardı ki bir kuasarın ışığı Güneş'inkinden trilyonlarca kat daha fazlaydı.

İşin sırrı buradaydı. Peki ama çevrelerine böylesine akıl almaz derecede ışık ve radyasyon yayan cisimlerin enerjisinin kaynağı ne olabilirdi? Bunu anlamak için kuasarların yapısına dair gözlemler yapılması gerekiyordu, ama yaydıkları güçlü ışık, içeride ne olduğunu görmemize engel oluyordu. İşte bu yüzden bu muhteşem parıltıların içerisi, büyük bir "sır" olarak kaldı.

Peki, kuasarların kara deliklerin tersi gibi çalışan yapılar olabileceğine dair görüşün kaynağı neydi?

Bu sorunun cevabı kara deliklerin özelliklerini bilmekten geçer. Onlar Güneş'imizden çok daha büyük yıldızların kendi içlerine çökmesiyle oluşan cisimlerdir. Kütle yoğunlukları öyle artar ki, dünyanın milyarlarca katı büyüklükteki bir kütlenin, sıkışarak sadece 1 kilometre çapındaki bir alana sığdığını düşünün. İşte kara delikler böylesine yoğun bir kütleye sahiptir. Bu durum onlara müthiş bir kütle çekim kuvveti kazandırır. Her şeyi içlerine çekerler. Işık bile onlardan kaçamaz. O yüzden kapkaranlıktırlar. Gözle görülmezler. Onların varlığı, sadece çevrelerinde meydana getirdikleri etkiler sayesinde tespit edilebilir.

Kara delikler, dev yıldızları bile yutarlar. Bir kara deliğin olay ufkundaki cisim, ışık hızında içeri çekilir. Artık içeride zaman ve mekân yoktur. Yırtılmış bir uzay-zaman dokusu vardır. Bunu bir gök kapısına benzetebiliriz.

Kuasarlar incelendiğinde ise bu özelliklerin tam tersinin işlediği görülür. Yani onlar kara deliklerin yuttuğu cisimleri, evrenin diğer bir köşesinde, radyasyon ve kütle olarak "kusan" ak delikler olabilirler. Peki, bu ak deliklerden Kuran'da Kevser (kuasar) adıyla bahsediliyor olabilir mi? Kara deliklerin Kuran'da, Kehf Suresi'nde "aynin hamiye" adıyla, yani "kara balçık, göze" şeklinde geçtiğini düşünürsek ki "aynin hamiye"nin Güneş'i yuttuğundan da aynı surede bahsedilir, ak deliklerden neden bahsediliyor olmasın?

Her şeyin doğrusunu Allah bilir."

Hamza Yardımcıoğlu

Yazar, Yapımcı, Araştırmacı, Sunucu

* * *

Tüm kitap ve televizyon programlarından inanılmaz derecede faydalandığım, derin ilmi "haline" yansımış ender ve güzel insan... *İşaret* 1 ve 2 isimli kitaplarımda da çeşitli kitaplarından yararlandığımdan bahsettiğim sevgili Hamza Yardımcıoğlu...

Bir sabah uyandığımda "İnna ateyna kel Kevser", "Biz sana Kevser'i verdik" diyen Rabb'imin kalbime "O 'Kevser, kuasar olabilir araştır!" diye ilham ettiğinde ilk ve tek ulaştığım isim olup, beni kendi görüşünü kitabımıza koymakla onurlandıran güzel insan...

Kimine göre "zaman yolcusu", bana göreyse "hakiki Hak yolcusu" Hamza Yardımcıoğlu'na sonsuz sevgi ve saygılarımla...

Her kitabınız birbirinden değerli ve o kadar net ki... Bu kitapta da, her zaman söylediğim gibi bir yazar değil, her bir kardeşimle kendi babımda araştırmalarımı, ilham ve içsel yolculuğumu, hayat deneyimimi paylaşan bir yolcu olarak, sizin ve ilminizin daha da çok kardeşime ulaşmasına vesile olmaktan ayrıca mutluluk duyuyorum.

"Biz sana kuasarları verdik..."

"Her şey **aşk, ışık** ise kuasarların gücünün **Nur-u Muhammedi**'deki yeri düşünülmeye, tefekkür etmeye değer" dedi kalbim. Hele ki **"ışığın konsantre halde bulunduğu"** bu sırlı kavram bende, "Ta Ha", "Ya Sin", "Ha Mim" gibi "anlamların da konsantresi" olarak algıladığım "huruf-u mukattaa"ların ve/ veya esmaların da bu **Gök Kapıları**'ndan olabilme ihtimallerini tefekkür etme düşüncesini oluşturdu.

Sıfır Noktası'nı okuyorum bu ara Hamza Bey. Hayretle...

Her kardeşimin sizi tanıyıp okuması dileğiyle.

İyi ki varsınız güzel insan...

Canım Allahım ve canım Peygamberim (s.a.v.) her daim yoldaşınız olsun...

"Allah'ın övülmeye ihtiyacı yok,
senin güvenmeye ihtiyacın var..."

EKRAN VE GÜZELLEŞMEK

Merhaba yol arkadaşım...

Şu an elinde tuttuğun kitapta inşaAllah seninle yolculuğumuzun üçüncü etabına başlıyoruz.

İşaret 1 ve 2'de kendime ve sana, sistemin hiç de bizim düşündüğümüz şekilde düzenlenmediği gibi başta ben olmak üzere, çoğumuzun asli anlamda, ne varoluşumuz, ne Yaradan'ımız, ne de hakikatlere ilişkin bilgimizin olmadığını göstermeye çalıştım.

Öncelikle *"Bu kitapta hedefin nedir Deniz?"* dersen, hedefim; "kendime ve sana, yaşadığımız bu âlemin bir tür simülasyon olduğunu, senin ve benim Peygamber Efendimiz'in (s.a.v.) söylediği gibi bir "rüya" içinde olduğumuzu ve hatta son dönemde bilimsel olarak "Rüyadasınız" diyen bilim insanlarının kullandığı tabirle "her birimizin kontrollü bir halüsinasyonda olduğunu" göstermek.

Sonrasında ise "beraberce" bu illüzyonu, simülasyonu bilincimizde kırmanın ve "hakiki varlığımızla" buluşmanın, yani "miracımıza yol almanın İslami metotlarının ilmi karşılıklarına" da değinerek, seninle birlikte bu öğretileri uygulamaya başlamak.

Bu sebeple öncelikle vereceğim örnek üzerinden düşünmeni, tefekkür etmeni istiyorum. Şimdi... Bir televizyon kanalı düşün... Orada bir program çekimi yapılıyor. Ekrana yansıyacak olan sanatçı ve sunucu, karşılıklı oturmuş konuşuyorlar. Bir televizyon kanalının merkez stüdyosunda çekimde bulunan kişi, aslen ve sadece orada "canlı ve hakiki"dir değil mi? Bununla birlikte, o kişinin görüntüsünü şehrin birinde bir televizyondan, ikiboyutlu bir ekrandan izleyen kişi, sanki o kişi ya da kişiler "canlı" bir şekilde o kutunun içinde ve program o an kendisine "canlı" olarak onlara yansıyor gibi görür. Ekrandan o program ve görüntüleri izleyen kişi, aslı "ikiboyutlu bir ekran" olan bu "ara-yüzde" gördüğü görüntüleri üçboyutlu gibi algılar... değil mi?

İşte bu kâinat ara-yüzünde sen de ben de şu anda her şeyi ikiboyutlu bir ekrandan üçboyutlu ve "canlı" izliyor gibiyiz. Bu durum, tasavvufi tabirle; kişinin **gölgesinin de gölgesinin (gölgenin gölgesi)** izlenmesi anlatımı gibidir. Bu noktada sen de ben de "hayat" diye algıladığımız süreçte, hakikatimiz zannettiğimiz böyle bir görüntüyle kendi beden TV kutumuzda baş başayız.

Oysa **senin asli hakikatin**, seni o stüdyodan izleyen kişi, yani "**senin Hak'ta bulunan esman, ayan-ı sabitendir.**"[7] Yapman gerekense "miracın", yani "bilinç yükseliş merdiveni" olarak da ifade edebileceğimiz bir yolculukla, **buradaki ekran görüntünü o stüdyodaki esmaya** iade etmendir. O noktadan itibaren ise hakiki varlığınla bu hayat yolculuğunda sendeki Hakk'ı izhar etmiş olarak yani "bilhak" ile bu **belirli amaçlarla gönderildiğin yeryüzünde** tasarrufta bulunmandır. *"İkra'bismi rabbikellezi halak"*,[8] *"Ahir zamanın bir işareti de insanların Hak adına değil, başka amaçlarla öğrenmeye başlamasıdır"* der Peygamberimiz (s.a.v.).

---

7 Ayan-ı sabite: Sabit hakikat.

8 Alaka Tasavvuru, 1. İşaret.

Oysa, arştan kelime kelime indirilen, Allah'ın kendi kelimelerinden/kelamından oluşan son hikmet/bilgelik kitabı Kuran'la insanlığa gelen ilk işaret, onun kendisini, hayatı ve kâinatı (sistemi) kendisini yaratan (halk eden) Allah'ın adıyla ve Allah'ın adına "oku"masıdır.

Burada söylenilmek istenen, "deneyimlediğin, gözlemlediğin her şeyi, Allah'ının uğruna ve Allah'ınla okuman"dır...

"Sendeki" Allah tecellisinin namına...

Peki, bu ne demektir?

Modern denilen toplumlara baktığında eğitimin amacının özellikle son dönemlerde "daha çok para, unvan" ya da "makam" kazanmak ve "daha rahat bir dünyevi hayat sürme" hedefinde olduğunu görürsün. Her sene çeşitli dergilerde "en popüler meslekler" gibi yazılar, araştırmalar çıkar.

Modern toplumda insanı metalaştıran "insan kaynakları" denilen bir kavram bile vardır. Bana sorarsan bu anlatım bile insanın doğal kaynaklarını "sömürüp" tüketmeye, onun posasını çıkartmaya yönelik dünyevi sistemin, sömürgeciliğinin janjanlı görüntüler altında gizli bir anonsudur.

İnsan, eğitimini, kendi varoluşu ve asli hakikatini bulmak üzere almazsa, bir "meta, mal", "kullanılan" bir kaynak olmaktan öteye gidemez ve er geç zarar görüp kaybolur. Varlığının nedenini, hayatının amacını merak etmez, hayatına, hayatından daha yüksek bir amaç koyamaz; çünkü hakikat bilgisi yoktur ve bu yüzden de dünyevi algıları, sınırlı idraklerinin kafesine sıkışıp kalır.

Oysa, kişi kendi asli hakikati, yani varoluşuyla ilgili çalışmalar yaptığında, yani "kendisinin peşine düştüğünde" dönemin popüler mesleği, felsefesi, şu, bu diye hiçbir kayıt koymadan "Rabb'inin onu var etme sebebini gerçekleştirmeye" çalıştığında, "en aranan, en özenilen rol modellerden olması kaçınılmazdır." Çünkü varoluş sebebi, Rabb'i tarafından sadece ona tahsis edilmiş özel bir amaca binaendir ve o amaç sadece "onu" beklemektedir.

rihe damga vurmuş, ismi hâlâ yaşayan insan- hakikati fark etmiş olanlardır. Bu ister bir fut- ster matematikçi, ister engelli, bedeniyle nice olağanüstülüğe imza atmış bir kişi...

İşte İslamiyet'te, Müslüman'ın diğer insanlara şahit olacağı anlatımı altında bir yönüyle bu anlam da yatar. Rabb'imizin bize Peygamber Efendimiz (s.a.v.) ve hikmet/bilgelik kitabı Kuran vesilesiyle sunduğu metotlar, kişinin ilahi hakikatini gerçekleştirebilmesi için sunulmuş gelmiş geçmiş en kâmil ve en net metotlardır.

İslami metotlarla kendi hakikatini, varoluşunu gerçekleştirmek için çalışmalar yapmaya ve her şeyden önce bunu samimiyetle ve gayretle yapmaya başladığında, içindeki "deha" da yavaş yavaş açığa çıkmaya başlayacaktır.

Biliyorum kendini "beden"den ibaret "zan"nediyorsun. Yani kendini adeta bir "araba" zannediyorsun ama hakikat öyle değil... Bu artık bilimsel sonuçlarıyla gün yüzüne çıkmaya başlamış bir gerçek ve sana bunlardan da bahsedeceğim.

Sen, bu yolculukta beden ya da araba değil, sana verilen bedeni, yani arabayı "kullanan" kişisin. Bu yüzden kendini bir an önce araba zannetmekten vazgeçmelisin. Sürekli "arabana" konsantre olup ona süs püs eklemekten çok, artık arabanı "kullanana" yatırım yapmaya başlamalısın.

Toprağında Rabb'ine ait esmalar gizli ve bir an önce filizlenip ağaç olmak üzere "işlenmeyi" beklemekteler. O beden toprağını "bahçe" anlamını taşıyan "cennet"e dönüştürmen için. Cennete neden "bahçe" dendiğini, beyin yapını anlattığımda daha da iyi kavramaya başlayacaksın.

Sen beden ya da beyin değil, onu kullanıp ona çiftçilik yapan, onu bahçeye dönüştüren kişisin. Feth Tasavvuru, 29. İşaret'te bak ne diyor sana Rabb'in; yani sana varoluş hakikatini veren ve onu nasıl açığa çıkarman gerektiğini öğreten ve uygulatan öğretmenin...

Fetih Suresi, 29. Ayet, Feth Tasavvuru, 29. İşaret

"Muhammedun resûlullâh (resûlullâhi), vellezîne meahû eşiddâu alâl kuffâri ruhamâu beynehum terâhum rukkean succeden yebtegûne fadlen minallâhi ve rıdvânen sîmâhum fî vucûhihim min eseris sucûd (sucûdi), zâlike meseluhum fît Tevrat (Tevrati) ve meseluhum fîl İncil (İncili), ke zer'in ahrace şat'ehu fe âzerehu festagleza festevâ âlâ sûkıhî yu'cibuz zurrâa, li yagîza bihimul kuffâr (kuffâra), vaadallâhullezîne âmenû ve amilûs sâlihâti minhum magfiraten ve ecren azîmâ (azîmen)."

"Muhammed, Allah'ın Resul'üdür. Onunla beraber olanlar, inkârcılara karşı çetin, birbirlerine karşı da merhametlidirler. Onların, rükû ve secde halinde, Allah'tan lütuf ve hoşnutluk istediklerini görürsün. Onların secde eseri olan alametleri yüzlerindedir. İşte bu, onların Tevrat'ta ve İncil'de anlatılan durumlarıdır: Onlar filizini çıkarmış, onu kuvvetlendirmiş, kalınlaşmış, gövdesi üzerine dikilmiş, ziraatçıların hoşuna giden bir ekin gibidirler. Allah, kendileri sebebiyle inkârcıları öfkelendirmek için onları böyle sağlam ve dirençli kılar. Allah, içlerinden iman edip salih amel işleyenlere bir bağışlama ve büyük bir mükâfat vaat etmiştir."

Biliyor musun, kendini, asli hakikatini bilmediğin için âciz ve şanssız gibi hissetsen de aslında harika, müthiş bir varlıksın ve sandığının aksine çok şanslısın!

"Sure" kelimesinin bir anlamının "tasavvur"[9] olduğunu bilmen Rabb'inin sana "mektupları" olan bu surelerle bilincinin Rabb'in tarafından inşa edildiğini anlamana sebep olacaktır... Bundan böyle "sure" kelimesini görünce hemen kafanda bir lamba yak ve de ki:

"Hey Deniz! Sure "tasavvur ve kavram, bilinç ve menzil" anlamında kullanılıyor. Rabbim bana o tasavvurun gördüğüm "suret"lerde yansımasını gösteriyor ve Rabbim o tasavvur ve kavrama ilişkin ayet-işaretler vererek, bunların kafamda canlanıp şekillenmesini sağlıyor. Sure, bir "sur" gibi o kavramın sınırlarını belirliyor ve bu şekilde beynimi "kullanan" **benden öte ben**, bu suretleri okurken nasıl düşünmem ve gözlemlemem **gerektiğini öğreniyor bilinç yükselişimde bir menzil daha alıyor, bir menzile daha varıyorum!"**

İşte bu bakış açısıyla Alak Suresi ve ayetleri dendiğinde, aslında "Alaka-İlgi Tasavvuru"nun senin bilincinde Rabb'in tarafından nasıl "inşa" edildiğini fark edersin. Alak Suresi, Rabb'inin kendi "ruhsal sistemi" içinde seni eğitmek için sana gönderdiği kitabının başladığı ilk suredir... Ve O'nun seninle nasıl "alaka"dar ve "ilgili" olduğunu ve seni hayat dilimin boyunca eğiteceğini işaret eder.

Öte yanda (bütünsel sistem içindeki en alt seviye bilinç sistemi olan) "dünyevi sistem" içinde de doğduğun günden beri senin bilincinde her kavram, birileri tarafından inşa edilir. Annen sana "Mutluluk paradır" öğretisinde bulunursa, senin "mutluluk" kavramını inşaatın bu ilim ve bilgi üzere olur. İnsanların birbiriyle çatışmalarının başlıca sebebi de budur: "İsmen" aynı kavramların farklı anlam içerikleriyle doldurulması...

Bu yüzden Rabb'in bu hayat yolculuğunda sana "kavramların hakiki manasını" öğreterek bilincini inşa eder. Çünkü

9 Tasavvur: 1. Göz önüne getirme, hayal etme, zihinde canlandırma. 2. Tasarım. 3. Düşünce, amaç, niyet, maksat, plan. (TDK Sözlüğü)

ilahi hakikatine varmak istiyorsan ki amacın bu olmalı (keza en büyük hazine odur), hakikat yolculuğunu ancak "hakiki bilgi/ hakikat bilgisi" ile yapabilirsin...

İşte bu bilgiyle baktığında, şunu bilmelisin; alaka,ilgi tasavvur ve kavramındaki ilk işarette (ayette) Rabb'in tarafından belirtildiği gibi, sen kendindeki hakikati (esman ya da esmaları) dışarı çıkardığında, "bu dünya yolculuğu süresince her eğitimini, terbiyeni Rabb'inin adı ile ve **O'nun adına**" gerçekleştirdiğinde her şey değişecektir.

Hedefin dünyayı değil, kendini, ilahi hakikatini kazanmak olduğunda, senin bu amacını gerçekleştirebilmen için yaratılan kâinat, hizmetçin olacaktır.

"Kendi hakikatini gerçekleştirmenin" sonuçları, mananın maddeyi dönüştürmesi yani artık **senin bir tür "simyacı" olmandır.**

Bu dönüşümün yüzünden sen, diğer insanlara "şahit" olacaksın, yani çoğu insanın "rol model" olarak gördüğü, feyiz aldığı biri olacak ve bir tür "öğretmen" haline dönüşeceksin. Ve daha ileride değineceğimiz daha neler neler yaşayacaksın...

İnşaAllah!

İşte bu gözle ve bilgiyle baktığında aslında bu ayette Allah'ının sana ne çok işaret verdiğini anlayacaksın.

Rabb'ine "kab-ı kavseyn" denilen derecede "yaklaşmış" ve gelmiş geçmiş en yüksek ilim sahibi Peygamberimiz (s.a.v.) bile *"Allahım ilmimi artır"* diyorsa, o bile ilim istemek üzere Rabb'i tarafından talimat aldıysa, bizim vaktimizden bir saniyeyi dahi boş geçirmememiz gerek!

"Öğrendim de ne elde edeceğim?" diyorsan, ilmi ve bilmenin gücünü anlamamışsın demektir.

Şimdi sana Joe Dispenza'dan bir örnekle, Monet'den bir resim göstersem ve bunu yorumla desem, belki sadece "Ne de hoş" dersin.

Biliyor musun Monet tam kırk dört yıl kendine eşyaları başka bir gözle görmeyi öğretmek için çabalamış. O ışığı çok sever ve üzerinde çok düşünürmüş, sabah ve akşam doğanın renklenmesini dikkatle inceleyip *"Bunları resimlerimde yakalar ve yansıtırsam, insanlar, bundan böyle dışarıda hiç dikkat etmedikleri şeylere bakar ve üzerinde tefekkür eder"* diye umut edermiş, desem... Yaşlandığında gözlerinde oluşan kataraktan dolayı "ışığı yansıtma" şeklini değiştirmiş, çizimlerinde farklı üsluplara yönelmiş. Hayatı başka bir bakış açısıyla izlemekten o kadar memnunmuş ki, onun gözlerini tedavi etmeye çalışan doktora kızıp "Ben böyle görebilmeyi öğrenmek için çok uzun yıllar boyunca çalıştım" diye fırça atmış, desem...

Şimdi, az önce baktığın resme yeniden, bu bilginin merceğinden baktığında, daha önce dikkat etmediğin şeyleri fark etmez misin?

Ve bu, gördüğün şeyi **değiştirmez** mi?

"Bunun sebebi ne?" dersen, sana verilmiş bir alet olan beyninde o ufacık bilginin, senin hakikati görebilmen için yaptığı yeni nörolojik ağ ve devrelerdir. O resme artık beyninde bağ kurmuş bu yeni devrelerle baktığında, o zamana dek gözünün tam da önünde durmasına rağmen daha önce fark etmediğin detayları şimdi görmeye başlamandır.

İşte hayat ve gerçeklik de böyledir.

Yine bu yüzden "*İşaret* 1 ve 2'yi bir kez daha okumaya çalışalım" dediğimizde, ikinci okumanda ilk okumanda fark etmediğin şeyleri fark etmeye başladın ve bunları "Ben bunu nasıl da önceki okumamda fark etmemişim Deniz Hanım?" diye bana yazdın. Kitabı ilk okumanda öğrendiklerin sonucu beyninde oluşan yeni devreler, daha önceki idrakinden kaçan bilgileri, kitabı yeniden okudukça yakalamaya başladı.

Bunun neticesinde "bilincindeki" değişikliğin "kuantum alan olan kâinatta" sana "yansıtılması", "ayna"lanması sonucu, Allah'ın muazzam sistemi olan kâinattan adeta üzerine "işaretler" yağmaya başladı.

Bu gerçeklik önceden de vardı. Aynı Monet örneğindeki resim gibi, tam da gözümüzün önünde duruyordu. Ama bizim bu gerçekliğe ilişkin ilmimiz, bilgimiz yoktu. Bilgimiz olduğu an itibariyle o gerçeklik kesiti bize ve hayatımıza açıldı.

Cahil olduğumuz her konu cehalet kavramı "karanlıkta kalma" manasını da taşıdığından, bize "aydınlanmayacak ve açılmayacaktır". Bizim için o konu "karanlıkta kalacaktır", çünkü o konuya ilişkin ilmimiz ve o ilmin oluşturduğu "doğru" nörolojik bağlantımız beynimizde oluşturulmamıştır...

A-Rab-cada "zulüm" kelimesi, "bir şeyi kendi yerine, konması gereken yere koymamak" ve "karanlıkta bırakmak" ve "zalim"se "bir şeyi kendi yerine koymayan ve karanlıkta bırakan" demektir.

Bu bilgi ışığında Rabb'imizin "Nefsine zulmetme!" ifadesi ile sana "*Canım kulum bedenine yenilip de ilahi hakikatini koyman gereken yere koymayıp, örtüp, karanlıkta bırakma! Sendeki bu muazzam hazineyi açığa çıkar... O benim sana hediyemdir!*" dediğini fark edeceksin. O noktadan sonra ise **hidayet** kelimesinin neden **"hediye"** ile aynı kökten geldiğini anlayacaksın.

Hidayet, sana sürekli hediyeler veren Huda'ndan hediyendir... Bu dönüşüm sürecinde biz onlara ilişkin daha çok "ilim" edindikçe Allah'ın âlem ve âdemdeki esma ve sıfatları da kendilerini bize daha çok zahir edecektir...

Bil ki tüm varlık Müslüman'dır... Teslim olandır... Yerlerin ve göklerin yegâne sahibi Allah'ına ve O'nun koyduğu kurallara hepsi teslim olmuştur. Böylece her biri varoluş sebeplerini gerçekleştirirler. Onların tespihi de budur. Güneş, Ay, kuşlar, ağaçlar, yıldızlar ve tüm kâinat, Allah'ın emriyle hareket eder. Onlar Allah'ının yerde ve gökteki ordularındandırlar. Allah'ın arısına vahyederek senin için nerede ve nasıl bal yapacağını öğretir. Allah'ın Güneş'ine emrederek doğru ışın ve sıcaklıkla dünya rızkının yetiştirilmesini sağlar. Allah'ın senin için her şeyi düşünmüştür. Bir kuşun yaşadığı yerden, kanadının tasarımına kadar, rüzgârıyla nasıl ve nereye göç edeceğini düşündüğü gibi...

Etrafına bir bak... Bu muazzam şekilde ve estetikle, kusursuz tasarlanmış evrende her şey ne kadar da mükemmel düşünülmüş, planlanmış ve düzenlenmiş.

Sen Allah'ın "halife" potansiyelinde yarattığı ve tüm kâinatı hizmetine verdiği insanoğlusun.

Etrafındaki her şey mükemmel bir tasarımla yaratılmış ve düzenlenmişken, "en yetkin varlık potansiyeli" ile yaratılan **senin** tasarımının, her bir hayat etabının planlanmadığını mı düşünüyorsun?

Ailen dahil hayatına girmiş herkesin ve şu an yaşadığın "Bu neden olmak zorundaydı ki?" dediğin her şeyin bir plan dahilinde olmadığını mı zannediyorsun? Hayatındaki her bir detayı senin kemalatın ve mutluluğun için hazırlamış olan Allah'ının tüm bunları düşünmediğini mi, planlamadığını mı sanıyorsun?

Şu an olanın senin bir kuş gibi doğru yerden, doğru zamanda hakikatine doğru kanatlanman için olmadığını mı? Sakın bu hataya düşme! Allah'ın seninle! Ve şu an sana yaşattığı şeye **teslimiyet** ve **güvenle** bakar ve şükredersen, bu olan olayların O'nun sana verdiği bir **hediye** olduğunu anlayacaksın... Emin ol... Allah'ına sahip çık... "Annem" dediğin, "aşkım" dediğin, "evladım" dediğin gibi "Allahım" de... Allahım evet âcizim, evet cahilim, evet unutanım, ama benim sana sevgim, inancım ve güvenim sonsuz... Ne olur hiçbir zaman elimi bırakma ve idrakimi aç!

"Allahım beni duymuyor" diye düşündüğünde *"Allah her şeyi duyandır"* bilgisini, ayeti (işaretini) kavrarsan ve bu bilgiyi kalben içselleştirir ve kabul edersen, Allah'ının seni duyduğuna ilişkin işaretler yağmaya başlayacaktır. Unutma kabiliyet "kabul" etmekle ilgilidir ve her insanın "kab"ı kadar "kabulü" vardır. "Kabile" denilen kavramsa aslında "insanların neyi kabul ettikleriyle" bağlantılıdır.

Yahudilik tasavvufu olarak adlandırılan; ancak maalesef rahmani yaklaşıma ters birtakım yaklaşımlar içine düşmüş ya da düşürülmüş kabala da, yine "kabul" kelimesinden gelir. Hatta A-Rab-cadan gelen İngilizcedeki *"capability-capacity"*, bize "kapasite" olarak yansıyan sözcük de yine kabul kelimesinden gelmektedir. Her şey temelinde A-Rab-cadır...

Konumuza devam edersek, işte sana bu işaretler eskiden de yağıyordu; ama ilintili **bilgilerin kablosu senin kalp ekranına** bağlı değildi.

Bu bilgi "bilinç"e işleyince, "görüş" ekranına bağlanan yeni bir kablo gibi, "ekran"da gördüklerin değişmeye başladı. Ve kabullerin "genişledi".

Şimdi...

O zaman, aşağıdaki işareti de bu yeni bilgi ve ilimle okuyalım beraberce... "İKRA!" **"OKU!"**

Senin İKRA'n, senin bilinç EKRA-nındır...

İngilizcede "*screen*" olarak geçen ve "sıkriin" olarak okunan kelime de yüksek ihtimalle -fonetik, ses benzerliği yoluyla bu lisana transfer olmuş- "ikra-n", "ekran" kelimesiyle bağlantılı olabilir...

İngilizcede "örtü" anlamına gelen "kavır" diye okunan "*cover*" kelimesinin "örtmek" anlamına gelen "kâfir" kelimesinden geldiği gibi...

Devam edersek...

Tasavvufta çokça üstünde durulan bir anlatım vardır, Peygamber Efendimiz'in (s.a.v.) hadisi: "*Allah, kulunun zannı üzeredir...*"

Bu anlatımın üzerinde çokça durulur, çünkü dünya yolculuğunda bu hadisi doğru anlarsan senin için her şey değişecektir.

Kuantum fizikçilerinin yıllardır yaptıkları çalışmaları bir tek satırda toplayan bu muazzam anlatım aslında "bilirsen" sana ne kadar olağanüstü bir sistemde yaşadığını söyler.

Canım kardeşim...

Şimdi bu anlattıklarımızı daha iyi anlayabilmek ve içselleştirebilmek için seninle bir çalışma yapalım. Okuduklarımızı bilincimize geçirebilmek için aşağıda paylaştığımız öğretilerdeki noktalı yerlere, benim ismimin yanına lütfen sen de kendi ismini yaz.

Bu, ayeti okurken senin, Allah'ın tarafından direkt olarak muhatap alındığını ve eğitildiğini görmeni sağlayacaktır.

"İkra'bismi rabbikellezi halak (halaka)."[10]

---

10 Alak, 1.

Ey Deniz, ey ....

Eğer ki kâinatı seni halk eden, yani sende esma ve sıfatlarıyla zuhur eden Rabb'inin adı (isimleri, esmaları) ile ve O'nun adına okursan Deniz...

Göz "ekran"ına, "bilinç"inin karşılığı olan sayısız "gerçeklik kesiti" düşecektir Deniz...

Sen buraya, bu âlem, yani "Hakikat İlmini Talim, Terbiye Alanı"na, kendi hakikatini, yani Rabb'inin isimlerinin tecellilerini zuhura getirmek için geldin Deniz...

Rabb'in her şeyi "bilhak", kendindeki Hak esmasıyla yarattı ve hepsi "bir amaca binaen" yaratıldı.

Deniz...

Sen de eğer ki bu hayat yolculuğunda yaşadıklarını Rabb'inden birer öğreti, birer terbiye olarak görür ve bunları Rabb'inin sendeki isimleriyle "OKU"maya başlarsan, kâinatın (sistemin) aslında senin bilincinin "EKRAN"ı olduğunu fark edip, o ekrana düşenlerin dönüşmesine vesile olacaksın Deniz...

Lütfen bunu birkaç kez tekrar edelim. Senden birkaç kez yukarıda kendi idrakimce, ayetlerin içeriği olarak açıklamaya çalıştığım yerlerde benim ismimin yazdığı yerlere kendi ismini yazmak suretiyle Rabb'imizin öğretilerini okumanı bekliyorum.

Şimdi peki, "Ayete ilişkin yukarıda bu açılım ne demektir?" dersen, şu cevabı veririm:

Bu kâinat bilincinin ekranı olarak, sana, senin bilincin neyi, nasıl algılarsa ona göre, ona "uyumlu" bir algısal sunumda bulunacaktır. Her sunum, "sana" "seni" gösterecek, sana "ayna" olacaktır.

Bu halihazırda da böyledir...

Bir örnekleme gerekirse, bilirsin, muhakkak hayatının çeşitli kesitlerinde karşılaşmışsındır, olumsuz bakıştaki, olumsuz bilgilere şartlanmış insanlar genellikle olumsuz şeyler yaşarlar ya da yaşadıklarını olumsuz hale dönüştürürler.

Ancak sen gördüğün her şeyin Rabb'inin esma ve sıfat tecellileri olduğunu, buraya kendi ilahi hakikatini gerçekleştirmek ve tekâmül etmek, kendini dönüştürmek üzere gönderildiğini ve tüm bunların aslında bir "eğitim" olduğunu bilir ve bu ilimle davranırsan hayat içinde yaşarken gördüklerin, deneyimlediklerin değişecek ve dönüşecektir.

"Allah kulunun zannı üzeredir" demek, sen "zan" yani "bilinç"ini dönüştürürsen yaşadıkların da, ekranına düşenler de dönüşecektir demektir.

İşte senin ekranına düşen bilgileri "**oku**"mak, bunlara **şahit**, yani "gözlemci" olmak suretiyle, kendinin kim olduğunu bulman, bu kâinatı ve hayatını güzelleştirmen, senin zannını, yani bilincini, yani "kendini" güzelleştirmenle doğru orantılıdır...

Yine İslamiyet'in temel kavramlarından olan **"ihsan"** meselesi ve insan bilincinin esfel-i safilinden, ahsen-i takvime yükselen bilinç tasvirindeki "ahsen" kavramı da "güzelleşmek" demektir...

Esma-yı Hüsna'daki "hüsna" da aynı kelime kökünden gelir ve Esma-yı Hüsna kavramı "Allah'ın güzel isimleri" anlamı yanında, benim algımda hem de "Allah'ın güzelleştiren isimleri"dir.

Pirim İbnü'l Arabî Hazretleri, *"Allah'ın kulu tarafından ahlak edinilebilecek en az üç yüz tane ismi vardır, bunlardan birine yapış ve onda Allah'ına benzemeye çalış!"* der.

Bu isimleri ilim edip amele çevirmen, yani içselleştirmen, "yaşaman ve yaşatmaya vesile olman" seni güzelleştirip "ekran"ını genişletir ve kâinata ilişkin **"kablolu yayını"**nın kanallarını artırır. Aynı tek kanallı bir TV'ye bir kablo bağlandığında görüş alanının ve izlenebilen kanalların artması gibi senin de **"bilinç ekranına"** "kısıtlandığın kanallar dışında gerçeklikler" düşmeye başlar.

Kökeni Fenike dili, Sanskritçe, Aramice gibi dillere dayanıp, tüm bu dilleri bir hiyeroglif yazım şeklinde, holografik manaları içerisinde barındırırken, bize harf gibi görünen sembollerle ifade edilen A-Rab-canın, Kuran'da bahsettiği *"Allah'ın ipine sarılın!"* çağrısı, işareti gibi...

İşaret serisine ait bu ve devam kitaplarımızda oldukça çok İngilizce kelimenin Kuran A-Rab-casından geldiğini göreceksin; **Kuran A-Rab-casının** eğitiminde neden bu kadar önemli olduğunu ve tüm dilleri içerebildiğini fark edebilmen için.

Hani evlerde çanak antenle daha çok kanal izlenebilsin ve ekran zenginleşsin diye TV'lere "Cable-TV" denilen kablolu yayın bağlatılır ya, işte hayat da, kâinat da böyledir...

Senin kozanı, matrisi kırmana, yani **"kurabildiğin bağlantılarına"** göre değişen, sayısız "gerçeklik kanalı" vardır. Senin kendini uyumlaman, ayarlarını değiştirmene, yani yeni "bağlantılar" oluşturmana göre hepsi teker teker sana açılmaya başlar. Sistemin diğer adının "Allah ism-i câmi" adı altında toplandığını gördüğünde "sistemi oku"yabilmek için salata davet ediliyor olmanın aslında sistemi "oku"yabilecek "nörolojik bağlantıların" sadece "namaz" esnasında sende oluşturulmakta olduğunu ve belki de bu yüzden salat kelimesinin en önemli manalarından birinin bağlantı/bağlanmak olduğunu fark edeceksin...

Hani "İnternete bağlanamıyorum" dersin ya, bağlanamadığım için de "Bilgi akışı alamıyorum!" diye sızlanırsın. İşte bunun gibi "namaz-salat" Yaradan'ınla ruhsal "bağlantı" kurman ve **kendi ilahi hakikatine ilişkin bilgi akışı** almanın en sağlam ve kâmil yoludur. "Yüksek bilinçle", yani seni yaratanla bağlantın. "Tüm gerçeklik mertebelerini" içinde bulunduranla "bağlantın"dır...

Çünkü Rabb'iyle "doğru" bir bağlantı kurabilen kişi Rabb'inden muhakkak kendi varoluşunu gerçekleştirebilmesi için gereken bilgi akışından nasibini alır ki **"rızık"** kavramının en büyüğü bizlerin bedensel algıyla algıladığı gibi yeme içme değil, budur. **Yani hakikat ilmi ve bilgisidir**...

Bu bilgi akışını namaz gibi donanımlı ve "bilinç virüslerinden korumalı" bir metot yerine, "kaçak" yöntemlerle kurarsan, daha doğrusu "kurduğunu zannedersen" ya araya kaynayan "tehlikeli kanallardan seni hataya iten türde yanlış" bilgi alır ya da hiç bilgi alamazsın.

Bazı insanlar "nefis tezkiyesi" (temizliği) olmadan meditasyon gibi metotlarla kirlenmiş ve "virüs korumasız" beden antenleriyle yüksek bilinçle bağlantıya geçtiğini ve birtakım şeyler yaşadığını iddia eder. Oysa sen "hayal âlemi" kalıbından çıkmadıkça o yaşadıklarını sana "zannettirenlerle" muhatap olursun. Ve bu tip metotlarla nefis tezkiyeni yapmadan, yüksek bilinçle, yüksek benliğinle irtibata geçmeye çalışıyorsan ve çalıştığını zannediyorsan kendine şunu sormalısın:

"Ben bu irtibat-bağlantı-rabıta halinde sahih-doğru bilgi akışı alıyor muyum?"

Sana, bir dağ başına çekilip, nefis tezkiyesiyle, meditasyon metotlarıyla pek çok şey öğretilebilir, ama insanlık içine geri döndüğünde, uyaranların tam da ortasındayken de aynı "hali" devam ettirme öğretisini almadığın için, eskisinden de aşağı bir bilince düşebilirsin. Çünkü bu en kâmil metot değildir.

Bu, sana, dağ başına çekilmeden insanlığın arasındayken gözlerin açık şekilde kıldığın "doğru" bir namazla ve İslami metotlarla, insanlıktan uzaklaşmadan da öğretilebilir.

Allah'ın "ipi"ne, Allah'ın en kâmil metoduyla bağlanman, ancak doğru bir "salat/bağlantı" haliyle mümkündür. Aksi halde çoğunlukla tehlikedesin...

Özetle; işte Türkçemize "kablo" olarak geçmiş, İngilizcesi "cable (keybıl)" olan o kelime var ya A-Rab-cadan alınmadır... Ve "cable" yani "kablo", **A-Rab-cadaki** *"habl"* yani "Hablullah" denilen, Allah'ın "ipi" kelimesinden gelir!

Allah'ın seni yüksek bilince kabulüyle, o kablo sana yeni gerçeklikler sunma vesilesi olur.

Allah'ın "ipi"ne, "habl"ına sarılanın görüş yelpazesi, tek kanal çeken bir televizyona "kablolu" TV bağlanmış gibi, artık ekranında birçok yeni "kanal" açıldığı için, genişler... Keşif gözü-irfan gözü-kalp gözü-basiret nuru; bilincinin görüş alanına doğru açılan yeni pencereler gibidir. Burasının diğer adı "kozmos"tur... kâinata verilen bu isim "kozmetik" kelimesiyle aynı kökten gelir...

Kısaca her dilde sana Rabb'in şunu söylüyor:

(Lütfen noktalı yerlere kendi adını yaz.)

Ey Deniz, ey.........

Haydi ....

Artık kendini gerçekleştirmek için benimle bağlantı kur .... Güzelleşmek için buradasın ...... Burası güzelleşme âlemi ....

Hâlâ anlamadın mı .... ?

TALİM 1

(Lütfen noktalı yerlere kendi adını yaz.)

Bundan böyle "sure" kelimesini görünce hemen kafanda bir lamba yak ve de ki:

.... Rabb'in gördüğün "suret"lerde sana o tasavvurun yansımasını gösteriyor.

Ve Rabb'in sana o tasavvur ve kavrama ilişkin ayet-işaretler vererek bunların kafanda canlanıp şekillenmesine yol açıyor.

Unutma ....

Her bir sure, bir sur gibi o kavramın sınırlarını belirliyor. Ve de sonra dönüp "kendine" de ki:

"İşte bu şekilde beynimi "kullanan", benden öte ben, yani bendeki Hak tecellisi (esmam) bu suretleri "okurken" nasıl düşünmem ve gözlemlemem gerektiğini öğreniyorum!"

Tüm bu eğitim için teşekkürler canım Allahım!

"Allah adına olmayan, Allah'ın adıyla başlamayan mesele, ilişki ya da her ne olursa olsun kısırlaşmaya mahkûmdur... Kısırlaşmak Allah'ın lütfundan mahrum kalmak demektir..."

Canım Peygamberim

Hz. Muhammed Mustafa (s.a.v.)

"Peki Deniz. Eğer ben Allah'ın esma ve sıfatlarının terkibi, yani bineğiysem, bu 'hayal' ve 'rüya' dediğin senin tanımınla 'en alt gerçeklik bilinci'nden çıkıp, kelebek olmak üzere kozamı nasıl kırmalı, o merkez stüdyodaki 'ben'e nasıl ulaşmalıyım?" dersen...

İşte *İşaret* kitapları bunun için yazılıyor.

"Kâinatın" senin "bilincinin aynası" olduğunu, burada tekâmül etmek ve sana verilen "varoluşu" sonsuza taşımak terbiyesinde olduğunu ilim ve idrak etmeye başladığında hayatın "görünenine" ilişkin tüm kabullerin değişmeye başlar.

İşaret 1'de bir ayna örneği vermiş ve burası ayna olduğu için aynada kişinin "aksinin" "ters"ten yansıtıldığını, gerçeklerin "zıddı" yönünde bir yansıtma hali olduğunu söylemiştim.

İşte kişi bu rüyadan uyanmaya başladığında, artık bu kâinat aynası ona sağı sol olarak değil, sağı sağ olarak yansıtmaya başlar. Pirim böyle söyler. Kişi rüyadan uyanmaya başladığında, artık yaşadıkları "hakiki hale gelmeye" başlar.

Nasıl mı?

Şöyle düşün, İslamiyet'te ne denir: "Salih rüya[11] gören kişi peygamberliğin, yani benim algımda **'peygamberlik bilincinin'** yüzde kırk altısını gerçekleştirmiş demektir."

Salih rüya ise, "kişinin bir olayı önceden rüyasında, yani misal âleminde, 'olacağı gibi' ya da 'olduğu gibi' görmesidir."

---

11 Salih rüya, vahyin (peygamberlik bilincinin) kırk altı parçasından bir parçadır." (Buhari, *Tabir*, 5)

Misal âlemi denilen âlem ise, yine benim algımda "olacak her şeyin **'modeli'**nin olduğu âlemdir"...

Bunun aksi olan, salih diye adlandırılmayan rüyalar ise nasıl yorumlanır?

"Demek ki tersi çıkacak" diye...

Yani, bir rüyanın aynının ya da tersinin gerçekleşmesi aslında onu gören kişinin "bilincinin arınmışlık ve saflığı" ile ilgilidir. Çünkü çoğunlukla rüyalar temizlenmemiş, "ıslah" edilmemiş bilinçaltının kişiye sunduğu, kişinin fikirleri, şartlanmaları, atalarının yanlış öğretileri yüzünden gördüğü "yapay gerçeklikler"dir.

Tefekkür ettiren Rabb'imize sonsuz hamd ve senalar olsun. Şimdi demek ki "salih" rüya ancak "ıslah" edilmiş, yani temizlenmiş bir bilinç tarafından misal âleminden (her şeyin, gelecek-geçmiş tümüyle halihazırda var olduğu üst âlem olan model âleminden) kişinin bilincine kanalize edilmesidir.

Daha önceki *İşaret* kitaplarımda "Kader" bölümünde "Unutma ki her şey halihazırda olup bitmiştir" dedik.

"Zaman" insan algısı içindir, daha doğrusu "matrisi kıramamış insan algısı" içindir... Amaç "an"da olmaktır ve "an"-da her şey olmuş bitmiştir.

Şöyle örneklendirebiliriz: Sen aslında şu anda sana göre "zaman" içinde olan biten her şeyi ve yaptıklarını, Rabb'inin yanında (Rabb'inde), Rabb'inle beraber "AN"dan izliyor ve bunlara kendi **"gözlemcin"** olarak **"şahit"** tutuluyorsun.

Ömür sürecin içinde beynin, sana tüm olayları bir sıralama ve "beden, zaman ve mekân" algısı içinde sunuyor ve gösteriyor. Buradaki yolculuğun ise sana Rabb'ini ve kendini tanıma fırsatı verip, sunup, seni sonsuz bir varoluşa götürüyor. Tabii burada ne kadar tekâmül edebilirsen.

Islah edilmiş, yani tüm manevi şart ve programlarından arındırılmış, "âdet" denilen bedensel alışkanlıkları kırmış ve temizlenmiş bilinç "ümmi" yani "annesinden doğduğu gibi tertemiz" olmaya başlamış bilinçtir. Ve işte bu kişi, az önce de değindiğimiz "ilahi bilgi akışına muhatabiyeti" yüzünden, kendi esması/isminden dolayı, kendindeki resul, yani "irsal eden", "Rabb'inden bilgi alan ve veren/haber veren" ilahi özelliğini yansıtmaya başlar.

Bak sana bilgelik/hikmet ve talim kitabımız olan Kuran'dan bu hakikate ilişkin örnek işaretler/ayetler:

Ya Sin Suresi, 20. Ayet,
İnsan-ı Kâmil Tasavvuru/Bilinci, 20 ve 21. İşaret

"Ve cae min aksal medineti raculun yes'a kale ya kavmittebiul murselin (murseline)."

"Ve şehrin en uzak yerinden bir adam koşarak geldi. 'Ey kavmim, (size) gönderilmiş olan resullere tâbi olun!' dedi."

"İttebiu men la yes'elukum ecran ve hum muhtedun (muhtedune)."

"Tebliğlerine karşılık sizden ücret, bir karşılık istemeyen (bu) kişilere tabi olun. Ve onlar, hidayete yani hakikat bilgisine ermiş kimselerdir."

Şimdi bu işaretlere yoğunlaşalım, tefekkür edelim...

"Ya Sin" yani "ey insan bilincine" ulaşmak isteyen Deniz *(lütfen sen de ayeti yani işareti kendi isminle oku kardeşim, önceden de değindiğimiz gibi bu hem Rabb'inin seninle konuşup seni eğittiğini anlaman ve hem de işarette verilen bilinci içselleştirmen için çok mühim...)*

İşaretler çok derin ve bir ayeti anlatmaya ömrümüz yetmez, ama ben burada konumuzla bağlantılı olan resul meselesine bağlı olarak kendime ve sana bir şey göstermek istiyorum...

"Şehrin öteki tarafından bir adam koşarak geldi ve 'Ey kavmim, resullere tabi olun' dedi." Resul deyince biz sadece peygamberleri düşünürüz, başta Efendimiz (s.a.v.) olmak üzere, değil mi?

Evet... Öyle ancak resul "irsal, mektup, haber alan ve veren" anlamına gelmekle beraber burada "murselin", aynı zamanda "gönderilmiş" de demektir.

Bu kişiler Allah'ın resulü olan "Hz. İsa'nın" resulleri yani haberci ve elçileridir.

Bunu anlatmaya çalışayım...

Peygamber Efendimiz (s.a.v.), Allah ism-i câmiinin resulü, yani haber alanı ve habercisidir, dolayısıyla o tüm resulleri, yani **"tüm irsal eden, haber veren mertebeleri kendinde toplamış bilinç"tir...**

Bizlerse kendi esmalarımız gereği O'nun şemsiyesi, yani "Allah ismi resulünün şemsiyesi altındaki ismin" haber veren ve haber alanlarıyız.

İşte bu sebeple Peygamber Efendimiz'e (s.a.v.) salavat getirmek son derece önemlidir.

Sistemin ana merkezi, Allahımızın ilk zuhuru ve tecellisine bağlanıyorsun, keza bilgiyi onun vesilesiyle Allah'tan alıyorsun. Ana merkezden ne kadar çok bilgi alırsan, o kadar hakiki varlığına kavuşur ve o kadar da yüksek bilince ve tekâmüle, yani yüksek bir varoluş hakikatine ulaşırsın.

Şimdi... Burada Rabb'in tarafından sana bunun işareti veriliyor. Ve hatta 21. işarette-ayette bu kişilerin özellikleri olarak *"Onlar sizden bir karşılık, bir ücret istemezler"* diyor ve *"Onlar hidayete ermiştir,"* diye devam ediyor.

Bu ne demek? Allah'ın ilmi (Allah'ı bilme/hakikat ilmi) hepimizin birbirimize sunmamız gereken ve maddi bir bedeli olmaması gereken bir ilimdir. Bu ilme muhatap olmamız içinse nefis tezkiyesi/temizlenmesi yapmamız şarttır. Her birimiz bize verilen pencereden hakikat ilminden haber almaya başlayıp, bu haberleri paylaşırsak bu halde büyük resme, yani "Allah" ismine yaklaşmamız o kadar kolay olur.

Bu yüzden Allahımız ve Resul'üyle (s.a.v.) yakın irtibatta olmak şarttır. Hepimiz bu anlamda canımız Peygamber Efendimiz'in (s.a.v.) (yani Allah ism-i Resul'ünün) habercileri, yardımcıları olabiliriz.

Bu üstteki ayet-işarette, "elçiler" için, "Ve hum muhtedun", yani *"Onlar hidayete ermişlerdir"* olarak nitelendirme yapılması ise bu kişilerde Allah'ın "Hadi" esmasının zuhura çıktığını, yani Rab'lerinden saf, temiz ve hakiki bir kılavuzluk aldıklarını işaret etmektedir.

(Lütfen noktalı yerlere kendi adını yaz.)

Ya Sin

Ey Deniz, ey ......

Ey kendinde halihazırda potansiyel olarak bulunan, ama "uyumakta" olan "insan-ı kâmil bilincine" ulaşmak ve bu bilinci kendinde uyandırmak isteyen ......

Bil ki eğer sen de yüce ve cömert Allah'ının, Peygamber'in Hz. Muhammed (s.a.v.) yoluyla sana "uygulamalı olarak gösterdiği" ve Kuran ile sana gönderdiği tasavvur ve işaretleri, Allah'ına "iman", yani O'na inanarak ve güvenerek, İslam, yani "teslimiyet metodu içerisinde" uygulamaya başlayarak; beden alışkanlıklarını kırabilir, zaaf ve olumsuz özelliklerinden biiznillah arınabilir ve bilincini arı, saf hale getirebilirsen, sen de Allah Resulü'nün sendeki esmaya binaen elçisi/habercisi olur ve Rabb'inden hakiki kılavuzluk, rehberlik alır ve bunu da insanlığa sunmaya vesile kılınırsın.

Temelde hedef, sendeki "bedensel algın", yani "toprak bilincine" gömülü esmanı, tohumunu, yani hazineni zuhura getirmendir. Bunun içinse önce "bilincinde temizlenmen" sonra da o temizlenme sonrası sana akan ilmi "yaşayarak, yaşatarak, çoğaltarak ve yayarak tekâmül etmen"dir. Yani senden öte seni, **kendindeki "kendini" gerçekleştirmendir**...

Bak, canın Allah'ın, "ilim-amel-lema" kelimelerini hep bağlantılı yapmıştır. Sana sınırsız ilmiyle, neredeyse "aynı harflerin" sadece "dizilimini" değiştirerek son derece derin anlamlar sunmuştur.

"Lema" yani "güneş ve yıldız gibi parlamak" –Leman ismi de buradan gelir– istiyorsan ilminle amel et, yani öğrendiğini yaşa ve yaşat Deniz!

Simana bakıldığında yüzünden nur çıkması, aslında merkezi sinir sisteminin spiral kablosunun (omurilik) aldığı elektrik "arttıkça" **yanması** ve bu aydınlanmanın beyin alanına, prefrontal korteksine, kısaca **yüz lambana** yansımasına sebep olacaktır.

Dimmerli lambalar gibi, lambaya giden elektriğin seviyesinin artırılması, "yükseltilmesi", seni aydınlanmış, yani İslami tabirle "nurlanmış" yapar.

O zaman beyninde hem yeni ilminden hem de onu "HAL'e" çevirmenden dolayı oluşan yeni nöron "ateş"lemeleri, tutuşmaları, nöronlarını daha çok "yakacak" ve bu da senin parıldamana, "nur"lanmana, yani "aydınlanmana" sebep olacaktır!

Bunu oluşturan senin hakikat ilmini öğrenip onu "talim etmen", yani "amel" etmendir!

"Zalim" kelimesinin bir anlamının yukarıda değindiğim "karanlıkta kalan" demek olmasının sebebi, cehaletin karanlıkla ifade edilmesinin hikmeti belki de o "yanmamış" olduğu için "karanlıkta kalmış nöronlarındır".

Kasas Suresi, 16. Ayet,

Takip Edilen İzler Tasavvuru, 16. İşaret

"Musa, 'Rabbim! Şüphesiz ben nefsime zulmettim. Beni affet' dedi. Allah da onu affetti. Şüphesiz O, çok bağışlayandır, çok merhamet edendir."

Bakara Suresi, 257. Ayet,

Özünü Arama Tasavvuru, 257. İşaret

"Allah, iman edenlerin velisi, koruyucusu, emrinde oldukları otoritedir. Onları şüphe, **inkâr ve cehalet karanlıklarından, hidayet, iman ve ilim aydınlığına, nura** çıkarır. Kulluk sözleşmesindeki ortak taahhütlerini, Allah'a iman, kulluk ve sorumluluk bilincini şuuraltına iterek örtbas edip, inkârda ısrar edenlerin velileri de, putlaştırılmış, zalim, azgın diktatörler, idareler, şeytani güçlerdir, tağuttur. Onları **hidayet, iman ve ilim aydınlığından, nurdan; şüphe, inkâr ve cehalet karanlıklarına** götürürler. Onlar cehennemliktirler. Onlar orada ebedi kalırlar."

Kişinin **"nefsini karanlıkta bırakması"** bizim şu anki terminolojide "aydın" dediğimiz bilince ulaşmaması demektir... Tabii **hakiki aydın** ancak **hakikat, yaratılış ilmiyle nurlanan** kişi için geçerli olan "aydın" olma halidir...

O hem kendisine hem de çevresine aydınlık, ışık saçar... Kasas Tasavvuru 29. ayette, Musa'nın çölde ailesiyle istikamete giden doğru "yol"u ararken, ışığa duyduğu ihtiyaç, senin **"içindeki Musa'nın"**, yani "Musa mertebesindeki bilincinin", dünya "çölünde" ("alt seviye bilinci mertebesinde") yolunu ararken, seni aydınlatacak bir ışığa ulaşıp yolunu bulması ve bulduğu kor ile karanlıktan –ilim eksikliğinden– kurtulmasının işaretidir...

Kasas Suresi, 29. Ayet,

Takip Edilen İzler Tasavvuru, 29. İşaret

"Musa, süreyi tamamlayıp ailesiyle yola çıkınca, Tur tarafında bir ateş görmüş ve ailesine, 'Siz burada kalın, ben bir ateş gördüm, oraya gidiyorum. Umarım oradan size bir haber ya da ısınmanız için ateşten bir kor getiririm' dedi."

Ve işarete dikkat et!

"Umarım oradan size bir **'haber'** *ya da ısınmanız için ateşten bir kor getiririm..."*

"Haber" yani yeni bilgi, **"ilim"** senin ısınmanı sağlayacak... Bu ne demektir? Az önceki tefekkürümüzü uygularsak, "haber" yani yeni bilgi, ilim, sende oluşturduğu yeni "nöron tutuşması" ile ateşten bir kor gibi seni bir anlamda "yakacak" ve böylece seni ve çevreni aydınlatacaktır. İlim sahiplerine hep "aydın" denir. İslam'da ise "nurlanmış"!

Aynı gözünün karanlıkta göremeyeceği gibi, bir konuya dair bilginin olmaması da o konuyu görmene engel olacaktır. Bu durumda yeni bir haberle öğrendiğin yeni bir bilgi-ilim, içinde bulunduğun ve hakikatini görmekte zorlandığın olayların içyüzünü görmeni sağlayacak ve senin varoluş sebebine giden sırat-ı müstakiminde bir adım daha atmana vesile olacaktır.

Bunu gerçekleştirebilmen için Allah'ın öncelikle sana dünyevi bir ihtiyacından yaklaşacaktır ki "arayış"a giresin.

Aksi halde aramazdın! Musa gibi ailene destek olmak için ya da bir sıkıntını çözmek için, bir derdine deva aramak için çıktığın her yol aslında Allah'ının seni **"sana"** çağrısıdır.

Allah, sen fark bile etmeden, yarattığı dünyevi sebeplerle tüm bu terbiye ve eğitimi verecektir!

Çünkü plan hazırdır! Onun çağrısını başka bir şekilde duymayan sen, zor durumdaki ailen için ateş ararken aslında kendi hakikatini, hazineni bulacaksındır!

İşaret 1 ve 2'de ne demiştik? Eğer yolun hüzünden geçtiyse hazineye yol almışsın demektir. Çünkü her hazinenin hazin bir hikâyesi vardır. İşte eğitimin aslı budur. Kendindeki ilahi hakikati, esmanı açığa çıkarıp, ona "dönüşüp", onu Allah bilincine yükseltip, sahibine iade edip, bu dünya yolculuğunda, sendeki "kabın ölçüsündeki" Allah tecellisiyle "oku"maya ve tekâmül etmeye başlaman.

Muazzam!

O noktadan sonra, bu dünyada hakikat ilmi öğrendikçe ve bunu tatbik etmeye başladıkça "kontrollü rüya" haline geçmeye başladığını fark edersin.

Hak dostlarına Rabbimiz tarafından verilen "keramet" gibi olağanüstülükler ancak "âdet", bilinçaltı kayıtları/programları ve şartlanmaları" aşmış ve temiz (salih/ıslah edilmiş) bir bilince ulaşıp, bu illüzyon matrisini kırmış kişiye verilir.

Herkes başkasının toprağına göz dikmek yerine kendi toprağındaki "altını" ararsa bu kâfidir. Çünkü herkesin kendi hazinesi Rabb'i tarafından kendisine has olarak tasarlanmış ve eşsizdir. Eğer ki herkes kendinin simyacısı olursa kâinat ona üst gerçeklik ve bilinç kesitlerini sunmaya, yani onları "aynalamaya" başlayacaktır.

Bu durumda kâinat sen, sen de kâinat olacaksındır.

"Peki esmam bende açığa çıktığında ne olacak?" dersen... Sende seni yöneten ve terbiye eden bir esma var, ama bununla birlikte hemen hemen **çoğu esmaların** (bazı Allah dostlarına göre 66-70 esma) tecellisi de sende bulunuyor. Her birimiz için bu geçerli...

Her insanda aynı esma ve sıfatlar vardır, sadece tezahür ağırlıkları farklıdır. Bu yüzden Rabb'i Has, Rabbi-l âleminden "ayrı" bir şey değildir. Ancak insanlar arasındaki farklar ve fark âlemi, kişide diğer başka birine göre daha baskın olan ismin yansıması yüzünden doğar. Bunu birazdan başka bir konu altında sana izah edeceğim ama şimdilik şunu söyleyeyim. Şöyle düşün: Bende Âlim, Vedud, Kahhar, Hayy, Kayyum isimleri ve tüm insanoğlu için verilmiş esma ve sıfatlar var değil mi?

Peki bunlar sende de yok mu? Var.

İşte ben "esma'mı açığa çıkarttım ve o esma **kapısından** Allah bilincine ulaştığımda bir de ne göreyim, tüm esmalar denizi içinde, aynı esmaların farklı ağırlıklarda karışımı olarak herkes kendi terkibini yansıtıyor. Ama esmalar-sıfatlar hep iç içe... En yüksek boyutta, yani "yüksek bilinç"te, yani "Allah bilincinde" ayrılık yok!

İşte bu durumda ne olur?

Sen ben olursun, ben de sen ve herkes herkes!

Allah isminde tüm isimler bir arada olduğu için ona "ism-i câmi" denilir. Sen, ben, herkes isimlerin yansıdığı "mahalalan" olduğumuz için "beden alanımızın, fiziksel varlığımızın" ötesine geçtiğinde, madde varlığını aşıp mana yani enerji varlığına geçtiğinde, herkesin sen olduğunu, senin de herkes olduğunu anlarsın. Çünkü tüm varlığın kaynağı olan enerji TEK'tir.

Etrafına baktığında beden ya da madde olarak gördüğün eşyalar aslında bir "esma/esma terkibinin" sana beyin bilgisayarın tarafından "oku"nmuş "görüntüsüdür. Mandalina sandığın şey, mandalina görüntüsünü ve titreşimini oluşturan esmanın senin beyin ekranın tarafından okunmuş görüntüsüdür. Etrafında gördüğün her eşya çeşitli esmaların beynin tarafından –titreşimleri sebebiyle– "maddi" bir görüntüye büründürülmüş halidir.

Eğer ki sen "beden heykelini" kırar ve "bedeninin kısıtlı algılarının ötesine geçebilirsen" bu durumda ekranına düşen "görüntülerin" arkasındaki "yazılım" olan esma manalarını fark edersin. Esma manaları bir anlamda esmanın enerjisi gibidir. Sende bulunan esmaların başkalarında da farklı ağırlıklarda olmakla beraber aynen bulunması demek "senin herkes, herkesin de sen olması" demektir. Örnekle madde algısını aştın, âdetleri kırdın ve böylece Âlim esmasına girdiğinde, her bir insanda da Âlim esması olduğundan sen herkes, herkes de sen olursun. Çünkü maddenin/bedenin arkasındaki esmaya girdiğinde herkesin aynı esmaların farklı ağırlıklarla terkibi olduğunu anlayınca, artık SEN-BEN farkı kalmaz ve işte o an itibariyle kendi uluhiyet yönün, yani **ilahi hakikatinin** açığa çıkmasına şahit olursun.

"İlahi hakikat" denildiğinde anlaşılmayabiliyor -özellikle tasavvufa uzak kişiler tarafındanancak sana kendi ruhundan ruh üflemiş Rabb'inin sende yansıyan "tanrısal özellikleri" dediğimizde belki diğer öğretilerin terminolojilerine yakın kişilerin anlaması biraz daha rahat olabilir.

İlahi/tanrısal özellikler denilince aman ha sakın Tanrı olacaksın sanma! Hâşâ! Hayır, ama, sana Rabb'inden üflenen o ilahi hakikatin/tanrısallığın kendi payına düşenini açığa çıkaran bir mahal olacaksın. İlahiyat ne demek ola ki bundan başka!... Onun aynası olacaksın, sendekinin sadece O olduğunu anlayacaksın!

Buna rağmen yine de sana varlık verip sana "Ente!", "Sen!", "İbadi!", "Kulum!" demesinin ve cömertliğinin, sevgisinin, aşkının, şefkatinin hayretine düşeceksin!

Bunları fark etmeye başladığında ise, Rabb'inin sen "yokken" sana "varlık" vermesinin büyüklüğünü kavradıkça vicdan azabına düşecek, ben nelerle uğraştım oysa sen bana neler sunmuşsun canım Allahım diyeceksin...

Kendi kabımca idrakimde bana göre cehennemin ve azabın **belki de en büyüğü** bu olacak. Bundan büyük yangın olur mu?

O sana seni sunuyor. Sonsuz bir varlık veriyor. Seni kendine dost ediyor. Sevgili ediyor. Aman Allahım lütfa bak...

Anladığın gün, eğer geç kalmışsan, çok ağlayacaksın. Bu sanal âleme bakıp "Bunun için mi ben sonsuz hakiki âlemi yaktım, kendi varoluşuma, ebediyetime kıydım?" diyerek acı çekeceksin.

Diğer boyutta sana buradayken verilen kapasiteyi görüp onu burada dışarı çıkarmadığın için kendini suçlayacaksın.

Bunu evladın, sevdiklerin, kardeşlerin için de yapmadığına üzüleceksin. Şu anki hayatının bunları gerçekleştirseydin tamamen cennete dönüşmüş olacağı sana gösterildiğinde kendine ve seni bu yoldan alıkoymuşlara çok kızacaksın.

"Ölmeden önce ölmek" sözünden korkma! Tam tersi bunun senin algı, duyu, şartlandırmalar ve beden kafesini kırman ve Allah'ının sende açık ettiği ilahiyatınla, **ilahi hakikatin ve vasıflarınla buluşman için muazzam bir şans** olduğunu fark et!

"Ölmeden önce ölmek" denilince dünyevi zevklerinden uzaklaşman gerektiğini sana fısıldayan, "1'i 2 gösteren", "**Allah'tan yani hakikatten ve rahmetten uzak**" anlamına gelen yalancı "şeytan"ın seni kandırmaya devam etmesine izin verme... Eğer ki buna izin verirsen, şu an beni okurken oturduğun o koltukta ulaşamadığın hayaller, yüreğine batan kırılmış hayal camlarının parçaları, kontrol edemediğin ve sana ait olmayan bir hayata kendini mahkûm edersin. O halde köleleşmiş bir algı ve toprak olup gideceğini zannettiğin bir varlıkla, "ecel" yani "tayin edilmiş süre, vade" denen o güne dek, ancak başkalarının senin hayatını kontrol etmesini, yaşamasını seyredersin!

Bugün işyerinde tartıştığın arkadaşınla sen mi tartıştın, yoksa bilinçdışı (bilinçaltındaki) babana karşı korumaya çalıştığın "annen" mi bilemezsin.

Kahveyi neden sütlü ya da sütsüz içemediğini, eşinle neden sürekli çekiştiğini ve onu değiştirmeye çalıştığını, neden ilişkilerinde hep kaybeden, hep kurban olduğunu hissettiğini, neden maddi sıkıntıların üzerine yağıp durduğunu ve her şeyin olduğunda bile neden bu kadar mutsuz olduğunu anlayamazsın.

"İyi de sen çözdün mü Deniz?" dersen...

Ben çözmedim. Kimim ki? Sadece bazı şeyleri ucundan da olsa anlamaya başladım. Ve seninle benim şu an içinde bulunduğumuz bu simülasyondan çıkabilmek için birbirimize yardım etmemiz halinde kolektif bilince olan etkimizin bizi çözemediklerimize de taşıyacağını fark edip, çaba göstermeye ve umut etmeye başladım.

"Nasıl?" dersen... Merak etme...

"Ölmeden önce ölünüz" diyen Yaradan'ın en güzel yaratılmışı canımız Peygamber Efendimiz (s.a.v.), hakikatimize ulaşabilmemizin metotlarını Allahımızın hikmeti ve ilmiyle bize sunuyor.

Efendimiz'in (s.a.v.) miracı en yüksek kemalat ve bilinçteki miraçtır, ona gelinceye dek her peygamber miraç etmiştir; ancak Peygamber Efendimiz'de (s.a.v.) tüm esma ve sıfatlar zuhurda olduğundan hiçbir miraç onunki gibi olamaz. Ama her birimiz kendi miracımızı kendi çapımızda yapıp ebediyetimize kavuşabiliriz.

Kafandaki "din" kavramı yüzünden İslamiyet'e tepkili misin? Olabilir. Çünkü belki kafanda "kendi algınla" oluşturduğun bir Allah, İslamiyet, Peygamber (s.a.v.) ve Kuran var. Ama onların "hakikisi" değil! Onlar senin "zan"nına göre şekil almış.

Ya da "Bana ne?" diyorsun belki de... "Ben filozofların peşinden gideceğim." Aristo, Platon –ki bazı insanlar Platon'un da bir haberci olabileceği ihtimalini konuşur– Allahualem diyorsun... Tamam, olabilir ama bu zatlar da kendi çaplarında miraç deneyimlemişse bile ben onları neden takip edemem biliyor musun? Çünkü:

- Elde ettikleri bilgi "bütünsel" değil.
- Bilinçlerindeki sadece "kısmi" yani bütünün sadece bir "bölümünü" gören bir yükseliş.
- Sunabildikleri net ve kâmil bir metot yok!

Hani metot? Nerede?

Ama Peygamber'imizle (s.a.v.) bize sunulan teslimiyet ve iman metotlarını takip etmek suretiyle bir dağda, bir köyde, bir çiftçi amca belki de miracını o sağlam imanıyla kendi kabının gerektirdiği kadarıyla yapmış bile olabilir.

Herhangi bir filozof ya da zahir âlimi belki de o çiftçi amcayı dikkate bile almaz. Oysa o, herhangi bir felsefi ya da ilmi yoldan gitmeden, üstün bir analitik akla sahip olmadan, bir başkasının otuz sene zahiri ilimle yapmaya debelendiği şeyi, Rabb'i için tertemiz hale gelme gayreti, hakiki bir mümin olma hedefiyle Kuran ve Peygamber'ine (s.a.v.) uyarak belki de çoktan gerçekleştirmiştir. Üstelik okuma yazması bile yokken!

İşte Allahımız, Peygamber Efendimiz (s.a.v.) vesilesiyle teslimiyet metodunu en kâmil haliyle bize sunarak bu tür idrak farkı sınıflandırmalarını da aşmamızı sağladı.

Bu yüzden şunu görmek mümkün oldu: Bin tane okulda okuyup da olamayan... Dağ başında okumadan olan...

Herhangi bir sınıf, kast farkı olmadan...

Köle-efendi farkı olmadan herkesin Rabb'i huzurunda eşit olarak ve yan yana dizildiği namaz, câmi ve cemaat metoduyla, hiçbir dünyevi fark gözetilmeden...

"Dünyevi ölçütlerin sınıf farkı" değil, yalnız Rabb'inin saklı tuttuğu ve sadece kalplerin özünü bilen "Rabb'inin "yanındaki ruhsal sınıf farkı" bilgisinden başka...

Her şey eşitlendi. Her şey... Çünkü Allah adildir ve merhametlidir.

Miraç yani "kendi hakikatine ulaşma yolu" Peygamber Efendimiz'in (s.a.v.) Rabb'imizden bize ilettiği rehberliğiyle oruçtan ihsan meselesinin hakiki anlamına, ubudiyetten namazın hakikatine, çok kısa öz ve herkesin idrak edebilip kendi idraki mertebesince uygulayabileceği metotlarla, herkese açıldı. Felsefe ya da akli bilimlerde olduğu gibi sadece belirli bir zümreye değil...

Rahman'ın en sevdiği kullarını sayarken Furkan Suresi 63. ayette, yani Farkındalık Tasavvuru 63. İşaret'te birinci maddede diyor ya hani o güzel Allahım:

"Onlar yeryüzünde tevazu ile yürüyenlerdir."

"Rahman'ın kulları, yeryüzünde vakar ve tevazu ile yürüyen kimselerdir. Cahiller onlara laf attıkları zaman, 'Selam!' der geçerler."

Başka bir deyişle Rahman'ın kulları, yani "esma hakikatlerinin bilincinde olanlar" arzda "(arz/enfüsi manada: fizik beden ve bedensel yaşamında), afakta (dışarı âlemde): yeryüzünde, "izafi benlikleri olmadan" ve "ilahi hakikatleri yani esma bilinçleriyle" kendilerindeki Rabbi tecellinin farkında olarak tevazuyla yürürler.

Kendilerindeki Rabbi tecellinin farkındalığında olmayanlar, "cahiller" (hakikatten perdeliler) onlara sataştıklarında, "Selam!" derler. Yani benden sana zarar gelmez, sevgi ve barış senin üzerine olsun...

"İbadur Rahman" Rahman'ın en sevdiği kullarını sayarken Rabbimiz 1. maddede, *"Onlar yeryüzünde tevazuyla yürüyenlerdir"* diyor. Sen de Rabb'inin bu anlatımıyla Rahman'ın **"Benim kullarım"** dediği bu özel kişileri (diğer kategorideki bilinçlerden ayırdığı) ve özelliklerini Rabb'inden öğrenmeye başlıyor ve "Bu ahlakla ahlaklanarak sen de onlardan biri olmaya çalış" işaretini alıyorsun ki böylece sana "Kulum" desin güzel Allah'ın...

Sonraki 64. işaret ile asıl ve yegâne **"Farkındalık Kitabı"** olan ve tefekkürde bu yüzden diğer adı **Furkan** olan Kuran, bu kulların bir sonraki özelliklerini paylaşıyor seninle...

Onlar ki, gecelerini Rab'lerine secde ederek ("yok"luklarının farkındalığıyla) *ve kıyamda* (varlıklarında kaim olan Kayyum'un müşahedesinde) *geçirirler.*

Gördüğün gibi Rahman olan Rabb'in sana *"Benim kullarımın ilk özelliği tevazudur Deniz /............"*[12] diyor.

12 Noktalı yere kendi isminizi yazınız.

Yani kibirden arınmış, kimseye tepeden bakmayan!

Bak... **Rabb'inin, yani "yegâne öğretmen, terbiye edici ve mürşidinin" sana vermeye çalıştığı ahlaka** bak... İki üç tane anlamları maniple edilmiş ayetle uğraşıp da Kuran'dan, Allah'ından, Peygamber'inden soğuma... Kandırılma... Kendini kaybedeceksin yoksa... Olan sana olacak. Rabb'ine değil. Kimseye değil.

Haykırıyorum duy...

Ayetin muhteşemliğine bak... Rabb'in, **"Benim kullarım"** dediği kullarının özelliklerini sayarken ilk sırada "En çok namaz kılan, zikir çeken" demiyor.

Allah'ının sevdikleri için, bir ayette anlatımda deniyor ya *"Onlar Allah için öfkesini yutanlardır"* diye.[13]

İyi anla...

Ya Sin... Vel Kuranil hakiym...

Ey İnsan... Ey kemalatına varmak isteyen bilinç...

Ant olsun ki bu Kuran (okuyup anlaman için gönderilen ve "gerçeklik ekranını" düzenleyen bütünsel–holistik–bilgiyi BİR'leştiren) bir hikmet/bilgelik kitabıdır...

Eğer burada sana verilen fırsatın büyüklüğünü ucundan dahi olsun kavrarsan, anlamadan bin tefsir okumak ya da bin meal hatmetmek değil, sadece Allah'ının Rahman ve Rahim isimleri bile hücrelerini tek tek titretmeye sana yetecektir.

Balık, denizi merak etmiş. Herkesin bahsettiği bu deniz nerededir diye, içindeyken anlayamamış denizi balık, onu tanıyamamış. Bunun üzerine talebini kabul etmişler ve denizden ayırmışlar onu... Ama işte balık denizden dışarı çıkarıldığı an nefessiz kalmış. Ve acı çekmeye başlamış. İşte o an bir de bakmış ve anlamış ki, o zaten her daim denizin tam da içindeymiş.

---

13 Âli İmran Suresi, 134. Ayet, İmran Ailesi Tasavvuru, 134. İşaret

Ağlamış... Ağlamış...

Sen de dünyaya geldiğin an itibariyle o balığın denizden ayrılışındaki acı gibi, nefessizlik hissi gibi, ilk nefesi Rabb'inden gayrılık algısıyla ciğerine çekince, ciğerin yandı ve ağlamaya başladın. Oysa sen Allah'ının "ilminde" yani o balık gibi denizin tam da içindeydin.

Daha önceki *İşaret* kitaplarımızın birinci ve ikincisinde İbnü'l Arabî Hazretleri'nin "isimlerin varlık isteme hikâyesini" kısaca anlatmaya çalışmıştım. Aslında herkesin peşinde koştuğu, filozofların kafa patlattığı, ama hakikat ilmi olmadan asla bilemeyeceğin varoluş hikâyesini...

Buraya gönderilmeyi, kendini ve Rabb'ini tanımayı sen istedin, sen seçtin. Hani yine der ya pirim İbnü'l Arabî Hazretleri: "İsimler (esmalar) kendilerini tanımak, Rab'lerini daha çok bilebilmek ve O'na sevgilerini gösterebilmek için bireysel varoluşlar istediler" diye.

Ve der ya Hz. Mevlânâ: Fİ Hİ MA FİH... Onun içindeki içindedir.

Sen ve ben, O'ndan, o balığın denizden ayrıldığını zannetmesi gibi, ayrıldığımızı "zan"netsek de korkma O'ndan asla ayrılmadık.

Biz Rabb'imizle hâlâ beraberiz. Ancak bu âlemde kendimizi ve O'nu tanımak için bize verilen fırsatı, içinde bulunduğumuz hakikati, gerçek sandığımız dünyanın peşine düştüğümüz için maalesef unuttuk. Çünkü "unutanız" yani "insan"... İnsan demiş Rabbimiz bize, diğer anlamı ile "ünsiyet kuran"...

Bir gün üzerinde çalışırken ünsiyet kelimesi, anlamıyla kalbime ok gibi saplanmıştı. Ne zamandı biliyor musun, onun **"arkadaşlık kuran"** anlamını öğrendiğimde...

"Ünsiyet" kelimesi, birisi veya bir şeyle huzur bulmak, onunla kalbi yatışmak, onunla yalnızlıktan kurtulmak, uygun bir arkadaşlık kurmak demekti...

İnsan-ünsiyet kuran Allah'ının dostu/arkadaşı olmaya geldiğini unutmuştu. O, insana "arkadaşlık kuran" demişti oysa... Allah'ıyla arkadaşlık kuran. Allah'ının mahlukuyla arkadaşlık kuran. DOST! Allahımız bizim dostumuzdu. Arkadaşımızdı. Sırdaşımızdı. Canımızdı.

Hani diyordu ya Hadid Suresi, Demir-Şiddet Tasavvuru, 4. İşaret'te:

"Ve hüve meaküm eyne ma küntüm..."

"Ve her nerede olursanız olun O sizinle beraberdir..."

Kendini nerede bulursan bul, nerede olursan ol asla yalnız değilsin Deniz... Arkadaşın seninle... O, maiyyesi (mea) "dostluğu" ile orada... O seni görüyor, koruyor, izliyor. Ve seni bir sonraki etaba hazırlıyor.

Hep merak etmişimdir, hep sorulmuştur: **Biz** ne demek? Neden Rabbimiz bazı ayetlerde "Ben" değil de "Biz" diyor? O durumda ben de "Ayetin gelişine göre çok çeşitli sebepleri var..." diye lafa girip bildiğim kadarını anlatmaya çalışmışımdır. Allahımızın kulları vesilesiyle iş görmeyi sevmesi, esma tecellileriyle iş görme halinde "Biz", Zati ayetlerde ise "Ben" demesi ve daha nice sebeplerle... Allahımızın Melik sıfatıyla tecellisi... Bununla beraber, o "sebepler" içinde ayetleri içselleştiremediğim için olsa gerek kendimi bir türlü görememiştim. Ta ki bir gün, bir ayet, "insan" kavramının adının neden "insan" olduğunu ve onun ünsiyet bağını bana fark ettirinceye kadar...

Kulları vasıtasıyla iş görmeyi seven Rabb'imin Biz dediği belki de kimi zaman sen ve bendi... Rıza-i ilahi için yaşamaya çalıştığımda anladım Kuran'daki "Biz" açılımlarından bazılarındaki yerimi, tüm kullarının yerini...

O zaman anladım. Çok ağladım. Anladıkça ağladım... BİZ... Deniz... Biz...

Yani...

Seninle Ben Deniz... BİZ...

Şimdi ben O'nu sevmeyeyim de kimi seveyim?

Canım Allahım... Sahibim... Dostum... Biz âciz kulların en güzel sevgiyi, dostluğu seninle yaşarken, "Biz" diyebilen sana değil, "benliğe" düşüp, "Ben" diyenlere savrulup durmuşuz.

Her şeyin sahibi O olmasına rağmen, bana Biz diyen bir Rabbim vardı benim... Dünyevi yanılgılarla hayat içinde beni sahiplenemeyen, benden en ufak hatamda vazgeçenlere inat benden asla vazgeçmeyen, elimi asla bırakmayan, bana "Arkadaşım... Dostum..." diyen, böyle sahiplenen, beni böyle onurlandıran bir Rabbim vardı.

Biz seninle arkadaşlık kurmak için, sana dayanmayı değil, "unutanlar" olarak bu geçici **"hayal dünya"** ile arkadaşlık kurup, ona dayanmayı seçmişiz.

Bizi sahiplenip de Biz diyen değil, her nefeste "Sen yalnızsın diyen" dünyaya...

Yalnızsın, öyle düşünüyorsun. Oysa değilsin!

Çaresizsin, öyle düşünüyorsun. Oysa değilsin! Allah'ın seni anlıyor. Durumunu görüyor. Duymuyor sansan da, O, seni, senin bile duymadığın kadar iyi duyuyor.

Kimden akıl istiyorsun?

Geleceği görüyor mu akıl istediğin, hikmetle bakmasını biliyor mu? Senin kalbine vâkıf olduğu gibi o olayın içindekilerin de kalbine vâkıf mı? Her şeye muktedir mi? Kudreti sonsuz mu? Olamaz. Allah dışında hiçbir varlık bunlara sahip olamaz. Bunu hatırlaman lazım ey insan... Bu yüzden adın **İnsan** yani **Unutan**... Bu yüzden "ZikrEt", yani "Hatırla", "Allah'ını hatırla" diyor Rabb'in...

Bir telefonda arkadaşınla dertleşirken o sohbetin sadece ikiniz arasında dönmediğini hatırla... Orada bulunan üçüncü Allah'tır. Kendi kendine konuşurken orada bulunan ikinci

Allah'tır. Ne güzel bir dostun var. Bu kadar güçlü, zarif ve her şeye kudreti yeten. O kadar zarif ki sen O'na dönmedikçe sen gör ve kendine gel diye işaretler yollayan. Senin O'nu unutmana bile göz yuman. Sabırla bekleyen. Zarafetiyle, işaretleriyle beni hatırla diye seni kendine çağıran.

Sen Allah'ınla böyle samimiyetle dertleşip **baş başa olma** hissini yaşadıkça O sana dünyayı yeniden döşer. **Cömertlerin cömerdi Rabb'in, O'na** gerçekten güvenen kulunu sevindirmeyi çok sever. En cömert sevdiğinden, en yakın arkadaşından bile çok... Doğum gününü bile kutlar, mesajlar atar. Allah'ından bir günde kaç SMS alıyorsun biliyor musun?

Kalbinin ekranına bak!

Nefsini ört...

Neler göreceksin neler... Hâlâ nerede kiminle vakit kaybediyorsun? Artık uyan... Yani Kıyam-Et... Aç o elleri, o kalbi benimle beraber, şimdi haydi... Tut elinden Rabb'inin... Ve O'nunla beraber yürü. O'nun elini her bıraktığında düştün bak. Şöyle bir düşün, anlayacaksın.

O yüzden tut elinden Rabb'inin... Haydi... Annesinin elini bırakmayan bir çocuk gibi...

Yoksa kaybolursun. Ve çok ağlarsın.

Allah'ının kucağına koş...

Yoksa çok ağlarsın...

Tüm bunları **"unutan"** olduk ama **"zikreden"**, yani **"hatırlayan"** olamadık. O balık gibi sonradan anladık, her şey olup bittikten sonra...

İşte kardeşim seninle ben her şeyi çoktan yaşadık ve bitirdik. Nice seçimler yaptık. Ve bu seçimlerin özgür olduğuna inandık. Kendimizi tanıdığımızı zannettik. Oysaki kirlenmiş bir bilinçle, varoluş hakikatimizi bilmeden "Benim" dediğimiz ama bize ait olmayan bir hayatı yaşamaktaydık. Az önceki TV ve görüntü örneğindeki gibi, şu anda merkez stüdyodaki aslımızdan habersiz kendimizi TV'deki o görüntü sanıyor ve yaptıklarımızı izliyoruz.

Buraya gelmeyi sen seçtin, ama zaman zaman buraya gelmeyi ben mi seçtim diye kendi kendine öfkeleniyorsun; oysa bu şans sana verilsin diye çırpındın!

Tam tersi bilmediğin şu ki asıl bu dünyada "Ben özgür irademle seçimler yaparak hayatımı yaşıyorum" dediğin seçimlerin çoğu maalesef senin değil!

Bazen bir olaydaki davranışına baktığında o davranışı yapan sen misin, içindeki annen mi, "Sana asla benzemek istemem" diye yıllarca tartıştığın baban mı, ayırt edememen bu yüzden...

Bazen hayatına bakıp da, senin sanki annenin, babanın, teyzenin kaderini yeniden yaşıyor gibi hissetmen de bundan... Buraya kendin seçerek özgürce geldin. Ama bilinçaltında yaşayan onlarca yanlış "program ve kayıtların" sana fark bile ettirmeden, yaptığı seçimlerle bir "esir" gibi başkalarının hayatını yaşıyorsun... Üstelik "özgürlük" adı altında!

İçinde sönmeyen yangının ve buz gibi yalnızlığın bu yüzden. Dünya denilen bu âlem, bir tür simülasyon ve Kuran'da Musa'nın kıssalarından birkaçında bahsettiği ve işaret ettiği gibi aslında biz **hakikatte** değil **illüzyonda, rüyada** yaşamaktayız. "Bilinçdışın/bilinçaltın" senin bedenini, geçmiş aile ve çevre kayıtlarıyla kullanırken esman dipte bir yerde bastırılmış ve açığa çıkmak isteyen bir çocuk gibi beklemekte...

Esman Yusuf 'un kuyuya atılmış hali gibi. Sen ve ben onun üzerindeki tüm şartlanmalar, yazılımlar ve yanlış öğretileri kaldırıp onu oradan çıkarmalıyız ve Rabb'imizle buluşturmalıyız ki bu illüzyondan kurtulup kendi gerçekliğimize kavuşalım, Allahımızla var olalım.

Bunu yapmadıkça asla mutlu olmayacaksın. Zaten şu ana dek bunun için mutlu olamadın, hep bir şey eksik hissinden bir an bile kurtulamadın.

İşte aslında Peygamber'inin (s.a.v.) sana tavsiye ettiği "Ölmeden önce ölmek" bu demektir. Ölmeden önce ölmek, dünyadan el etek çekmek, çocuk yapmamak, gezmemek demek değildir. Korkma!

Rabb'inin sana sunduğu nimetleri takdir edip, şükrünü eda etmen için onları da denge içinde yaşamaya devam etmelisin.

Allahımıza şükür etmek, O'nun esmalarını, o güzel ahlakının, yaratımının özelliklerini zuhura getirmek; yani onları aktive ederek "sistemde" faaliyete sokmaktır.

Peygamber'in Hz. Muhammed (s.a.v.) tüm insanlığa şahit olan rol modeldir... Senin "rol model"in Peygamber'indir (s.a.v.)... "Hakikatine uyanmak" demek, "birleşik âlem" olan Dünya ve "birleşik varlık" olan İnsan'ın, yani "senin", içinde olduğun illüzyondan ölmen ve bu dünyadayken gerçekleştirdiğin bilinç miracı ile gerçeklik boyutları arasına sıkışıp kalma riskini bertaraf ederek, özgürlüğüne, bağımsızlığına kendi varoluş hakikatini gerçekleştirerek kavuşman demektir.

Bilimsel olarak baktığında, yapısı itibariyle en az yüzde yetmişiyle olumsuz düşünmeye meyilli olan beyninden, şu an beni okurken bile bir saniye içinde onlarca, yüzlerce düşünce geçecek ve belki de "Bu ne saçmalık!" diyeceksin. Ama onu söyleyenin sen olmadığını bildiğim için darılmayacağım.

Ben üzerime düşeni "kendi kabımca algıladığımı" paylaşmak ve içinde bulunduğumuz bu âlemin hakikatine ilişkin şu ana dek öğrendiklerimi sana sunmak "görevimi" Kardeş'in ve Sen olarak (çünkü Sen de Ben'sin) yerine getirmekle mükellefim. Tekâmülümüz ve varoluşumuzu gerçekleştirmekte olan her birimiz bu görevle buraya geldik.

Rad Suresi, 40. Ayet,

Gök Gürültüsü Tasavvuru, 40. İşaret

"Ve in mâ nuriyenneke ba'dallezî neiduhum ev neteveffeyenneke fe innemâ aleykel belâgu ve aleynâl hisâb (hisâbu)."

"Ve şayet onlara vaat ettiğimizin bir kısmını sana göstersek veya seni vefat ettirsek de; **artık senin üzerine düşen, sadece tebliğdir**. Hesap, bizim üzerimizedir."

"Onlara vaat ettiklerimizin bazısını sana yaşarken göstersek yahut (göremeden) **vefa** borcunu gerçekleştirsen ve seni yanımıza alsak da senin yegâne görevin, sana verdiğimiz ilmi, sana öğrettiklerimizi, bildirdiklerimizi tebliğ etmendir. Yaymandır. İletmen ve yaşayarak göstermendir. Yaptıklarının sonucunu yaşatmaksa bize aittir..."

Nahl Suresi, 82. Ayet, Arı Tasavvuru, 82. İşaret

"Fe in tevellev fe innemâ aleykel belâgul mubîn (mubînu)."

"Artık yüz çevirirlerse, bundan sonra sana düşen, **sadece açık bir tebliğdir**."

Bilirsin, gök gürültüsü şimşeğin çakmasından "sonra" duyulur insana... Bu konuya ve bu kitapta işleyeceğimize ilişkin başlık attığımız bazı sorular ve devam konularına detaylı bir şekilde "Geçmişte Yaşıyoruz" başlığı altında *İşaret* serisine ait sonraki kitabımızda/kitaplarımızda teker teker değineceğiz...

Ama konuya çok ufak çapta dokunursam, gök gürültüsü ile şimşekten aldığın işaretin, yani aynı anda olan o iki şeyden birindeki "gecikmeli algın" sana şunu göstermeli:

Her şey aynı "AN"da olmuş bitmiş olsa da, kısıtlanmış algıların yüzünden bunlar sana birbirinden sonra sunulur. Sen adet ve alışkanlıklarını kırmadan, beden kalıbını/heykelini oluşturan dört unsurun (ateş/su/hava/toprak) ötesine geçmeden seni sürekli yanıltan "beyin aracının" sunumlarıyla ancak sanal bir hayat yaşarsın.

İllüzyondasın...

Kalıbını kırmadıkça şu an içinde olduğun yer "geçmişin"... Kısaca, **geçmişte yaşıyorsun**...

Artık kendi "hakikatinle" AN'da buluşma vaktin gelmedi mi?

İşaret 1 ve 2'de din kelimesinin yol, metot, sistem anlamlarına değinmiştik... "Din" kelimesinin bu kitapta değineceğimiz bir diğer anlamıysa **"borç"**tur...

Anlamını kavramadan kullandığımız o "vefat" kelimesi, aslında "vefa" kelimesinden gelir...

Allah'ının sana verdiklerinin karşılığını ödemen asla mümkün olmasa da, senin talebin üzerine sana hayat ve ilahi hakikatini veren Allah'ın için, burada ilahi hakikatini gerçekleştirmen, O'na, yegâne Dost'una karşı **vefa borcundur**.

Her **Vefa-T** bir **Vefa** borcudur...

Her ne olursa olsun sen, kendi varoluş hakikatini gerçekleştirmek ve hakikat ilminden öğrendiğin kadarını kardeşlerine iletme "görevini" gerçekleştirmelisin.

Tebliğ zaten "ilminin zekâtı"dır...

SEN buraya bir DÂHİ olarak geldin...

İlk hedefin:

"Kendi hakikatini gerçekleştirmek, yani İslami tabiriyle 'ölmeden önce ölmek ve miracını yapmak'tır."

"Ölen hayvan imiş âşıklar ölmez" diyen bilge Hak dostu Yunus Emre Hazretleri bu bilgilerle baktığında, şunu mu demek istiyor acaba?!

Deniz... Kızım...

Bil ki, ceset dediğin şey, yani ***bedenin****, senin bu "dünya hayatını" deneyimleyebilmen için var. O sen değilsin aslında... O sadece sendeki, yani senden ötede olan "sen"in* ***"bineği"****... Onun vahşi bir "hayvan" gibi istekleri var. Ve bu istekler sen fark etmesen de seni yönetiyor.*

Bununla beraber bu vahşi hayvan çok güçlü ve işine çok da yarıyor. Çünkü o senin esmanın bineği, yani taşıyıcısı.

O yüzden bu bineği "doğru" kullanmayı öğrenip onun seni değil, senin onu yönetmen gereğini kavrayıp bunu başarabilirsen ***"âşık" yani "ışık ehli"*** *olursun.*

O gördüğün şimşekteki ışıkla sen ayrı değilsin. Hepimiz Bir olanın "TEK"liğinden var edildik. Artık âşık olursan, o zaman sen kendi "nur"unun, IŞK-Işığının bu beden bineğinde dünya deneyimi/macerası boyunca kontrolde kalmasını sağlar; onu burada bırakırken de zorlanmaz ve diğer boyuta yine "Hayy", "DİRİ" olarak devam edersin. Bedenin kabrindir, o kabir azabından buradayken kurtulursan hepsinin bir oyun, ama sana tanınmış muhteşem bir cömertlik ve rahmet eseri olan bir uluhiyet fırsatı olduğunu anlarsın.

Ankebut Suresi, 64. Ayet,
Örümcek Tasavvuru, 64. İşaret

"Ve mâ hâzihil hayâtud dunyâ illâ lehvun ve laibun, ve inned dârel âhırate le hiyel hayevân (hayevânu), lev kânû ya'lemûn (ya'lemûne)."

"Bu dünya hayatı ancak bir eğlence ve oyundan ibarettir. Ahiret yurduna gelince, işte gerçek hayat odur. Keşke bilselerdi!"

Yani...

"Şartsızca, merhametimle, bir annenin evladına duyduğundan daha büyük bir sevgi ve şefkatle sevdiğim kulum Deniz...

Bu dünya hayatı ancak bir eğlence ve oyundan ibarettir Deniz... Ahiret yurduna (bir sonraki hayat etabı/bir sonraki bilinç etabı) gelince Deniz, işte gerçek hayat odur.

Ah be Deniz... Keşke bilseler! Keşke bilsen...

Rabb'in..."

Mektubun güzelliğine bak... Risaleyi Rabbi diyor ya, Rabb'inden bu mektup... Sana...

Sen de O'na yazsana...

Cin Suresi, 28. Ayet, Cin Tasavvuru, 28. İşaret

"Li ya'leme en kad eblegû ***rısâlâti rabbihim*** *ve ehâta bimâ ledeyhim ve ahsâ kulle şey'in adedâ (adeden)."*

"Ta ki Rab'lerinin risalelerini (mektuplarını) gerçekten ulaştırdıklarını bilsinler. Onlardakileri ihata etmiş ve her şeyi detaylarıyla kaydetmiştir..."

Mektupları oku ve onlara cevap ver. Balıksan denizden kopma...

Artık iyi düşün... Şu noktadan itibaren kalan hayat dilimini nasıl geçirmek istiyorsun? **"Simülasyondan"** öte olmayan hayal ürünü bir dünyanın sanal hırslarıyla sana ait olmayan acı ve duygularla "yaşayan bir ölü" olarak mı?

Yoksa...

Ölmeden önce ölmeyi deneyimleyen, yani ruhunu beden kalıbının üzerine çıkaran "daimi diri" biri olarak mı?

İlahi hakikatinin keyfine vardığı için diğer boyutta da düşündüğü her şey kendisine tepsiyle sunulan, "hakiki bir insan" olarak mı?

Sen farkında bile değilken seni yöneten bilinçaltın (bilinçdışın) yüzünden sana "Anneni seviyor musun? İlişkiniz nasıldır?" denildiğinde, elinde sıcak bir kahve tutuyorsan annenle ilgili daha olumlu, soğuk bir içecek tutuyorsan daha olumsuz konuştuğunu biliyor musun?

"Spagetti yerine fiyonk makarna severim, onu yemeyi istiyor ve seçiyorum" dediğinde, bunun belki de sen çocukken evinizin karşısında oturan komşunuzun çok sevdiğin kızının, saçlarının lüle lüle olmasından kaynaklanmış olabileceğini söylesem şaşırır mısın?

Ya herkesin beğenisini toplama isteğinin sen beş yaşındayken olan bir olaydan kaynaklanmış olduğunu?

Bu bilinçdışı isteğinin aslında o esnada seninle bulunanların sana "Becerememişsin!" bakışıyla bakması, senin onları hayal kırıklığına uğrattığın algın/hissin sebebiyle olduğunu fark bile etmedin, değil mi?

Seçim şansın olsa da kayıtlarından arınmamış "saflaşmamış" bir bilinçle "iraden" ne kadar özgür olabilir ki?

Bu yüzden iyi düşünmen gerek, "hakiki saflaşmış bir insan mı" yoksa tasavvufi anlatımla "izafi" benliğinin oyuncağı olmaya devam eden biri mi olmak istiyorsun?

Bu da senin kararın...

Daha doğrusu sana senin kararın "zan"nettirenin!

Kendine kavuşmak mı istiyorsun, illüzyonda devam etmek mi? SEÇİM SENİN...

Bakara Suresi, 256. Ayet,

Özünü Arama Tasavvuru, 256. İşaret

"Lâ ikrâhe fîd dîni kad tebeyyener ruşdu minel gayy (gayyi), fe men yekfur bit tâgûti ve yu'min billâhi fe kadistemseke bil urvetil vuskâ, lânfisâme lehâ, vallâhu semîun alîm (alîmun)."

"Dinde (Allah'ın yaratışı, sistem ve düzenini –sünnetullahı– kabul konusunda) zorlama yoktur Deniz!

Hakikat en olgun haliyle ortaya çıkmış, sanal fikirlerden ayrılmıştır Deniz...

Kim illüzyon âlemini (tagut'u) (gerçekte var olmayıp vehim yollu var sanılan şeylere tapınmayı) terk eder, kendi varlığını oluşturan Allah'a (esma tecellisine) iman ederse, kesinlikle o kopması mümkün olmayan, hakikatindeki sağlam bir kulpa yapışmış olur Deniz..."

Unutma!

Allah duyan ve her şeyin hakikatini bilendir Deniz...

"Güzel olan her tavsiye dindir..."

Canım Peygamberim Hz. Muhammed Mustafa (s.a.v.)

TALİM 2

Ya Sin

(Lütfen noktalı yerlere kendi adını yaz.)

Ey kendinde halihazırda potansiyel olarak bulunan, ama uyumakta olan "İnsan-ı Kâmil Bilinci'ne" ulaşmak ve bu bilinci kendinde uyandırmak isteyen ....!

Bil ki eğer sen de yüce ve cömert Allah'ının, "uygulamalı" olarak Peygamber'in (s.a.v.) yoluyla sana gösterdiği ve Kuran ile bilincinin hakikat ilmiyle inşası için gönderdiği Tasavvur ve İşaretler'i, Allah'ına iman ederek, yani "O'na inanarak ve güvenerek", İslam yani "teslimiyet metodu içerisinde" uygulamaya başlayarak beden alışkanlıklarını kırabilir, zaaf ve olumsuz özelliklerinden biiznillah arınabilirsin ....

Ve eğer ki bilincini "arınmış" ve "saf" hale getirebilirsen sen de sendeki esmaya binaen Allah Resulü'nün sav sözlerinin ve halinin taşıyıcısı ve iletıcisi olur, Rabb'inden hakiki kılavuzluk, rehberlik alır ve bunu da insanlığa sunmaya vesile kılınırsın ....

"Sen anlatınca..." dedi Yasemen. "Böyle gidip sımsıkı sarılasım geliyor Allah'a..."

Ben de, "Sarıl tabii" deyiverdim, ağzımdan kelimeler döküldü. "Ama... Ama..." dedi şaşkınlıkla. "Ne bileyim... Biz hep korkutulmaya alıştığımız için 'Allah'a sarılmak' sanki... Ne bileyim yanlış bir anlatım olur diye tedirgin oldum."

"Olur mu?" dedim. "O, kendisini Hannan, 'yavrusu için çırpınan anne' sıfatıyla nitelemişken, kendisine şefkatlilerin şefkatlisi Rahman demişken, anne rahmine bile çocuğu koruduğu yer olarak Rahim adını vermişken, Allah'a sarılmayacaksın da kime sarılacaksın? Ben böyle sığınırım Rabb'ime" dedim. "Sarılırım, uykuya dalarken, hatta anne kucağı gibi sığınırım O'na..."

Dudaklarımız titredi. Boğazımız düğüm oldu o an... Ağladık.

Akşam eve döndüm, Şeytan ya, peh! "Allah'a sarılmak mı?" dedi vesveseyle. "Yanlış bir şey söyledin!" Yanlış olmadığını biliyordum söylediğimin, ama ne bileyim korktum bir an...

Odama girdim, çalışma masama oturdum. O sırada önceki gün masada açık bıraktığım Kuran'a uzandım. "Tozlanmamıştır Kuran'ım inşaAllah" diye parmaklarımı onun üzerinde gezdirip sevdim ve sonra kapattım. Tam yerine koyacakken, *Bir dakika, hangi ayetti o?* diye düşündüm içimden... Allahım hangi ayetti? Ve tekrar Kuran'ı açtım, baştan aşağı tarayacaktım işaretlediğim yerleri... Açtığım sayfaya baktım: Hac Suresi. Okumaya başladım sayfayı ve 78. ayete geldim. Tam karşımda cevabıyla bana gülümsüyordu. İçimi ısıtıyordu. Huzurum...

Ey Deniz...

Allah uğrunda gereği gibi cihat et. (En başta ise nefsinle cihat et.)

O seni seçmiş. (Tüm kulları burada olmaları gerektiği için burada. Hepsi seçilmiş. Hepsi özel. Hepsi.)

Baban İbrahim'in yolu olan dinde senin için bir zorluk kılmamış Allah'ın... (Kurallar net, karıştırman, yoldan sapman asla kolay değil, yeter ki kalbinle bakmayı öğren...)

Deniz...

Daha önce ve Kuran'da, Peygamber'in Hz. Muhammed'in (s.a.v.) sana şahit olması, senin de insanlara şahit olman için Allah'ın sana "Müslüman-Teslim Olan" adını verdi...

Sen teslimiyetinle diğer kardeşlerine "öğretmen ve yol gösterici" olmalısın. Rol modelin Peygamber'inin (s.a.v.) izinde, ona tabi olarak tüm insanlığa Allah'ına teslim olmuş bir kulun ahlaki ve fiili özelliklerini göstermeye çalışmalısın. Onlara örnek, öğretmen olmalısın. Artık O'nunla bağlantı kur.

Artık maddi, manevi, ilmi her ne kazanırsan, kazançlarından kardeşlerinle paylaş.

Deniz...

Hadi...

Allah'ına sarıl... Allah'ına sımsıkı sarıl...

Hâlâ anlamadın mı Deniz? (Bak dayandığın, ilah edindiğin sanal dayanaklardan, "başkalarından" defalarca yara aldın.)

Allah'ın, O, senin yegâne sahibin Deniz... (Ne mutlu sana böyle yenilmez ve sadık bir dostun var...)

O senin yegâne dostun Deniz. Bir düşün bak. Şöyle bir tara geçmişi... Kaç kez ateşe düşerken kurtarıldığını. Kaç kez öldüğünü sandığında küllerinden doğurulduğunu. Kaç kez mucizevi fırsatlarla yeniden güldürüldüğünü. Hiç seni bıraktı mı Allah'ın Deniz? Onca hatana rağmen hiç seni terk etti mi, senden desteğini çekti mi?

Azıcık hata yapsan dostun senden desteğini çekmez mi? Ama yegâne gerçek dostun olan O, senin tüm hatalarına, yanlışlarına rağmen senden desteğini, sevgisini, yardımını çekmedi Deniz... Çekmedi...

Hac Suresi, 78. Ayet, Hac Tasavvuru, 78. İşaret

"Allah uğrunda gereği gibi cihat edin. O sizi seçmiş, babanız İbrahim'in yolu olan dinde sizin için bir zorluk kılmamıştır. Daha önce ve Kuran'da, Peygamber'in size şahit olması, sizin de insanlara şahit olmanız için size Müslüman-Teslim Olmuş Olan adını veren O'dur. Artık, namaz kılın, zekât verin. Allah'a sımsıkı sarılın. O sizin sahibinizdir. Dostunuzdur..."

Yanılmamıştım... Sarılın hatta sımsıkı sarılın demişti O... Seni seviyorum canım Allahım... Canım sahibim... Yegâne dostum...

"Tasavvur inşasında" bu anlatımı barındıran surenin Hac (Suresi) olmasının seçimi, "Hac Tasavvuru"nun "delil" kelimesiyle bağlantısı olabilirdi.

Hac, kulun Allah'ına, O'nun sistemine ve kurallarına uyduğunun kul tarafından sunulmuş bir deliliydi belki de...

Allah'ın da kulunun yegâne dostu ve sahibi olduğunun ve yalnız O'na sımsıkı sarılması gerektiğinin deliliydi.

"İlmin sonu cehalettir..."

Hz. Ali

"Şimdi... Sorularım var..."

Peki Yasemen...

Yalnız belirtmek isterim ki şu anki cehalet seviyeme göre cevap vereceğim. Sonsuz bir ilim denizindeyiz keza... Pirim İbnü'l Arabî Hazretleri'nin dediği gibi: "Doğrunun ötesinde bir doğru, hakikatin ötesinde bir hakikat vardır."

"Bu da ne demek şimdi Deniz? Daha ağzımı açmadan büyük bir soru oldu bu bana."

İşaret 1'de dedik ya, Hz. Ali, o Peygamberim (s.a.v.) tarafından "ilmin kapısı" olarak nitelendirilen güzel Allah dostu, ehlibeytten biri, Peygamber'imin (s.a.v.) çok sevdiği amcaoğlu, damadı, demiş ki: "İlim bir noktaydı... Cahiller onu çoğalttı..." Evet... Hatta bunu Azra'ya söylediğimde çok etkilenmiş ve seninle röportajımız içinde "Pi'de kullanabilir miyiz bu sözü Deniz?" diye sormuştu canım **dostum** Azra'm... O çok özel ve örnek bir insan...

O zaman ben de ona "Elbette kullanırız, bu söz benim de çok etkilendiğim bir sözdür" demiştim...

Sonra yeni kitabımıza çalışmaya devam ederken, bu sonsuzluk âleminde, her yeni cevabın getirdiği yeni sorular içinde, "Hazretin diğer sözünü de bu kitapta kullanayım" dedim.

"Nedir o?"

"İlmin sonu cehalettir..."

"Hımmm... Of!"

Aynen... Of! Haydi sor bekliyorum!

"İlk sorum şu: Mademki ve zaten öyle Allah Bir'dir, o zaman neden Allah'a davet eden insanların Allah'ı tanımlamaları ve çağrı şekilleri farklı oluyor?"

Ooo... Anlaşıldı *Fütuhat* konuşacağız seninle...

"Fütuhat?"

Fütuhat-ı Mekkiye, yani Pirim İbnü'l Arabî Hazretleri'nin, Mekke'de bulunduğu süreçte kendisine gelen açılımları yazdığı muhteşem kitabı. Rabb'imizden, Peygamber'imizden (s.a.v.) gelen öğretilerle dolu inanılmaz derinlikte o kitaplar... Pirimin biiznillah yazdığı tüm kitapları öyle, hakkıyla anlamayanlar olsa da, bu onun, ilim ve halinin kıymetini değiştirmiyor. O'nun Allahımıza ve Peygamber'imize (s.a.v.) olan sevgisini dile getirişi bile öyle özel ki...

Şimdi gelelim kabımızca pirimizden öğrendiğimiz cevaplara... Hak dostları şöyle der: Ne kadar mahluk, ne kadar nefes varsa, o kadar da Hakk'a giden yol vardır. Mahlukatın istidat, kabiliyet, mizaç ve fıtratları birbirinden farklı olduğundan her birinin Hakk'a varış yolu da bir diğerinden farklıdır.

Her birinin mizacına uygun "seyr-i süluk"ü yani Hakk'a varış yolu olduğu için de herkes kendi mizacına uygun tarikat ve metotlarla yol almayı seçer. Kimi Hakk'a ilimle varmayı, kimi zikirle varmayı, kimi sessiz zikri, kimi hararetli zikri sever... Ama önemli olan herkesin mizacına uygun şeyi yaparken mutlu olmasından dolayı, kendine uygun olan yerde rahat hissetmesidir...

Pirim, Allah'a varışı iki şekilde tanımlar:

1. Âlemi, kendini, nefsini tanımak suretiyle Rabb'ine varmak...

2. Önce Allah'ı tanımak ve Allah'ı tanımak suretiyle kendine varmak...

"İkisi arasındaki fark nedir peki?"

Birinci şekilde seyr-i sülük metodu, genel olarak tarikatlarda tutulan yoldur; ama bu çok uzun süreç alabilecek bir durumdur ve hedefe varılmadan vefat etme ihtimali daha yüksektir... Ancak bu yol diğerine göre daha "güvenli" olarak nitelendirilebildiği için daha çok tercih edilir...

Öte yanda ikinci yol olarak bahsedilen ise, Allah'ı tanımak suretiyle kendini bulmaktır...

Bu yolculuk daha kısa bir süreçte olabilirken, tehlikesi ve engebesi çok olduğundan pek tercih edilmeyen bir metottur...

"Hımmm..."

Yani, birinde "varlık"tan Allah'a ulaşıyorsun; diğerindeyse ALLAH ismi ile işaret edilen manayı idrak edip Allah'tan âlemi seyrediyorsun...

Pirimin yolu ise bu ikinci bahsedilendir...

Muhyiddin İbnü'l ArabîHazretleri'nin bakışını daha çok tümdengelim metodu olarak algılıyorum ben, çünkü o daha ziyade bütünsel/holistik bir bakışla ele alır konuları... Mesela o, "Allah'ın varlığını ispat etmeye ne gerek var? O zaten ortada ve herkes de bunu biliyor" der. O, esas meselenin Allah'ın varlığını değil, "tevhid" yani "Allah'ın **BİR**liğini ispat etmek olduğunu söyler ve muazzam bir açıklamayla varoluş hikâyesi ve "esma"ların varlık isteme hikâyesini anlatmaya başlar. İnsanları da bu bakış açısı altında; Müslüman/Mümin/İhsan ve İrfan Sahibi Mümin olmak üzere üçe ayırır.

"Bak bu önemli bir mesele bence Deniz; çünkü, Allah'ın insanları bilinçlerine göre sınıflandırma şekli bizim olaylara ve insan davranışlarına bakarken doğru değerlendirme yapabilmemize yardımcı olacaktır..."

Elbette Yasemen...

Şunu unutma! İçinde bulunduğumuz yegâne şey "bilinç"tir.

Çünkü kâinatın kumaşı bilinçtir... Bir "bilinç denizindeyiz" biz... "Madde" olarak gördüğün, melek olarak bildiğin de, sen de ben de, hepimiz Allah'ın isim ve sıfatlarının manalarının; yani yüksek bilincin, yoğunlaşarak fiziksel bir kalıpla görünmesi ya da enerji haline dönüşüp ışık olmasıdır. Bu da aslında aynı şeyin dönüşümünden öte bir şey değildir...

"Yani 'Allah'tan başka bir şey yok' anlatımı bunu mu söylemek istiyor Deniz?"

Aynen öyle... Yasemen, kâinatın hızla genişlediği söyleniyor doğru mu?

"Evet..."

İşte kâinatın hızla genişlemesi, bilincin de hızla tekâmül ettiğini gösterir... Hatta bazı kişiler tarafından ahir zamanda Allah'ın esmalarından çok daha fazlasının zuhura çıkmaya başlayacağı da ifade edilir...

Şimdi konudan kopmazsak; Müslüman, Allah'ın **varlığına** inanan, iman eden kişidir; ama ilk etaptaki "Müslüman bilinç" henüz Allah'ı "bir"lememiştir, çünkü o bilinç mertebesinde değildir. Bu yüzden bu idrakte bulunduğun süreçte sen ya da başka bir kardeşin kendini daha ziyade şekli ibadetleri yaparken görürsün, ama tevhid meselesini kavramadığından idrakin daha düşüktür... Ve bu yüzden de **"öteki ve ötekileştirme"** kavramı bu bilinçte bulunduğun noktada karşılaşabileceğin bir meseledir...

Gelelim mümin bilince; mümin bilinç, Allah'ı "bir"lemiş bilinçtir. Baktığı her yerde ve her şeyde Rabbi tecelli olduğunu bildiği için o artık Allah'tan gayrı bir şey görmez.

İhsan ve irfan sahibi mümin ise en yüksek kategorideki bilinçtir.

İhsan, Allah'ın kendisini her an gördüğünü tamamıyla idrak etmiş, güzelleşmek ve saflaşmak için gereken çalışmaları yapan, Allah'a samimiyet ve ihlasla yani "halis", katışıksız en güzel şekilde kulluğunu yapmaya çalışan bilinçtir. İrfan ise, "bilmek tanımak" anlamına geldiği için irfan ehli ilimde derinleşmiş ve "tevhid"de de yol kat etmiş kişidir.

Bunlar Allah'a kulluk derken sadece "ritüel" haline getirdiğimiz şekli ibadetlerden bahsedilmediğini anlamış, biriyle yaptığı konuşmada bile aslında onu dinleyen "Rabb'inin huzurunda olduğunu, birine söz verdiğinde aslında Rabb'ine söz verdiğini bilen idrak ve bilinçteki kişilerdir.

Pirim "vahdet-i vücut" kavramıyla (inşaAllah ileride açacağız biraz), aslında Hakk'ın tekliğini, birliğini anlatır ki bu mümin olmanın hakikatidir.

Aslında tarikatlar kişilere bunları idrak ettirmek için uğraşır. Hayal âleminden çıkabilmen için gereken metotları kişilere talim ettirirler. Bilinç mertebeleri sonsuz olduğu için her bilinç mertebesinde sana bu metotları talim ettiren çeşitli mürşitler vardır. Bunlar arasında en yüksek bilince ulaşmış olanına ise mürşid-i kâmil denir.

Tarikat, tarik "yol" demektir demiştik. Bununla beraber tarikat mertebesi **mümin bilince** ulaşma yolunda şeriat mertebesinden sonra gelen "şekli ibadetlerin artık 'muhabbetle' yoğrulmaya ve yavaş yavaş zahiri manaların ötesine geçilmeye başlandığı mertebedir"...

Tarikatlarda, Mürit'e yani "kendi hakikatine geri dönmeyi irade eden yolcuya, kendi'ni irade edene" çeşitli tespihat ve zikirler verilir. Pirime, Hak dostlarına göre bu tespihat ve zikirlerden en temel ve olmazsa olmazı şu zikirlerdir:

1. La ilahe illallah
2. Salavat

Bu iki zikir, salik yani yolcu için bir anahtarın iki dişi gibidir. "Kapı"nın açılması için bu iki diş bir arada olmalıdır.

Her birimiz gibi sen de 18 bin âlemden geçerek buraya yani dünya hayatına gönderildin. Her âlem katmanından çeşitli "beşeri" özellikler giydirildin. Rabb'inden üflenen saf "ruhun" yani "ilahi özelliğin" (sır) üzerine, atalarından gelen genetik miraslar, DNA'n, doğum anında yıldızların üzerinde oluşturduğu etkiler, dört unsur ve daha nice beşeri özellik sana giydirilip Dünya'ya "kondun"... Cennette doğmuş bir varlık için Dünya bir çöldür. Rabb'iyle **bir** olduğu idrakindeki bir varlık için O'ndan ayrılmak bir zühdür.

Burada sana rububiyet tecellisi ile kendini deneyimlerken tekâmülün gerçekleştiğinde bu sefer uluhiyet tecellisi ile geldiğin yerden daha üst bir bilince çıkma şansı verildi. Var olma, sana Rabb'inin SEN dediği ve seni muhatap aldığı biri olma şansı verildi. Sana Rabb'inin tecellileri ile görme, duyma mucizesi verildi. Onu ve kendini tanıma fırsatına sahipsin, daha ne olsun. Emin ol, bundan daha şanslı olamazdın.

Şu ana dek çok vakit kaybettin, hakiki kimliğini bilmeden hayata, dünyaya hatta maalesef Rabb'ine bile küsebildin.

Ama artık ucundan da olsa hakikatlerin, kendi yaratılış serüven ve amacının ve hak bile etmediğin halde nasıl da müthiş bir hazine ile ödüllendirildiğinin farkındasın.

Artık, o "ilahi hakikatin" üzerine beşeri özellikler giydirilerek indiğin 18 bin âlemi, kendi seçimin, iraden ve teslimiyetinle çıkma vaktin geldi. Aşağıya doğru başlayan yolculuğunun yeniden yukarı doğru çıkma aşamasındasın.

En alt seviye bilinç olan Dünya hayatından bir üst mertebeye çıkışında, sana inerken "giydirilenleri" her geçtiğin âlem katında bırakacak ve en son katmanda Rabb'ine geri dönüp onda fani olacaksın. İradi bir talim ve çalışmayla, artık "asli hakikatine/kendine erme" yolculuğu bu... Fena'ndan sonra Beka'na ulaşarak sendeki Hak ile burada Rabb'ine olan kulluğunu devam ettirip, sana bakanın O'nun tecellisinden başka bir şey görmediği noktaya ulaşma serüvenini deneyimleyeceksin.

Rabb'in, sana Hakk'a giden yolda hakikatini gerçekleştirebilmen için kılavuzlar yani mürşitler tayin etti. Her biri senin "ruhsal/ilahi" hakikatine göre tayin edildi. O yüzden bir diğer "yolcunun" rehberi seninkinden farklı. Yukarı doğru, bu **özlerine giden** yolculuğu gerçekleştirebilmiş rehberlerin, beşeri özelliklerinden arınmanda yani nefis tezkiyende sana eğitmen olacak.

İleride değineceğimiz konularda da derinlemesine görmeye başlayacaksın ki zikir sadece lafzen değil kalben ve "hal" ile içerdiği manayı yaşayarak yapılması gereken bir çalışma.

Şimdi soruna, yani "Bir olan Allah'a neden farklı anlatımlarla çağrı vardır?" meselesine gelirsek, bunu kavrayabilmek için öncelikle Allah'a davet şekillerini anlamamız gerekir. Pirim İbnü'l Arabî Hazretleri der ki, Allah'a davet üç şekilde olur:

1. Rabbani davet...
2. Rahmani davet...
3. İlahi davet...

Şunu bilmen gerekir ki aslında kişi hangi mertebede ise o ismin tecellisi altındadır.

Bu konu insanların genelde kafalarını karıştıran meselelerden biridir. Oysa bu meselenin arkasındaki bilgiyi kavrarsan pek çok şeyin az önceki Monet resminde kafana oturduğu gibi oturduğunu görürsün.

Biri der ki: "Allah yakar... Allah seni cehenneme atar... Allah'tan kork ha! Yoksa görürsün bak!"

Pirim İbnü'l Arabî Hazretleri, Allah'a hakiki davetin ilahi davet olduğunu ve bunu ancak keşif ehlinin yapabileceğini söyler. Keşif ehli olmak da öyle kolay şey değildir. Keşif ehli olabilmek için bedensel dört unsurun (ateş, toprak, su, hava) senin üzerindeki etkilerini kırabilmiş, alışkanlık ve mizacını terbiye edebilmiş, nefis tezkiyesi yapıp biiznillah Rabbi hassından Rabbi-l âlemine ulaşabilmiş olmalısın! Yani demin değindiğim o yolculuğu tamamlamış olmalısın.

Bu yukarıdaki "korkutarak" örnek veren kişi eğer Rabb'iyle ilgili sürekli aynı algı ve zanda ise bilmelisin ki, o kişi sadece Rabbi hassı yönünde Rabb'ini tanımaktadır. Yani Rabbi-l âlemin olan tüm Rab'lerin de Rabb'i olan, tüm isimlerin dengede olduğu o bilinç mertebesini değil, sadece kendindeki esma cihetinden, Rabbi hassı cihetinden Allah'ı değerlendirmekte ve tanımaktadır.

Bu tür çağrılara İbnü'l Arabî Hazretleri "Bunlar Rabbani nitelikte çağrılardır ve bunlar kâmil birer çağrı değildir" der. Keza kişi sadece kendi esması yönünden kendi Rabb'ine çağrı yapmaktadır, Rabbi-l âlemine değil!

"Bu yüzden başka kardeşlerimize dua ederken o kişinin dilediğini Rabb'imize iletirken dileğimizi Rabbi-l âleminden istiyoruz biliyorsun değil mi Yasemen? Çünkü eğer ki kişi bilinç olarak Rabbi hassından çıkamadıysa, kardeşi için dilediği şeyi kendi terbiyecisi olan Rabbi tecelli mertebesinden isterse olmaz..."

"Burası biraz karışık geliyor Deniz ya... Yani onun Rabb'i ayrı benim Rabbim ayrı mı?"

Hayır! Hayır! Asla... Elbette ki Rabbimiz tek; ancak her birimizde O'nun insanlığa verilmiş esmalarından bazıları diğerlerine göre daha baskın ve ağırlıklı oluyor... Bu da kişilerin ruhsal yapı özelliklerinin farklarını oluşturuyor zaten...

Kanında demiri az olan insanın halsiz, demiri çok olanın daha hareketli olması gibi... Baktığında herkesin kanı var, sadece içindeki elementlerin ağırlıkları farklı... Bu da kişilerin mizacına bile yansıyabiliyor. Aynı şey birer esma terkibi olan bizler için de bu şekilde tezahür ediyor. Hepimizde Bir olan Rabb'imizin esmaları sıfatları var ama birimizde bazı esmalar daha ağırlıklı hüküm sürüyor bir diğerimizde diğer esmalar...

İşte bu da bir şarkıda sözü yazan, besteleyen, okuyan, enstrümanları çalan kişilerin istidat ve kabiliyet farklarını meydana getirirken ortaya kolektif bir iş, "şarkı" çıkmasını sağlıyor. Bunun gibi düşünebilirsin.

Sende baskın olan Rabbi tecelli/esma terbiye edicin olduğu için senin o tecelli yönünde eğitilip, besteci mi, söz yazarı mı yoksa piyanist mi olmak için gönderildiğini belirliyor.

Kısaca Bir olan Rabb'imizin bizdeki tezahüründe her birimizde bir veya birden çok esması daha baskın oluyor. Yoksa herkeste tezahür eden aynı esmalarıyla yalnızca O. Sadece senin yönetici esman diğer kardeşlerininkinden farklı, ikinizde de Âlim ve Vedud esması var ve bunlar aynı Rabb'e yani Rabbi-l âlemine bağlı; ancak sende Âlim, onda Vedud esması baskın bir şekilde tezahür ediyorsa Rabbi tecellinin seni terbiye eden yönü değişiyor. Yoksa terbiye eden aynı ve tek... Seni terbiye eden Rabb'inin ağırlıklı esmasına da Rabbi has deniyor yani kişisel Rabbi tecellin ve bilincin... Biliyor musun bu ne? Bu senin Dünya'ya gönderilmende **açığa çıkartman** gereken **dehanın** ismi aslında... Tabii ki sen hakikat ilmi ile amel etmeyi ve kendi varoluşunu gerçekleştirebilmen için sana gönderilen bu hayatı Rabb'inin adı ile ve adına "oku"mayı öğrenebilirsen.

"Hımmm... Şimdi oturdu kafama..."

Tamam. O zaman şunu anlamış olduk, eğer ki biri sürekli olarak, *"Allah seni yakar, atar"* gibi bir söylem içinde insanlığı İslam'a davet etmekteyse, o aslında insanlığı **kendi** Rabbi algısına, kendi Rabbi has tecellisine çağırıyor çünkü o Rabb'ini ancak o cihetten idrak edebiliyor. İşte bu sebeple de aslında bu kişi eksik bir bilinçte...

Gelelim ikinci davete... Bu ikinci durumda ise; Rahmani ahlak ile davet var. Bir önceki davette, davetin niteliğinde Celal tecellisi ağırlıklıyken burada da Cemal tecellisi ağırlıklı. Dolayısıyla hep Allah'ın affediciliğinden, insanlara sürekli şefkat ve merhamet edeceğinden bahsediliyor. Daimi olarak Rabb'imizin merhameti, rahmet tecellisi anlatılırken aslında kişilere rahmet bilinci yönünden bir çağrı yapılıyor.

"O zaman bu davet de eksik, değil mi?"

Elbette... "İslam'a ve Allahımıza davette 'kâmil' diye nitelendirilen çağrı, 'Allah' ism-i câmi (tüm esmaların toplandığı makam) gibi **dengeli** ve hem Cemal hem de Celal isimlerinin aynı anda ikisinin de etkisi altında yapılan çağrıdır. Kâmil/ilahi bir çağrı, ancak, yaşanan duruma, o anki şartlara göre Celal ya da Cemal tecellilerinden hangisi öne çıkmalıysa ona göre yapılan çağrıdır, aksi halde Hakk'a yapılan davet kâmil olmadığı gibi eksiktir de" diyor pirim. Unutma Peygamberimiz (s.a.v.) hem müjdeleyen hem de uyarandır.

"Ha! Şimdi oturmaya başladı kafama... O zaman bu yolda mürşit ya da rehber diye nitelendirilen kişilerin Allah tanımlamaları ve Allah'a çağrıları, kendi bilinç seviyelerinin genişliğine göre değişiyor..."

Aynen öyle...

Herkesin Allah, iman, Peygamber (s.a.v.), miraç idrakleri farklıdır. Peygamberimiz (s.a.v.) Müslümanların rüyasına farklı farklı suretlerde gelir. Her birimizin miraca giden merdiveni her birimize has ve "özeldir" der pirim... Yani benim ya da bir başkasının bilinç merdiveninden sen tırmanamazsın.

Bu sebeple bu yolda Allah'a davet ederken "kâmil" bir davet ne demek bilmeyen kişiler Allah'ı sadece kendi algılarına göre tanımladıkları için aslında kendi algılarındaki Allah'a davet ediyorlar. Keşif ehli, basiret ehli olmadan yapılan her davet bu yüzden eksiktir. Hiç kimse Allahımızı Peygamberimiz (s.a.v.) kadar tanıyamaz. O bile "Seni hakkıyla tanıyamadım" demiştir. Bizler onun bize bıraktığı yolda kendi idrakimizce "hakiki Allah" tanımına ulaşmaya çalışırız.

Kâmil bir bilince ulaşmamış kişilerin Allah'a davetleri bu sebeple kendi aldıkları tecelliyle sınırlıdır ve tabiri caizse bütünsel değil parçalıdır. Oysaki Allahımızın esmaları sınırsızdır ve tecellileri, kişinin idrakindeki eksiklikler yüzünden dar kalıplara sokularak kısıtlanamaz.

İşte bu sebeple de kişinin bilinci "hakiki" Allah bilincine ulaşmadıysa, Allah ismi onda tesire başlamadıysa, kişi kâmil/ ilahi bir davet yapamaz.

İlahi davete yetkin olmayan, Allah ism-i câmiine ulaşmamış kişi, her bilinç mertebesini bünyesinde kucaklayamadığı ve hâlâ parçalı bir bakış açısına sahip olduğu için hakikati holistik manada algılayamaz. Bu yüzden de hakiki manada "iyiliği emredip, kötülükten men etme" görevini bilemez.

İnsanları "ötekileştirmeden" bunu hakkıyla yapabilecek olan ancak **kâmil insan bilincidir**.

İşte bu sebeple, az önce de değindiğim gibi Allah'a kâmil daveti ancak basiret sahibi keşif ehli olarak onlar yapabilirler.

Sen Mersin'e vâkıfken ve orada yetkiliyken kişiyi İstanbul'a da çağıramazsın. Çağrın ancak bütün resimde vâkıf olduğun kadarına olabilir. Bu yüzden ancak Mersin'e çağırır Türkiye'ye çağıramazsın ki bu durumda bu çağrı resmin tümünü kapsamadığı için "eksiktir".

Kişinin "etkili" olduğu elektromanyetik çekim alanının genişliği kişide tezahür eden Rabbi tecellilerin derecesi ve yoğunluğuna göre değişir. Bu yüzden bu kişilere "KUTUP" denir. Aynı mıknatısın uçları gibi... Hepsi kendi çekim gücü oranında güçlüdür ve kendi frekanslarından düşük insanlar üzerinde çekici/sürükleyici etkidedir. Olayı bir benzetme olarak böyle düşün...

Sende sadece bir esmanın açığa çıkması ile birden çok esmanın ya da Allah ism-i câmi tecellisinin açığa çıkması da bu yüzden aynı şey değildir. Mersin Türkiye'nin parçasıdır, Akdeniz de... Ama ne Mersin ne de Akdeniz Türkiye'nin tamamıdır. Dolayısıyla herkesin kişisel bilgi ve etki alanı, onda tezahür edip açığa çıkmış esmalarının manaları nispetinde değişir.

Gelelim "basiret" kavramına... Basiret terim olarak, idrak kuvveti (anlayış/kavrayış), derin görüş, ileriyi görme, öngörü gücü, bilinçle kestirme, yakin, bir şey hakkında oldukça bilgili olmak, zekâ gibi anlamlara gelir. Çok ilginç ama yaralı bir hayvanı izleyen avcı hayvanın, onun izini sürmeye yarayan kanına da basiret denmiştir. Din/tarik/seyr-i süluk, bunların hep "yol" manalarını ve işaret/alametlerle kişinin "istikametine" ulaşmasının hedeflendiğini düşündüğünde, bu "avcıyı ava götüren izler" manasının ne kadar müthiş bir teşbih olduğunu fark edebilirsin. "Basiret/Basar"ın görmekle yakından ilgisi vardır. Ama "görmek" üzere bir bakışı ifade eder ki bunun hem göz hem de gözün görme kuvveti için kullanıldığı da söylenmiştir. Bununla beraber en vurucu nokta, **idrak eden kalp** için "basiret" sözünün kullanılmasıdır. İşte bu noktada hakkı batıldan ayıran marifet ilmi bilgisidir basiret... Bilmek, vâkıf olmak demektir. Allah'ın esmalarından el Basir, Kuran'da da geçer ve Allah'ın görme sıfatı ve ismiyle ilgilidir. Allah'ın Basir olması, "görme" sıfatı onun hikmet sahibi olmasını içeren bir durumdur. Bu noktada müminin de basiret sahibi olması kendisindeki hikmet tecellisiyle ilişkilidir.

Yusuf Suresi, 108. Ayet, Yusuf Tasavvuru, 108. İşaret

De ki: "İşte bu benim yolumdur. Ben ve bana uyanlar bilerek Allah'a çağırırız. Allah'ın şanı yücedir. Ben, Allah'a ortak koşanlardan değilim."

De ki: "**Benim ve bana tabi olanları, basiret üzere** (kalp gözüyle basar ederek, Allah'ı görerek) **Allah'a davet** ettiğimiz **yol, işte bu yoldur**. Allah'ı tenzih ederim. Ve ben, müşriklerden değilim."

Ayete baktığında, Peygamber'imizin (s.a.v.) Allah'ın "dinini" "yol" olarak adlandırdığını ve "benim ve bana tabi olanların" "basiret üzere" Allah'a davet ettiğimiz demesiyle de o ve ona tabi olanların "basiret" üzere davette bulunanlar olduğunu belirtmiştir.

Allah'a yapılan hakiki ve kâmil bir davet "basiret" üzere olmalıdır.

"Peki hemen arkasından Allah'ı tenzih etmesi?"

İşte bu, yani Allahımızın Subhan olduğunu söylemesi de Allahımızın tecellilerinde O'ndan gayrı bir şey olmamakla beraber, O'nun bunların hiçbirine benzemediğinin göstergesidir. Her an yeni bir işte (şende-şanda) olan Allahımızın, sürekli değişen tecellileri ile O'nu asla sınırlayamayacağını kavraman, gördüklerinin O'nun ne aynı ne de gayrı olduğunu aklından çıkarmaman ve O'nu asla kendi idrakinle sınırlamaman gerektiğinin işaretidir. Bu yüzden "ilahi/kâmil" bir davet sürekli değişen ve dönüşen tecellilerin doğrultusunda yapılır.

İşte kişideki kalp gözünün açıklığı olan basiret, "madde" olarak görünen "gerçeklik kesitinin" arkasındaki gerçeklik kesitlerini görebilen gözdür.

"Süpermen gibi değil mi? X-Ray ışınlarıyla bakıyordu ya hani..."

Burada o ışınlar gammalarda...

"Nasıl yani?"

Bekle... Anlatacağım... Biiznillah!

"Tamam... O zaman anladıklarımı söyleyeyim mi?"

Elbette...

"Şimdi:

1. Bizler birer esma terkibiyiz, bunu çok net anladım.

2. Beden algımız bu esmaların zuhura çıkması için kullanılan bir alan, bir binek...

Evet.

"Şimdi yeni soru geliyor: Peki bu durumda biz kendi esmamızı nasıl bulacağız?"

Şöyle... Öncelikle, esmana kavuşman buradaki "görüntünü", miracını gerçekleştirmek suretiyle hakiki varlığın olan Hak'taki "esman" ile buluşturmandır... Yani konuların başındaki TV örneğinde olduğu gibi TV'deki görüntünü, çekimin canlı ve hakikisinin yapıldığı merkez stüdyoya, yani hakikatte var olduğun yere iade etmendir.

Bu **dünyevi hayat algısı etabında**, algı kafesini kırdığın noktada zaten miracın ile esmana kavuşacak, içinde bulunduğun hayal âlemi ya da simülasyonu kıracaksın.

Miracın, bilincinin yükseliş merdivenidir... Bunu gerçekleştirmense öyle iki tane esma zikri çekmekle olmuyor, hatta tam tersi...

Şu anda "sen" zannettiğin şey aslında bilinçaltının artık bilinçdışı da denilen yapının üzerine yüklenmiş inanç, alışkanlık, töre, şartlanmalar ve yüzlerce virüslü program...

Sana *İşaret* serisinin ileriki bölümlerinde bunları detaylı olarak anlatacağım. Ama şimdi şunu söyleyebilirim; beden algın, zaman-mekân algın, beş duyun ve artık ortaya çıkarılan ötesi duyu/algıların, alışkanlıkların, âdetlerin, şartlanmaların hepsi seni şu anda içindeki "öz" yerine kullanmakta.

Bu yüzden esmana ulaşman ciddi bir süreç ve çalışma istiyor. Her şeyden önce ise bu hedef **Hakk'ın halkına hizmet** etmeni gerektiriyor.

Eğer ki "Benim esmam nedir?" kaygısıyla yaşarsan yanlışa düşersin... Hakikaten kendindeki Hakk'ı gerçekleştirmek istiyorsan düşünce şeklin şu olmalı:

"Ben, Allahımın rızası için, bendeki Hakk'ı gerçekleştirmek için yaşamalıyım... Hakk'ın halkına hizmet etmeli ve yirmi dört saat kullukta olma lütfuna ulaşmalıyım..." *(Salih amel işlemek, hayır-hasenat yapmak, ilim yaymak vb.)*

İşte böyle yaşamaya başladığın nokta itibariyle, bil ki her şey değişecek.

Yoksa öyle internetten bulunan ne olduğu belirsiz ebcet hesaplarıyla hakikati bulmak mümkün değil! O kadar kolay olsa Hak dostları yıllarca çöllere düşüp "kendilerini, kendi hakikatlerini" arayıp halka hizmet ve ilim yaymak için çırpınmazlardı. Artık bu yanılgıdan da çıkmamız lazım.

"Benim esmam ne?" sorusu çokça sorulan bir soru... Tamam da, çoğu insandaki **"esmasını bilme hedefi"** gölgesinde atlanılan asıl mesele başka...

"Nedir o?"

Bak... Kişisel esmanın ne olduğunu bulsan bile, esmana varmak için geçmek zorunda olduğun o "özüne varma yolculuğunu" tecrübe etmediğin için, bu bilgiyle ne yapabileceğini bilemezsin. Sen "sonuç" peşindesin ama "süreç" olmadan sonuç, cehaletinden sıyrılmadan eline geçmiş bir hazineyle baş başa kalıp bununla ne yapabileceğini bilememek gibi bir şey... Nefsi terbiye ve eğitimden geçmeden, ne onun hakikatini kavrayabilir, ne de onu gereği gibi yaşayabilirsin. Bir makine aldığında elinde o makinenin kullanım kılavuzu yoksa ondan hakkıyla fayda sağlaman mümkün mü? Hayır! Hatta makine ne kadar gelişmiş olursa olsun sendeki makineyi kullanmaya "yetkin" olmama hali yüzünden bu müthiş makineyle kendine zarar vermen bile gayet mümkündür!

Her şeyi bırak, esmana, yani Rabbi hassına ulaşman yetmiyor ki miraç için! Oradan da Rabbi-l âlemine ulaşman gerekiyor!

Ancak elbette ki bunlar için tüm İslami metotları kabınca uygulamaya çalışır, samimiyetle uğraşır ve niyet edersen Rabbimiz elbette yardımcımızdır.

Benim için önemli olan, simülasyonu kırmaya başlaman adına, öncelikle esma olduğunu bilmendi. Beden algından çıkmandı. Şimdi sana buna ilişkin Kuran ayetlerinden deliller vereceğim.

Mesela en önemlilerinden birini sunayım sana: Enam Suresi...

Enam; büyükbaş hayvanlar, sığırlar olarak da nitelendiriliyor, kimine göre ise "uyuyan" hayvanlar...

İngilizcede kullanılan hayvan kelimesi *"animal"* bence EL-ENAM kelimesinden geliyor olabilir: **Anim-Al**. İki yapıyı yer değiştirip tersten okuduğunda **Al-Anim** diye bir dizilim elde edersin. Burada **Al** bana İngilizceye naklolmuş A-Rab-ca kelimelerin **El** takılarının **AL** haline gelmesi olabilir gibi geldi... Biliyorsun *İşaret 1* ve *2*'de değinmiştim, A-Rab-cada *"-el"*, *"-en"*, *"-ez"* gibi ardından gelen kelimeye göre değişen takılar, artikeller var, örnek verirsem mesela İngilizceye A-Rab-cadan geçmiş *"algebra"* kelimesi aslında el cebir kelimesidir. Matematiksel bir kavram olan cebirde, bize Allahımızın ilmi-iradesi-kudreti ile kurduğu düzende, kâinatta ve etrafında gördüğün varlıklarda, matematiksel ve geometrik bir zorlama ve kalıplar vardır ki sen bunların dışına çıkamazsın. Cebrail (a.s.) de "Allah'ın Cebri" anlamına gelen dört büyük melekten biri olan vahiy meleğinin adıdır...[14]

---

14 Cebir ismi Arap kökenli İslam âlimi El Cabir Bin Hayyam'ın adından gelir. Bu âlim cebirsel ifadeleri, denklemleri bulan ve ilk kullanan bilgindir. Daha sonra cebri kullanan ve geliştirenler de İslam bilginleridir. Zaten İngilizcede de cebrin karşılığı *algebra*'dır! Algebra, El Cabir'den gelen bir isimdir. Cebir yapı, bağlantı ve miktar üzerine uğraşan bir

İşte İngilizceye A-Rab-cadan geçmiş kelimeler arasında "animal" da "el enam" kelimesinden geçmiş olabilir gibi tefekkür ediyorum keza ikisi de bir anlamıyla "hayvan" demek.

Tabii bunlar benim tefekkürlerim asla iddia vesaire değil...

"Düşününce Deniz çok ilginç. Bak hakikaten anima Latincede ruh demek, aklıma geldi şimdi. Bir de animasyon kelimesi var çizgi filmler için kullandığımız..."

Doğru söylüyorsun, animasyon canlandırma demek... Hayvan Allah'ın Hayy sıfatını yani canlılık sıfatını taşıyan bir şey. An'da Hayy olan... Görüyorsun bak bütün manalar iç içe değil mi?

Bu durumda bizler bedenimizi binek (hayvan) olarak kullanan esmalarız.

Ve Enam Suresi'nde fark ettiğim; insanların **insan suretinde** olmasına rağmen, hayvani siretlerine yani hayvani ahlak/mana/ mizaçlarına atıflar var. Tabii ki her zaman dediğim gibi her sure, her ayet sınırsız sayıda açılıma sahip, ancak biz bu anlatımlara konumuzla örtüşen taraflarından değinmeye çalışacağız.

İnsanlar vardır bilirsin, hani yılan gibi dersin.

"Ay... Bilmez miyim Deniz? Kim bilmez ki?"

Aynen öyle... Hele ki insanlığın hakikat bilgisinden uzaklaştığı şu son dönemlerde... İşin aslı şu ki o kişi Rabb'i tarafından insan olma bilinci, kapasitesi ve potansiyeliyle yaratılmıştır. Çünkü insan bilinci en yüksek/yetkin yaratılmış varlık bilincidir.

---

matematik dalıdır. Bilinmeyen değerlerin, işaret ve harflerle sembolize edilerek kurulan denklemlerle bulunması (ya da bilinmeyenlerin arasındaki bağlantının bulunması) esasına dayanır. Cebir temellerini El Harezmi'den alır. Cebir ardı Harezmi'nin *El'Kitab'ül-Muhtasar fi Hısab'il-Cebri ve'l-Mukabele* adlı eserinden gelmektedir. Bu eser aynı zamanda Doğu ve Batı'nın ilk cebir kitabı olma özelliğini taşımaktadır. El Harezmi'den bu yana cebir çok değişmiştir. Cebir bilim dalı, aritmetiğin çözemediği pek çok problemi çözebilmektedir. http://www.hakkinda-bilgi-nedir.com/cebir-nedir+cebir-hakkinda-bilgi

Bununla beraber kişi kendini bedensel arzuları, dünyevi algılarıyla "sürüngen/hayvani bir bilince" hapsetmiş ve kemalat yolculuğu gereği, olması gereken insan bilincine "siret" yani "ruhaniyet" olarak yükselememiştir.

Dolayısıyla bu insanlar bu rüyadan ayağa kalkış, uyanış günü olan "kıyam-et" gününde "suret" olarak da böyle diriltileceklerdir. Çünkü orada, buradan götürdüğün bilincin maddeleşmiş haliyle karşılaşacaksın.

"Biraz açar mısın?"

Tabii... Şöyle bak... Dışarıdan hepimiz "insan suretinde" gibi görünüyoruz değil mi?

"Evet..."

Hah... İşte bu aslında senin benim gibi algı/duyu kısıtlamasından kurtulamamış ve basiret gözüyle göremeyen kişiler için geçerli... Biz şu anki bilinç mertebemizin bize getirdiği algılardaki kısıtlamalar gereği insanların "hakikatleri/ruhsal suretlerini" değil fiziksel suretlerini görebiliyoruz. Aslında halk edilmiş insanın ahlakı onun suretinin belirleyicisi haline geliyor. Bu durumda tüm varlık bilincini kendi bünyesinde kapsayan insan tekâmül edip hayvani varlığının üzerine çıkmak ve ahsen-i takvime ulaşmak yerine, tam tersi esfel-i safilin mertebesinde kalarak yaşamını hakikatinden bihaber devam ettiriyor. Dünyevi bilinç-frekans seviyesinde beyin ekranı kişiyi ahlaki suretine göre okuyamıyor ama bir sonraki etap olan ahirette tüm algılar kırılacağı için orada kişinin ahlaki siretinin bize ve kendisine sureti halinde görüneceği işaret ediliyor. Böylece sinsi, "yılan" gibi zehirli ahlakları bünyesinde bulundurup onları yontmak ve temizlemek yerine tam tersi onları ahlak edinen kişi uyanıştan sonra **sireti suretinde** kalkacak deniyor, elbette Allahualem...

"O zaman Deniz mesela fiziksel süse, cinselliğe, paraya, yemeye fazlasıyla düşkün insanlar edindikleri hayvani ahlakların sireti ile mi yaşıyorlar?"

Evet... İşte sureler ve içlerinde geçen hayvan isimleri ve o hayvanların özellikleri bu anlamda çok önemli...

"Deniz... Sen algıların kafesinin kırılmasından bahsediyorsun ya, bu durumda bu anlatımla baktığında '*Kıyamet müminlerin üzerine kopmayacaktır*' ayeti çok daha fazla açılıyor bana... Hep düşünürdüm, biliyorsun bizler Rabb'imizin ve Efendimiz'in (s.a.v.) söylediklerine aklımızla da ikna olmak istiyoruz ya... Şu ufacık aklımızla... Dolayısıyla şu an bana bu anlatım biraz daha açıldı."

Aynen öyle Yasemen... Bu ayette hakiki **mümin bilincine** ulaşmış ve Allah'ı Bir'lemiş kişinin, algı kafesinden sıyrılıp dünyada "uyanış"ını gerçekleştirmiş olduğuna işaret ediliyor.

O halde kişi, kendindeki Hak tecellisini açığa çıkardığı noktada, zaten buradayken illüzyonu kırdığı için var olan gerçeklik kesitlerine kendi kabınca halihazırda vâkıf oluyor. Kısaca hayvani nefsi yönünü olabildiğince insan bilincine, dolayısıyla suretine dönüştürmüş oluyor.

Şunu unutma, pirim insanları ikiye ayırır: Hayvan İnsan ve Kâmil İnsan... Bilirsin Kuran'da bazı yerlerde **insan** bazı yerlerde **beşer** kelimesi kullanılır. Aslında doğduğunda beşer olduğunu bilmen de bu yüzden önemlidir. Kişinin hayvani varlığından insani varlığına yolculuğudur bu hayat... Uyanışta bunu fark edip insan suretinde haşredilmek yerine hayvan suretinde haşredilince, "insan" olmaktan sorumlu olup hayvani bilinçte kalmış bir varlığın "borcunu ödeyememiş, hakikatini bulamamış ve tekâmül edememiş bir varlığın" hakikatlerle yüzleşmesini yaşayacağız. Kişi, tekâmülünü gerçekleştiremeyip hayvani varlığıyla kalktığında "hayvanlara yapılan muameleye özenecek"...

Çünkü kendisinin hayvani nefsinden tekâmül ederek "insan", makam/bilincine dönüşmesi gereğinden sorumlu ve borçlu olduğunu hatırlayacak. Bu sebeple hatalarıyla yüzleştirilmesini beklemek zorunda olduğunu fark edecek. İşte o noktada pişmanlığa düşecek ve hesapları çabucak görülen ve toprağa dönüştürülen hayvanlara bakıp "Keşke biz de toprak olsaydık" diyecek.

Hayvanlar ve melekler tekâmülle yükümlü değiller. Onlar kendi ilim seviyeleriyle geldiler ve onun üstünde bir mertebeye çıkma yetkileri de, sorumlulukları da yok. O yüzden varoluşlarını gerçekleştirmeleri kâfi... Ama insan böyle değil, o bileşik bir varlık olduğu için tüm mertebeleri, maden, bitki, hayvan, melek kendi bünyesinde bulunduruyor. Dolayısıyla insanın tüm varlığı kapsayan bilince ulaşması bekleniyor.

Sen buraya ölmeye değil, **kendi hakikatini gerçekleştirmek ve** bütüne hizmet görevini yerine getirmeye geldin... Nereden geldiğini bilmezsen, nereye gideceğini bilemezsin. Sen buraya ölmeye değil, DÖNÜŞMEYE geldin. Ölümün olmadığını anladığında geç olmadan bilincini kıyam ettirmediğine üzülme ne olur... Üzülmemek için artık doğrul. Kıyam et, yani ayağa kalk ve uyan... Bilincindeki kozanı kırman gerek, burada kelebek olman gerek, Allah'ın sana bu kadar değer verirken artık kendini bulman gerek.

Şimdi Enam Suresi'ne bu bilgiler ışığında bakalım... Bu surede Mekkeli müşriklerin birtakım hayvanlara kutsallık atfetmeleri eleştiriliyor. Unutma ki tarihin tekerrürden ibaret olmasının sebebi nefsi tezkiye yapmayı göz ardı eden toplum ve insanlardır. Dolayısıyla biz hepimiz hâlâ kendi Mekke'mizde, müşrik bilinciyle, pek çok kişi ve meseleyi put edinmiş durumdayız.

Bu ayetlerde bize Efendimiz'in (s.a.v.) o zaman içinde yaşadığı toplum ve bulunduğu durum anlatılırken, aslında hâlâ "içimizde" olan Efendimiz'in (s.a.v.) bulunduğu toplumumuzda aynı şeylerin devam ettiği gösteriliyor. Aslında batın anlamında her birimize hem kendi benliğimizde, varlığımızdaki hayvani yönlerimiz ve "müşrik" bilincimiz ve hem de toplumlarımızda hayvani bilinçleri ile güç ve kudret bulmuş insanlara nasıl da kutsallık ve varlık verdiğimiz ve bu şekilde de şirke düştüğümüz eleştirisi sunuluyor.

Şu anda konumuz çerçevesinde kalmak gerektiği için konuya bağlı olan ayetle özdeşleştirmek istiyorum.

Enam kavramı ve suresinde Allahımızın bir anlamda şöyle dediğini tefekkür ediyorum:

"Deniz... Sen, hayvan insan ve kâmil insan bilincini aynı anda bünyende taşıyan bileşik bir varlık olarak halk edildin. Ancak senin hayvani varlığın yani 'bedenin' sadece bana ait esmaların ve sıfatların açığa çıkması için takdir ettiğim bir zuhur mahallidir.

Her ne kadar kendini yalnız beden zannetsen de ve yalnızca dünyaya ait bir varlık zannı içinde olsan da, sana ruhumdan üflediğim ilahi hakikat gereği **ilahi bir tarafın** vardır. Bedenin sana verdiğim ilahi mahiyetinin açığa çıkarılması için tahsis ettiğim 'binekten' öte bir şey değildir.

Yani yine Yunus'tan tekrar edersek: Ölen hayvan imiş âşıklar ölmez.

Sen kendi bünyende ya da dışarıda bulduğun 'hayvani' özelliklere 'tapınmayı/onlara kul olmayı' bırakmalı, bu olumsuz özelliklerden arınmalı ve benim sende tecelli eden esma ve sıfat tecellilerimin manalarını gerçekleştirmelisin..."

Bak görüyorsun değil mi?

İnsanın "kendini tanımlaması" değiştiği zaman, yaşadığı acılar, deneyimler, hatalar, hepsi onu olması gerekene dönüştürmeye çalışan inşaatın bir yapıtaşı haline gelir.

Sen kendini madde, zaman ve mekâna "ait" bir beden olarak tanımlarsan hayatın adaletsiz, eksik ve huzursuz olur.

Ama sen ne zaman ki Hakk'a ait bir esma/esma terkibi olduğunu ve bu dünyada kendine ait bir varoluş bulmak/tekâmül etmek/sonsuzluğunu inşa etmek için bulunduğunu kavrarsın, işte o zaman hakiki "kul" olmaya adım atarsın...

Sana verilen bu muazzam hediyeyi kavramaya başlar ve bir an önce bilincini inşa etme derdine düşersin. Çünkü anlamaya başlamışsındır ki şu kısacık dünya hayatında bile çokça sevdiğin şeylerin katbekat üstünü ve güzeli sana sonsuz âlemde, senin bilincine göre ve en güzel haliyle verilecektir.

Her şeyden öte hakikate uyanmaya başladıkça artık anlarsın ki en büyük hediye olarak, kendine ve Yaradan'ına kavuşacaksın.

Yaşadığın şeylere birer **öğreti** olarak baktığın an sırtında taşıdıklarını yere bırakıp onların içinden geçmeyi öğreneceksin.

Kuran her zaman senden akli düşünmeni ister. Mantık ister.

Bu simülasyona saplanıp kalman mı, sonsuzluğunla var olman mı mantıklıdır? Sana verilen neredeyse sonsuz bir varlık içinde sadece birkaç saniye süren şu dünyevi yolculuğuna mı yoksa sonraki neredeyse sonsuz hayat ve yolculuk etabına mı "yatırım" yapman mantıklıdır?

Hayatın boyunca sadece yarım saat oturduğun bir kafeteryaya mı masraf ve yatırım yaparsın, yoksa yıllarının ve asıl hayatının geçtiği evine mi? Bunları çok iyi düşünmelisin...

Bu surede, yani "Enam-Hayvan bilincine ait işaretler içeren bu tasavvurda" temel konu insan ve Allah ilişkisi ve bu ilişkinin "tevhidi" anlatımıdır.

Sure yani "hayvan tasavvuru", sende (insanda) tevhidi kavrayamayan, kendini ayrı bir varlık olarak gören "hayvani bilinci" eleştirir. Seni/insanı hayvan değil o hayvana binmiş esma terkibi olduğunu anlaman ve "tevhide" ulaşman için telkin eder. Keza tapındığın, Hak'tan ayrı bir varlık verdiğin ve "müşrik bilincine" düştüğün evladın, patronun, eşin, baban, kendisinden beklenti içine girdiğin, fark etmeden aşırı sevgi ya da öfke ile "ilah" edindiğin herkes sadece ve sadece Rabbi tecelli taşıyan mahallerdir. Onlar sadece Rabbi tecellinin "binekleri"dir. İşte bu sebeple bu sureyi iyice anlamaya çalışıp hem kendi "hayvani bilincin"den sıyrılmalı hem de aslında Rabb'inden başka bir varlık olmadığını kavramalısın. Kendinde bulunan tüm "hayvani idraklerden" arınmalı, onları teker teker kurban etmelisin.

İşte o muhteşem Rabb'inden o muhteşem ayet, yani işaret...

Enam Suresi, 162. Ayet, Hayvan (İlkel) Bilinç (Hayvani Nefis) Tasavvuru, 162. İşaret

"Kul inne salâtî ve nusukî ve mahyâye ve memâtî lillâhi rabbi-l âlemîn (âlemîne)."

"Ey Muhammed! De ki: "Şüphesiz benim namazım da, diğer ibadetlerim de, yaşamam da, ölümüm de âlemlerin Rabb'i Allah içindir."

"De ki: "Benim namazım, kurbanım, ibadetim, hayatım ve ölümüm, hepsi yaratan, yaşama kabiliyeti, gücü ve varlıklara işleyiş düzeni veren, koruyan, kontrol eden, âlemlerin, bütün varlıkların Rabb'i Allah rızası içindir."

O zaman enfüste yani kendi nefsinde bu ayeti içselleştirelim:

Ey bu sanal algı âleminden çıkıp, eşya ile, varlık ile ilişkisini anlamak isteyen ve kendi varoluş hakikatini bulmak ve ona varmak isteyen Deniz...

De ki:

"İNNE SALATİ: Benim tüm isteğim, çabam, gayretim, yönelişim

VE NUSUKİ: Kendimdeki tüm hayvani, bedensel, ilkel bilinç kayıtlarından çıkıp (onları kurban edip) bireysel ve bütünsel anlamda 24 saat temizlenmek için yaptığım çalışmalarım

VE MAHYAYE: Ve hayatım, varoluş sebebim

VE MEMATİ: Ve ölümüm, dünya hayatından dönüşüm

Lİ/ALLAHİ: Sadece ve sadece âlemlerin Rabb'i olan ALLA-

HIM içindir. Var olan her şeyin O'nun isim ve sıfatlarının tecellisi olduğu, bu ilim denizinin yöneticisi ve sahibi ALLAHIM içindir. O'nun bendeki esmalarını zahir etmek, faaliyete geçirmek ve bendeki Allah bilinci ile aşikâr olup, isim tecellilerimi tekâmül ettirmek ve gerçekleştirmek içindir..."

Burada kendimdeki esma/esmaları zuhura çıkararak Allahımın sanatını aşikâr ederken, varoluşumu da gerçekleştirip kendimi ve Rabb'imi tanıma şansına erişiyorum.

Kuran insana en çok kendisini anlatır. **Bunca işaret varken** Allah'ı tanımak **bir nebze daha** kolaydır, insanı tanımak daha zordur. İnsan kendini tanıdıkça Allah'ını, Allah'ını tanıdıkça kendini tanır.

Bu yüzden tüm âlemdeki varlıklar insana gıpta eder. Hatta bazı çevrelerde hayvanların insana benzemeleri de onların, Rab'lerinin zati tecellisine mazhar olmuş insana gıpta etmesindendir denir. Tabii insan Rabb'inin ona gösterdiği bu cömertlik ve rahmeti kavrar ve hakkıyla yaşamaya çaba sarf ederse...

Hani Efendimiz'in (s.a.v.) bir hadisi vardır ya: Allahımız, "Farz namazla kulum bana yaklaşır ben onu severim... Ve nafile namazla ise onun gören gözü, duyan kulağı, yürüyen ayağı olurum..." der. İşte bu hadise bu idrakle yaklaşırsan, kafa gözüne hapsolmuş hayvani nefis "beden" bilincinde yaşayan insanla, olayları kalp gözüyle gören mümin farkını kavramaya başlarsın.

"Kim benim ***veli kuluma*** *düşmanlık ederse ben de ona harp ilan ederim. Kulumu bana yaklaştıran şeyler arasında en çok hoşuma gideni, ona farz kıldığım (ayni veya kifaye) şeyleri eda etmesidir. Kulum bana nafile ibadetlerle yaklaşmaya devam eder, sonunda sevgime erer. Onu bir sevdim mi artık ben onun işittiği kulağı, gördüğü gözü, tuttuğu eli, yürüdüğü ayağı (aklettiği kalbi, konuştuğu*

dili) olurum. Benden bir şey isteyince onu veririm, benden sığınma talep etti mi onu himayeme alır, korurum. Ben yapacağım bir şeyde, mümin kulumun ruhunu kabzetmedeki tereddüdüm kadar hiç tereddüde düşmedim: O ölümü sevmez, ben de onun sevmediği şeyi sevmem."[15]

(Canım kardeşim... Canımız Allahımızın güzelliğine ve bize duyduğu sevgiye bakar mısın? Şu hadisi hakkıyla anlamaya çalıştığında burada O'nun "dostum" diye ifade ettiği kişilerden biri olmayı istememek mümkün mü?)

Kişi beden algısının ötesine geçip aslen ilahi tarafını fark ettiğinde, bunun üzerine çalışmalar yaptığında, kendisindeki bedensel kayıtlar çözülmeye başlar. Bu noktadan itibaren olayları "hayvan-bedenin" kullandığı beş duyunun ötesinde, kendisinde daha çok açığa çıkan Rabbi tecelliyle görmeye ve duymaya başlar. İşte bu kişiler bu yüzden Rabb'inin duyması ve görmesinin ufak da olsa etkilerini yaşarlar.

Yalnız şunu unutma, Rabb'inin duyması ve görmesi asla bizim duymamız ve görmemiz gibi değildir...

Onun duyma ve görmesi bizim algılayabileceğimizin çok daha ötesinde bir durumdur. Pirim İbnü'l Arabî Hazretleri'nin dediği gibi, "Kul her zaman kuldur, Rab ise her zaman Rab'dir..."

Sen bir esma terkibisin ve herkes de öyleyse bu durumda her yerde ve herkeste olan nedir?

RABB'İN/yani Rabb'inin tecellileri, O'nun isim ve sıfatları...

Şimdi... Yasemen... Bu durumda Ali, yan komşun, marketteki çocuk, eşin, evladın, annen, patronun hepsi nedir?

"Rabbimin tecellileri. Esma terkipleri."

Tamam, bu durumda Kelime-i Tevhid zikrini tekrar tanımla bana:

---

15 Buhari, *Rikak*, 38.

LA İLAHE İLLALLAH...

LA İLAHE: Herhangi bir ilah, bir varlık yoktur.

İLLALLAH: Olan tek şey Allah'tır. (Rabbi/İlahi tecellilerdir.)

Afakta, yani "dışarıda", kâinatta gördüğün her şey Rabb'inin isim ve sıfat tecellileridir.

Allah'tan başka bir şey yoktur.

Enfüste (içselleştirdiğinde, kendinde/nefsinde), dışarıda hiçbir şey olmadığı gibi, bende de var olan yegâne varlık Rabb'imin tecellileridir. Allahımın isim ve sıfat tecellileridir. Dolayısıyla ne bir başkasının ne de benim O'ndan gayrı bir izafi benliğim vardır.

"Ben" zannettiğim izafi benlik ve algılarımdan bir an önce sıyrılma çalışmalarına başlayıp bu esma denizinde kendimle buluşmalıyım.

Enbiya Suresi, 87. Ayet,

Haber Getirenler Tasavvuru, 87. İşaret

"Ve zennûni iz zehebe mugâdıben fe zanne en len nakdire aleyhi fe nâdâ fiz zulumâti en lâ ilâhe illâ ente subhâneke innî kuntu minez zâlimîn (zâlimîne)."

"Zünnunu da hatırla. Hani öfkelenerek (halkından ayrılıp) gitmişti de kendisini asla sıkıştırmayacağımızı sanmıştı. Derken karanlıklar içinde, 'Senden başka hiçbir ilah yoktur. Seni eksikliklerden uzak tutarım. Ben gerçekten (nefsine) zulmedenlerden oldum' diye dua etti."

LA İLAHE: Bende ben yokum Allahım ama ben izafi benliğimi ben zannetmişim.

İLLA ENTE: Bende olan esma ve sıfatların yalnız "sen"-mişsin.

SUBHANE-KE: Seni tenzih ederim, sen bendeki tecellin ve ötesisin.

İNNİ KÜNTÜ MİNEZ ZALİMİN: Muhakkak ki böyle düşünerek de ben "kendi ilahi varlığını, varoluşunu, hakikat ilmine göre doğru yere koymayan", hakikatini karanlıkta bırakan (kendine zulmeden), zalim olmuşum.

Eğer biraz kurcalarsan "kelimeler", kavramlar, hakikatleri saklarlar.

Sen ben esma terkibi olduğumuzu biliyoruz.

Ene'l-Hakk (bendeki sadece Hak tecellisidir) hakikatine varıp, bizdeki Hak/esma ile sonsuz isim ve sıfat sahibi Allahımıza kulluğumuza devam etme çabasındayız.

Beşeriyetimizden soyunarak, toprağımızda/bedensel bilinç algımızda sıkışmış Hak tecellimizi açığa, zahire çıkarmaya çalışıyoruz.

Tüm hakiki eğitim budur, hakiki terbiye budur.

Hatta bak bana sorarsan eğitim ve terbiye Hz. Âdem'den beri yegâne metot olan teslimiyet (İslam) felsefesi sonucu aşağıdaki gibi isimlendirilmiş.

İngilizcede "eğitim, öğretim" *"education"* kelimesiyle ifade edilir. Kelime, Latince "educere" kelimesinden gelir (educatus/educare)"... yani ex-ducere... Peki bu ne demek bilir misin?

"Bilmiyorum. Ne demek?"

İÇİNDEKİNİ DIŞARI ÇIKARMAK! Yani "education" kişiye bir şey eklenmesi, dışarıdan bir katkı sağlanması demek değil, kişide doğduğu an itibariyle halihazırda "var olan bilginin", "ona halihazırda verilmiş ilim paketinin" açığa, dışarı çıkarılması için eğitilmesi, terbiye edilmesi demektir. Tek başına bu kelime bile aslında senin buraya Yaradan'ın tarafından bir hazineyle gönderildiğini onaylar. İşte tasavvuf (tasavvefe) bu "SAF"laşmayı talim ettiren eğitimdir.

Herkes hakiki eğitimin bu olduğunu biliyor, ama uygulamıyor, artık uyan, kendindeki ve evladındaki Hakk'a sahip çık...

O ve sen bir dâhisin... Yardım et dehan, yardım et hakikatin gerçekleşsin!

Yardım et! Kendine!

"Yuvadan aşağı atılmadan uçabileceğini anlayamayan kuşun hikâyesidir bu hayat... Bir aynada kendini görmeden papatya olduğunu anlayamayan insanın kendine ve çiçeklere olan hasretidir..."

–Deniz Erten

TALİM 3

Kuran'ı okumaya başlarken kalp gözünün bozuk olduğunu, daha doğrusu onun, sen şu ana dek hakikat ilminden yoksun bir hayat yaşadığın için bozulmuş olduğunu unutma...

Kalp gözün hem miyop, hem hipermetrop, hem de astigmat! Hatta çoğumuzda da kör.

Uzağındakini de, yakınındakini de, gördüğünü sansan da sadece hakikat bilgisinin gözlüğü, Kuran Gözlüğü gözünde olmadığı için sana özel yazılmış kâinat kitabını doğru okuyamıyorsun.

Hayatını Rabb'inin düzenlemesini istiyorsan, tüm öğretini O'na teslim etmeli ve O'nun verdiği müfredat, ders ve öğretmenler üzerinden hakikatini gerçekleştirmelisin.

Şuna emin ol ki Allah dünyevi sistemlerdeki gibi gereksiz ders vermez. Allah, aklı kısmi şekilde eğitmez. Allah, "inkılap eden, dönüşen" demek olan "kalbi" temizler ve onu akıl haline getirir. Bir süre sonra idrak merkezinin akıl değil kalp olduğunu fark eder ve kalbinin aklına danışmayı öğrenirsin. Bu okulda aslında öğretmenin de, dersin de, öğrencinin de (sendeki esmanın) temelde O ve O'ndan olduğunu anladığında her şey değişecektir.

Kuran'ı okurken ve ayetleri tefekkür ederken muhakkak iki şekilde görmelisin:

1. Ayetin-işaretin senin bilincindeki yansımasının açılımı, yani senin "içsel âlemine" seslenişi ki buna Kuran "enfüs" der.

2. Ayetlerin senin bilincinin "aynası" hükmündeki kâinatta ve dış dünyanda yansıması, buna da Kuran "afak" der.

Âdem'dekinin âleme yansıması olan bu sistem sana seni göstermek ve eksiklerini tamamlayıp fazlalıklarını dengelemek için canhıraş çalışır.

"Şu dünya dağ gibidir, ona nasıl seslenirsen o da sana sesleri öyle aksettirir" demiş ya Şems-i Tebrizi Hazretleri, "Hayırlı laflarla seslen ki sana hayırlı laf yankılansın..."

Fussilet Suresi, 53. Ayet, Ayırt Etme-Tafsil ve İzah Etme Tasavvuru, 53. İşaret

"Se nurîhim âyâtinâ fîl âfâkı ve fî enfusihim hattâ yetebeyyene lehum ennehul hakk(hakku) ve lem yekfi bi rabbike ennehu alâ kulli şey'in şehîd (şehîdun)."

"Kuran'ın gerçek olduğu kendileri için apaçık belli oluncaya kadar onlara çevrelerinde ve kendilerinde bulunan kanıtlarımızı hep göstereceğiz. Rabb'inin her şeye tanıklık etmesi (onlar için) yeterli değil midir?"

"Biz zamanı geldiğinde insanlara, Kuran'ın Allah tarafından indirildiğini ve Allah'ın gücünü ortaya koyacak ayet ve delillerimizi, kâinatın uçsuz bucaksız ufuklarında, yani dış dünyada ve kendi öz benliklerinde, yani içdünyalarında onlara göstereceğiz ki, böylece Kuran'ın gerçekleri içeren bir kitap olduğu onlara besbelli olsun ve Allah'ın yüce kudretine herkes şahit olsun. Rabb'inin her şeye şahit olması yetmez mi?"

Şimdi bu ayetle Rabb'imizin bize söylediklerini içselleştirerek okumaya çalışalım: "Ey Deniz...

Biz Kuran'la sana anlattıklarımız ve senin hakikatine varabilmen için izah ettiklerimizi, hayatının her etabında işaretlerimizi gerek **içsel (bilinç) âleminde**, gerekse **dışsal (kâinat-dış dünya) âleminde** görüp ayırt edebileceğin şekilde sana göstereceğiz.

Bilmelisin ki yaşadığın, yaşamakta olduğun ve yaşayacağın her şey "kitapların anası" hükmündeki Kuran'da mevcuttur.

Emin ol ki Rabb'in tüm bunlar yaşanırken seninledir ve olan biten her şeye "şahit"tir.

Asla yalnız değilsin ve asla da olmayacaksın. Kalbinin içindekini dünyana yansıtacaksın. Ve eğer kaybolmak istemiyorsan Kuran'a tutun, Rabb'in durumunu bilmektedir. Bu şekilde O'nun sana olan yoldaşlığını ve desteğini, içdünyanda ve dış dünyanda gördüğün işaretlerle her daim anlayacak ve hakikatine giden yolunu bulacaksın..."

"Hımmm... Bak ben böyle çok daha iyi anlıyorum Deniz..."

Yasemen zaten hakikat şu: Nörolojik, psikolojik ve biyokimyasal olarak da ispatlanmıştır ki; sana benim hiçbir şey öğretmem mümkün değildir. Ya da başka herhangi birinin...

İşin aslı çok farklı... Sana bir şeyler öğretmesi için birinin karşısına oturursun, sanki öğretme kontrolü ondadır. Ama aslında bu gerçeğin içyüzünü yansıtmaz.

Doğduğun andan itibaren öğrendiğin her şeyi sen kendine öğrettin. Evet elbette ki sana "dışarıdan" bilgi verdiler, ama senin öğrenmek zannettiğin işlem, kendi "içerinde" halihazırda potansiyel olarak bulunan "örtülü bilgi"yi, dışarıdan duyduğun bilgiyle eşleştirmen ve açığa çıkarmandı. Yani o bilgi zaten sende vardı.

Hayatı ve evreni kullanma kılavuzun olan Kuran'da, Arı Suresi/Tasavvuru bu hakikate çok önemli bir işarettir.

Gel, Rabb'in seni arı tasavvuru anlatımıyla nasıl ve hangi konularda eğitiyor beraber bakalım:

Nahl Suresi, 68. Ayet, Arı Tasavvuru, 68. İşaret

"Ve evhâ rabbuke ilân nahli enittehızî minel cibâli buyûten ve mineş şeceri ve mimmâ ya'rişûn (ya'rişûne)."

"Rabb'in, balarısına şöyle ilham etti: Dağlardan, ağaçlardan ve insanların yaptıkları çardaklardan (kovanlardan) kendine evler edin."

"Rabb'in balarısına vahyetti: Dağlardan, ağaçlardan ve yaptıkları kovanlardan evler edin!"

"Düşünen beyinlere, arının (ve diğer mahlukatın) nasıl vahiy aldığı, bunun nasıl ve ne anlama geldiği konusu, çok şeyler açar."

Şimdi beraberce bu ayeti/işareti, içsel âlemimiz olan "enfüs", yani bilincimize uygulayalım...

Bu sefer ayeti sen okuyorsun gibi uygulayalım Yasemen... Tamam...

Rabb'in balarısına onun varoluşu için gereken ilmi yükledi.

Çünkü, Rabb'inin onu var etmesinin bir amacı vardı Yasemen...

Rabb'in insan ve doğa için her bir mahluk gibi asli görevleri olan arıya "neden var olduğunu" ve "nasıl faaliyet göstermesi" ve "nereden nasıl öz/nimet" toplaması gerektiğini öğretti...

Ona tüm bunları Rabb'in ilham etti Yasemen... Aynı, sana ve var ettiği her mahlukuna yaptığı gibi...

Balarısının varoluş amacını gerçekleştirebilmesi için ona o bilginin verilmesi Rabb'inin "adalet ve rahmeti"nden, nice isim ve sıfatından kaynaklanmaktaydı.

Senin ALLAH'ın, kimseden yapamayacağı bir şeyi yapmasını beklemez Yasemen...

O, kuştan yüzmesini, balıktan uçmasını beklemez. Bunu ancak, eksik olan insan bilinci yapar. Ancak(!) "insan" gül fıtratında olan evladından kuş fıtratının faaliyetini göstermesini bekler.

Bunu Rabb'in asla yapmaz çünkü O "âlim"dir, "hakim"dir Yasemen...

O, her şeyi ilmi ve hikmetiyle yapar ve düzenler. Bu yüzden Yasemen, O her kulunu varoluş sebebine, yapması gerekene, yaratılış amacına göre gerekli ilim ve özelliklerle yaratır ve donatır.

Erkeği daha analitik bir akılla, cüzi, sol beyin ağırlıklı bir bakışla; yani parçalara bakan lineer mantıkla donatırken, kadınıysa bütüne bakan mantıkla, sağ beyni ve sezgileri ağır basan bir yapıda inşa etmiştir. Kadın olaylara başı ve sonu itibariyle ve detayıyla, yani dairesel bakar ve bu yönde hareket eder.

Rabb'in tarafından, erkek ve dişinin kendilerine has yaradılış özellikleri bedenlerine de sirayet ettirilir, değindiğimiz bu özellikler yüzünden dairesel bakışa sahip olan kadın bedeni daha kıvrımlı, erkek bedeni ise daha düz yapıdadır.

Halk arasında "annenin bebeğine süt verme hormonu" olarak da bilinen "prolaktin" artışını hamile eşi yüzünden bir erkekte düzenleyen Rabb'in, bu şekilde erkeği baba olmaya, eşine ve evladına destek olmaya hazırlar. Bu düzenlemeyle onun eşiyle empati kurması artırılır.

Aynı o arıya "olması ve yapması/dönüşmesi ve dönüştürmesi gereken" için ihtiyacı olan "bilgi"nin, o var edilirken veritabanına (DNA'sına) yüklendiği gibi, sen ve her varlık da, HAK esması üzerine ve her birinize ait özel bir amaçla (bi'l Hak) yaratıldınız Yasemen...

Bu sebeple her biriniz varoluş amaçlarınız ve o amaçlarını gerçekleştirmek için gereken bilgi/ilme sahipsiniz Yasemen...

Mesele o hakikat bilgisinin, yani senin varoluşunu gerçekleştirmek için ihtiyacın olan asli bilginin, dünyevi sisteme ait (iblis, yani 1'i 2 gösteren sisteme ait) sol beyin bilgileri ve bilim tarafından "bastırılmış" olmasıdır. (Bilim: Zamanla dönüşse de o değişinceye dek seni sadece bir pencereye kısıtlayan zahiri bilgiler.)

Çeşitlilik seven ve her kulunu, o kuluna verdiği nevi şahsına münhasır özelliklerinden, adeta bir oltanın ucundaki balığı yavaş yavaş çeker gibi kendine çeken Rabb'in, herkesin farklılıklarındaki BİRliği kurabilmiş yegâne ilmi sistemin sahibidir.

İşte tüm bu hakikat ışığında yapman gereken tek şey sana "yüklenmiş bilgiler"i, ilmi **hatırlamak** için "saf"laşmak ve arı gibi temiz ve çalışkan olmaktır. Öğrendiğin her ilmi harekete/ hale/uygulamaya dönüştürmektir Yasemen...

Evet bak kendi isminde okuyunca ayet sende ne güzel açılımlar yaptı değil mi Yasemen?

"Ayetleri böyle okumaya çalışmak gerçekten bilinçte başka kapılar açıyor Deniz."

Allahımız bu metodu kalbime koyduğundan beri Kuran okurken gerçekten O'nun benimle konuştuğunu hissediyorum.

Pirimiz İbnü'l Arabî Hazretleri der ki: "Allah Âdem'e 700 ya da bir rivayete göre 700 bin lisan öğretti... Âdem'in bünyesinde, şu anda konuşulan ve gelecekte de konuşulacak tüm lisanlar halihazırda vardı..."

Burada Âdem anlatımını düşündüğünde bunun da bir arketip olduğunu ve Kuran'da kimi zaman Âdem denildiğinde âdemoğullarının, kimi zamansa Âdem babamızın kastedilmiş olabileceğini unutmamalısın.

Bu okuduklarını kendi bünyene uyarlamak da sana kolaylık sağlayacaktır.

İşte pirim, "Âdem'e bu kadar çok lisan öğretildi" dediğinde, bu anlatımı tefekkür ederken, Âdem'in zürriyeti olan her birimizin o DNA'nın taşıyıcısı olduğumuzu unutmamalıyız. Yani halihazırda her birimizin beyninin veritabanında A-Rab-ca veya hakkında *Aramice ya da Süryanice olabilir* diye tefekkürler yapılan "cennet dili" kaynaklı tüm diller bulunmaktadır.

Allah kulundan yapamayacağı şeyi beklemez. Bu yüzden de Amener Resulü, "resulün imanı; yani inanç ve güveni" tasavvurunu açıklayan surede O kendisine *"Allahım bize kaldıramayacağımız yük yükleme!"* diye dua ettirir.

Bu, Allah'ın Hz. Âdem'e nasıl tövbe edeceğini öğrettiği gibi, kişinin kapasitesiyle ilgili nasıl dua etmesi gerektiğini de öğretmesine ilişkin bir telkindir.

Allah liderlerin en yücesidir, bu yüzden O, insanların yaptığı gibi yerine getirilemeyecek emir vermez. Allah senin beyninin veritabanına Rabcayı yerleştirmiştir... Rabca "program" olarak aplikasyonlarda "uyuyor" halde, aktive edilmek üzere beklemektedir. Ama sen onu örtülü olduğu yerden açmaya çalışmazsan ve bilinç alanına indirmez, yüklemezsen, elbette ki *"Ben A-Rab-ca öğrenemem ki, nasıl yaparım bu yaşta?"* gibi düşüncelere, vehimlere düşersin. Oysa şuna dikkat et, bak beni onaylayacaksın. 75 yaşında bir teyzemiz A-Rabcayı kısa sürede söküp hatta –örneklerini gördüm– hatim dahi edebilirken, İngilizce ya da Fransızca gibi bir dili öğrenmekte A-Rab-caya oranla çok daha fazla zorluk çeker. İşte bunun sebebi, yaradılışında öncelikle A-Rab-canın halihazırda program olarak sana yüklenmiş olması ve insanoğlunun **temel** lisanı olmasındandır.

Yusuf Suresi, 2. Ayet, Yusuf Tasavvuru, 2. İşaret

"İnnâ enzelnâhu Kuranen arabiyyen leallekum ta'kılûn (ta'kılûne)."

"Biz onu, anlayasınız diye, A-Rab-ca bir Kuran olarak indirdik."

Muhakkak ki biz bu Kuran'ı (sendeki esmanı açığa çıkarabilmen, sana verilmiş ilmin bilincine yüklenebilmesi/ indirilebilmesi için toplanmış, okunulması ve idrak edilmesi gereken Rabb'inin senin için yazıp derlediği bu rehberlik kitabını) halihazırda beyin veritabanında olan ve evrenin SES frekans yapısının taşıyıcısı olan A-Rab-ca olarak bilincine indirdik.

Bu yüzden sen bilincini temizlemeye başladıkça bilincinde var olan bilgiler yavaş yavaş açığa çıkmaya başlayacaktır.

Hak dostlarının "mucit" değil "keşif ehli" olarak nitelendirilmesi bu yüzdendir. Onlar bir şey icat etmez ve edemez keza yegâne mucit, önceden de değindiğimiz gibi Allah'tır. Ama onlar ve potansiyel olarak sen de sadece keşif ehlisin. Olan şeyleri keşfetmek için buradasın. Başta kendini...

İşte bu yüzden Allah'ın senden asla yapamayacağın şeyi beklemez, senin güzel işler yapman için düzenlediği bu âlemde her güzel işe niyet ettiğinde olayların çorap söküğü gibi akıp gitmesini muhakkak yaşamışsındır. Bu yüzden de sevapları işlemek her zaman daha kolaydır. Çünkü Allah senin için kolaylık ister.

Öyle ki Kuran'da sevaplar ve güzellikler anlatılırken kullanılan harf dizilimi çok daha kolay okunurken, günahlar, cehennem ve olumsuz ahlaka ilişkin tahliller hep daha zor telaffuz edilen ve insanı zorlayan bir harf dizilimiyle verilmiştir.

Bakara Suresi, 185. Ayet,

Özünü Arama Tasavvuru, 185. İşaret

"Şehru ramadânellezî unzile fîhil Kuranu huden lin nâsi ve beyyinâtin minel hudâ vel furkân(furkâni), fe men şehide minkumuş şehra fel yesumh(yesumhu) ve men kâne marîdan ev alâ seferin fe iddetun min eyyâmin uhar (uhara) yurîdullâhu bikumul yusra ve lâ yurîdu bikumul usra ve li tukmilûl iddete ve li tukebbirûllâhe alâ mâ hedâkum ve leallekum teşkurûn (teşkurûne)."

"(O sayılı günler), insanlar için bir hidayet rehberi, doğru yolun ve hak ile batılı birbirinden ayırmanın apaçık delilleri olarak Kuran'ın kendisinde indirildiği ramazan ayıdır. Öyle ise içinizden kim bu aya ulaşırsa, onu oruçla geçirsin. Kim de hasta veya yolcu olursa, tutamadığı günler sayısınca başka günlerde tutsun. **Allah, size kolaylık diler, zorluk dilemez.** Bu da sayıyı tamamlamanız ve hidayete ulaştırmasına karşılık Allah'ı yüceltmeniz ve şükretmeniz içindir."

"Allah size kolaylık diler, zorluk dilemez..."

Allah'ın, her şeyi ilmiyle ihata ettiği, her şeyde de güzelliği/estetiği sevdiği için hiçbir konu veya açılımı eksik bırakmaz.

"Senin Allah'ın" manasında "Allah'ın" diyorum; çünkü sana anlatmaya çalıştığım Allah bize Peygamberimiz (s.a.v.) tarafından bahsedilen Allah tanımı içinde tanınmalıdır. Bu şekilde, herkesin **zannındaki** eksik bilgi ve anlayışla fark etmeden kendisinin "yarattığı"(!) Allah anlayışından, **hakiki Allah** tasvirini tenzih etmeye çalışmaktayız.

Kuran'ı "kalbinin abdesti" yani bilincindeki "tüm şartlar, olumsuz düşünceler ve önyargılardan temizlenmiş" olarak OKU'maya çalışman senin daha önce, bilincindeki kilitlerden dolayı fark edemediğin konuların, "farkındalık" ekranına düşmesine sebep olur.

İşte tüm bu bilgileri yukarıdaki konumuza bağlarsak sende halihazırda var olan programı küfür yani "örtü"lerden "temizlemen" (İslami manada tezkiye etmek bu demektir) bünyende var olan tohumun filiz vermeye başlayarak açığa çıkmasına sebep olacaktır.

Sendeki "esma"nın açığa çıkartılması ve onun Dünya hayatındaki faaliyet ve tekâmülü ise senin varoluş sebebindir.

Sende Rabb'inin "esma" tecellisi vardır. Bu durumda sana söylenen "Allah'ı zikret", ZikrUllah telkini, binlerce kez anlamadan, tespihle Allah ismini çek demek değil, bunu yap ama aslen "Allah'ı zikretmen şudur" demektir:

Ey Deniz...

Eğer kendindeki HAK esmasını "hatırlarsan" ve kendinin beden değil, bir Hak esmasının elbise giydirilmiş sureti olduğunu, beden bineğine bindirilmiş Allah'ına ait bir esma olduğunu kendine "tekrar edersen", onun sendeki varlık ve öğretisiyle neden burada olduğunun farkına varmaya başlarsın.

"Sendeki Allah tecellisi adına ve adı ile" OKUduğun bu Kâinat ve Hayat, senin içinde o esma ve esmalardan kaynaklı tezahür eden sana "has ilim" paketini açığa çıkarmanı sağlayacak ve o beden toprağındaki tohum filizlenip Hayat Ağacı'na dönüşecektir.

Zikir bir diğer anlamıyla vurmak demektir. Bir kişiye vurmak, o an, o kişiyi orada "HAZIR" kılar. İşte zikir hatırlamak, tekrar etmek ve hazır olmaktır... Yani AN'da kalmak!...

Bazen "dünyevi" sisteme bakarsın ve o an İblis yanına gelip kalbine korku salmak ister. Bu işin ne olacak? Bunca adaletsizlik var. Bunca hırsızlık var. Bunca yalan dolan var. Bunca iltimas var. Torpil var, şu var, bu var!

İşte tam da o anda fark etmesen de senin "iman"ın denemededir. Ona ve nefsine "Hiç boşuna uğraşma. Vehme düşmeyeceğim. Çünkü benim Allahım var!" de. Benim Allahım mutlak galip, mutlak kadir olandır. Benim Allahım ki kâinatın tek sahibidir, o mutlak zafer sahibidir. Dünyevi adaletsizlikler ve adaletsizler beni korkutamaz, çünkü benim canım Allahım yalnız kendisine güvenenin, doğru olanın, çalışkan olanın, sabırlı olanın umutlarını "asla" boşa çıkarmaz. Hiç kimsenin gücü Allahımın gücünün önüne geçemez. Tüm dünyevi sistem Allahımın bir kelamına bakar. Kapanan kapılar samimi bir dua ve imanda sabit kalmakla açılır. İman dalgalanan, azalıp çoğalan bir şeydir kardeşim... Bu yüzden tazelenmesi gerekir. Bu yüzden zikir, **hatırlamak ve tekrar etmek** demektir. Hakikatleri hatırla! Kâinatta, Rabb'inden başka bir şey olmadığını hatırla ve sürekli tekrar et. Bunu bilen ve bu yönde yaşayan dostlarla vakit geçir ki şeytan seni korku ve umutsuzluğa düşürmesin. Allah yolunda dost çok önemlidir. Doğru idrakteki insanlarla yol al, onlar senin ruh akrabandır. O zaman benimle tekrar et tüm yazdıklarımızı... Herkesin nesi var bilmem ama bizim Rabbimiz var! Ve O bize kâfidir!...

Şimdi söyle, hâlâ umutsuz musun? Yoksa duasız mı?

Unutma ki Kuran aslen bir "telkin kitabı"dır. Hedefi senin "bilincini dönüştürmek"tir.

Dışarıda olan bitene değil senin içinde olan bitene müdahale etmen ve temizliği asıl Kâbe olan KALBinde başlatman, zaten "senin bilincinin izdüşümü olan yani bilincine göre değişen kâinat ve hayatın" değişmesini sağlayacaktır.

Hayata tersten bakmayı bırakıp derhal dışarıdaki uyaranların, gölgelerin peşinde savaşmaktan uzaklaşıp, aslen içsel âleminde cihada gitmelisin.

Sana Allah'ının vaadine dayanarak söz veriyorum, sen dönüşünce dış âlemin dönüşecek. Enfüsün afakını dönüştürecek.

Sana kitabımızın devamında ve devam kitaplarımızda bunu daha da detaylı anlatmaya çalışacağım.

O yüzden şu an itibariyle "maddeyi madde ile çözmeye çalışmayı bırak"... Bunu asla başaramazsın; çünkü bu denemelerin kâinatın kanunlarına aykırı. Bu tür çabaların hayatını daha da zorlaştırmaktan başka bir şeye sebep olmaz. Aynı bir bataklıkta çırpındıkça batman gibi, seni daha da çok problemin içine çeker.

Yapman gereken; sisteme "direnç" göstermek yerine, sisteme "teslimiyet" içinde yön verici olmaktır. Çünkü sen "sende tecelli eden esmayı" zahire çıkarmak için buraya geldin ve tüm sistem bu gerçekleşsin diye sana yardım etmekte...

Allah'ının "Veli" isminin, Allah esma ve sıfatlarının yansıması olan bu kâinattaki açığa çıkışlarından biri de böyle olmakta... Sen kendi varoluş hakikatini gerçekleştirmeye çalıştıkça sana veli ve dost olarak programlanmış bu şuurlu sistem işini kolaylaştırıp yolunu açacak.

İngiltere'de Fransız kanunlarıyla yaşayamazsın. Bulunduğun sistemin kurallarını değiştirmeye değil, kendini dönüştürmeye geldin buraya... Bunu ne kadar çabuk kavrarsan hayatında ve kendinde o kadar fark oluşturur ve cennetine bu dünyada adım atarsın.

Bütüne ilişkin enerji sen parçacık bilinci, yani bütünden ayrı (iblis-düal) bilinçte devam ettikçe, etkin olmayacak.

Unutma ki kuantum mekaniğine göre her parçacığın bir alanı vardır ve parçacığı dönüştürmek istediğinde bu işin sırrı parçacığa bağlı olan "alanı" yani "enerji"yi değiştirmektir.

Çünkü yalnızca "alan" parçacığı dönüştürebilir. Sen parçacık bilincindeysen o zaman önce enerji alanını değiştirmemiz lazım, yani tasavvufi tabirle "mana"nı... Bu şekilde de manandaki dönüşüm maddene yansıyacaktır.

Bırak Kalsın

Bırak kalsın "üst başın"

"Şartların"dan soyun da gel

Aklın, kalbinle savaşın
"Kendin"sin zafere engel...

Yalan "varsa", "yoksa", "olsa"
Her şey "an"larda saklıdır
Gerisiyse
"Tuzak"
İnan...
Herkes, kendince haklıdır...

Kaybetmişken bulursun bazen
"Kalp" değil, "kalıp"ları kır...
Bırak varsın "olur"una
Her şey
Dünyayla dönerken...
Bir tek "saat" "kader"de var
YALAN hem "geç"
Hem de "erken"...

Attığın her adım "sanı"
Hesap, bedel var mı bunlar?
Sevgiden, güvenden seni
Bu kadar mı "mahrum" kıldılar?

Bırak..."paran, saçın, yaşın"
Yetmeyecek elinde "kalan"
Korkularını azat et artık
Kime "yâr" olmuş ki zaman?

Sevgilim
Kalsın "üst başın"...
"Şartların"dan soyun da gel...
Bir tek "bugün" gerçek olan
"Dün, yarın" sevmeye
Engel...

Esir mi oldun "sen" "sana"
Kalbin zincirlerle bağlı
Meleği vefasız insanın...
Şeytanıysa, çok vefalı...

–Deniz Erten

Gerçekliğin temeli hologramdır.

"Peki bana şu örneği açar mısın biraz?"

Hangi örneği Yasemen?

"Hani biz merkez TV stüdyosunda olmamıza rağmen kendimizi şu an *gölgemizin gölgesi* olarak ikiboyutlu bir TV ekranında üçboyutlu *gibi* görüyoruz meselesini..."

Olur... Şimdi öncelikle şunları hatırlaman lazım, *İşaret 2*'de kâinatın ve beynin hologram ve holografik yapıda olduğunu, bilim insanlarının bu teoriyi 1960'lı yıllardan beri ileri sürmeye başlayıp hele ki özellikle 2012 ile anons noktasına geldiklerini söylemiştik.

"Evet evet, çok net hatırlıyorum. Beynin holografik yapısını yani parçada bütünün bilgisini taşıdığını anlatmıştın. Hatta farelerin beyinlerinden alınan kısımlara rağmen hafızalarında bilginin diğer parçalarda korunduğuna ilişkin birtakım bilimsel verilerden de bahsetmiştin."

Aynen... Holografik resim denilen tekniğin fotoğraftan farkının aslen ikiboyutlu resimlere "derinlik" yani 3. boyut faktörünü katabildiği için ikiboyutlu resimleri üçboyutlu görebilmemizi sağladığını belirtmiştik.

"Sana bir şey diyeyim mi? Karıncanın ikiboyutlu görmesinden dolayı bizleri olduğumuz gibi göremediğini ve duvar gibi gördüğünü okuduğumda gerçekten kafam allak bullak olmuştu..."

Çünkü bizim duvar gibi gördüğümüz şeylerin "hakikati" nedir diye düşünmekten kendini alamadın değil mi?

"Of hem de nasıl ve ne yalan söyleyeyim biraz da ürktüm..."

Tahmin ediyorum. Dünya denilen ve "bilinç denizinin en alt gerçeklik seviyesinin yansıması olan bu boyut"ta, tüm esma ve sıfatların ilmi karşılığı olan frekanslar en yavaş seviyede titreşimde. Dolayısıyla âdemoğlu buraya algı ve duyu ayarları "kısıtlanarak" gönderildiği için bu seviyeyi **fiziksel madde olarak** izliyor ve algılıyor. Bu görüntüler maksimum üçboyutlu olarak sunulduğu için kişi her şeyi ancak bu ayar sınırı içinde görebiliyor. Oysa dünya denilen bu bilinç seviyesinin üstünde sayısız bilinç ve gerçeklik mertebesi var.

İşte bu meseleye tasavvufta "meratib-i ilahiye" kavramıyla ışık tutuluyor... Yani ilahi tecellinin mertebeleri.

Aslında bunca bilim insanının ispatlayabilmek için yüzyıllardır debelendiği "meratib-i ilahiye" kavramı yine İslamiyet, Kuran ve Efendimiz'in (s.a.v.) anlatımlarıyla özetlenmiştir...

Kur'an-ı Kerim'in tamamı ve Efendimiz'in (s.a.v.) hadisleri birer "cevamiu'l kelim"dir. Cevamiu'l kelim, "az sözle çok manayı ifade eden vecizeler" anlamına geliyor, yani tüm manaları cem eden, toplayan hakikatler...

Eğer düşünürsen insanların basit konularda bile binlerce sayfa kitap yazıp hâlâ derdini tam olarak anlatamadığını sıkça görürsün... Ama Allahımız Kuran'da, kâinatta olmuş ve olacak her şeyi (güncel bir kitap formatında bakarsan) 600 küsur sayfaya sığdırmıştır. Kuran'da tüm hakikatler onu okuyan kişinin bilinç seviyesine göre iç içe, katman katman, bir gül gibi sunulur... Ve bu yüzden de Kuran öyle bir kitap, öyle bir aynadır ki kişiye kendi bilincini yansıttığı için aynı ayete bakan iki farklı kişi farklı şeyler görür. Aynı ayetten dolayı birinin imanı artarken, birinin küfrü artar... Çünkü ayet kişiye sadece o kişinin bilinç mertebesini yansıtır...

"Hımmm... O zaman bir kişi 'Kuran zulüm içeriyor' dediğinde Kuran'da gördüğü zulmün onun bilincinin yansıması olduğunu mu kavrayacağız?"

Kesinlikle... Kişi Kuran, Allah ve Peygamber'imizde (s.a.v.) sadece kendi yansıması neyse onu görür. Bu yüzden birini tanımak istersen ona üçüyle ilgili fikrini sor.

"Allah kulunun zannı üzeredir" kuralına biraz değindim, ama bu hayati öğretiyi senin uygulama alanına girebilmesi için biraz daha açacağım. Sana sadece bir ipucu olarak şunu söyleyebilirim, eğer ki bir kişiyi tanımak istiyorsan ona Allah hakkındaki zannını sor. Bu, onun, hayatının ve hatta gelecekte ne tür şeyler yapabileceğinin birtakım ipuçlarını görebilmeni sağlar... Kişinin hayat içinde yaşadığı "sınavları" onun zaaflarını anlamanı sağlar...

Mesela bir kişi Allah'ı zalim buluyorsa dur ve iyi düşün...

"Nasıl?"

Eğer bir kişi, olmuş, olabilecek en güzel ve net ayna olan Allah'ta zulüm görüyorsa bu onun kendisinde zulmedici taraflar olduğunun işaretidir... Tabii bu zulüm kendisine de olabilir çevresine de ve büyük ihtimalle o bunu yaptığının farkında bile değildir...

Kuran gibi Efendimiz'in (s.a.v.) hadisleri de onları okuyan kişinin bilinç seviyesine göre hakikatleri katman katman sunar ve bir tek kelimeye bile sayısız mana sığdırmıştır... Mesela "vahit" gibi... İslami kavramlardan "tevhid" gibi... Hangi birini sayayım, İslam, Müslüman gibi... Baktığında bir kelime, oysa içi sonsuz mana ve içerik!

Şimdi holograma devam edersek, Allahımızın nurunun ilk tecellisi Efendimiz'in (s.a.v.) nurudur. Bu nur tüm bilinç mertebelerinin kapsandığı mahaldir. Efendimiz'in (s.a.v.) şahsı ise bu bilinç mahallinin nokta zuhurudur.

"Biraz daha açabilir misin?"

Sana aşağıda görüntü, yani "eşya" ile "hakikat" farkını anlattığımda Hz. Muhammed'in (s.a.v.) Allah ism-i câmiinin ilk zuhuru olduğu için yaratılmış olan tüm hakikatleri "ilmen" kapsayan en yüksek bilinç olduğunu anlayacaksın... Buna ilmi anlamda hakikat-i Muhammediye dendiğini ve aslen yegâne insan-ı kâmil olan Efendimiz'in (s.a.v.) beşeriyetinin/ bedensel varlığının da bu ilmi temsil ettiğini kavrayacaksın.

"Ha?"

Yani şöyle düşün, bir adam var ve bu kişi Yükseliş Holding'in sahibi ve yöneticisi... Bünyesinde binlerce insan çalışıyor...

"Evet?"

Şimdi o kişiye baktığında Yükseliş Holding temsilcisi dersin ve o makamın bünyesinde koskoca şirketler, çalışanlar, sistemler olduğunu bilirsin. O temsil ettiği yapının nokta zuhur mahallidir ve arkasındaki gücün, yapının da yüzüdür...

"Hımmm..."

Dur şimdi, yavaş yavaş anlatacağım, açmaya çalışacağım tamam mı?

"Tamam..."

Şimdi biz hepimiz Efendimiz'e (s.a.v.) yansıyan Allah ism-i câmiinin yani tüm esma ve sıfatlar denizinin içindeyiz.

"Peki bu ne demek?"

Tüm esma ve sıfatlar ilim içerir. Frekans ise o ilim paketinin yani bilgi seviyesinin karşılığıdır. Kısaca bu hepimiz sonsuz bir frekans denizi içindeyiz demektir.

Şuradan anlayabilirsin bak, hani yeni tanışılan biri hakkında denir ya, "Onunla frekansım tutmadı" ya da "Aynı frekansta değiliz" diye, işte bunun gibi frekans ilmimiz, bilincimiz, yani "algı seviyelerimiz farklı" demektir.

Eskiden 5 duyu denilirdi, son dönemde nörobilimde, yani sinirbilimdeki keşiflerle sayısı belirsiz algımız olduğunu söyleyenler var.

Konumuza devam edersek; bu durumda "Âdem, cennetten dünyaya indirildi" denmesi, "İnsanoğlu cennetten dünyaya indirildi", yani Cemali isimlerin karşılığı olan "cennet bilinci" seviyesinden çıkarılıp, algılarıyla "Cemal ve Celal'in iç içe olduğu dünya bilinci" seviyesine uyumlandı demektir.

"Hımmm..."

Bak bu bence çok doğru bir tanımlama oldu; çünkü genel olarak şöyle şeyler söyleniyor: Madem hayal âlemindeyiz, madem rüyadayız, niye herkes aynı masayı, aynı sandalyeyi görebiliyor? Eğer bunlar hayal olsaydı herkes aynı şeyi görmezdi.

Efendimiz (s.a.v.) bu dünyaya "rüya, hayal âlemi" diyor; çünkü eşya olarak görünen şey, bize o şeyin arkasındaki esmanın (gölgenin gölgesinin) frekanslarından dolayı "madde" olarak görünüyor. Efendimiz (s.a.v.) zaten bu yüzden "Allahım bana eşyanın hakikatini –görünenin, eşya olarak algıladığım şeyin arkasındaki hakikati, yani esmasını, sıfatını– göster" diyor.

Eşya; esma ve sıfatların, manalarının beyin tarafından okunabilmesi için dünya sabit frekansına göre indirgenmiş halidir.

"Madde eşittir enerji" diyen Einstein da bunu ilmen böyle onaylar.

"Hı hı. Deniz bak, 'Şu anda her şey hayalse, ben nasıl seninle aynı şeyi görüyorum?' diyen içsesim sustu! Hatta şu an içimde 'Burası hayal âlemiyse, beni çimdikle, bak hisse-

diyorum, hayal olsa hissetmemem gerekirdi' diyen içsesim kaldı sadece!..."

Evet evet, o da "Eğer hayaldeysek..." anlatımına gelen şeytanın kandırmaca olarak kullandığı ikinci soru... O "çimdiklemeye" sonra, beyinle ilgili konularda geleceğim. Onları okuduktan sonra çimdik meselesi sana ne kadar "gerçek" gelir bilmiyorum.

"Nasıl yani ya? Deniz tepetaklak etme beni..."

Yooo... Ölmeden önce ölme yani beden algını ve şu an içinde bulunduğun hayal âlemini kırma gereğini hissettirmeden bırakmayacağım inşaAllah... Hem aklen altüst olmak iyidir, Şems Hazretleri'nin dediği gibi: "Emin ol hayatın altı üstünden daha iyi gelecek..."

Peki... Devam edelim. Şimdi, ne dedik? Hepimiz bu frekans denizinde en alt bilinç mertebesinde kendimizi ve her şeyi "meratib-i ilahiyenin en alt frekansına uyumlu" televizyonundan izliyoruz.

Âdemoğlu olarak, algılarımız ve duyu organlarımızla, bu seviyede yaşadığımıza inandırılmak için dünyaya böyle indirildik.

"Peki Deniz neden?"

Az önce anlatmaya başladığımız mesele için yani ilahi tarafımız olan ilahi hakikatimizi gerçekleştirebilmek için...

"İlahi hakikat derken neyi kastediyorsun?"

Nefsin gerçeğini. Sendeki tanrısal tecelliyi...

"Ne?"

Hemen şaşırma, "Ene'l Hakk" dediler diye linç edilmek istenen Allah dostları bu hakikati söyledikleri için nice zulüm görmüş. Ancak işin aslı bu...

Az önce değindiğim gibi burada anlaman gerekense şu: Sen tanrı ya da hâşâ Allah olmayacaksın! Tövbe hâşâ... Tam tersi "kul" olacaksın; çünkü "kul" oldukça sendeki ilahi tecelli "yansıması" artacak.

Pirim der ki, kişi bu dünyada ne kadar "kul" olabilirse, izafi benliğinden ne kadar arınırsa, sonraki etapta yani ahirette kendinde tecelli eden Hak yansıması o derece fazla olarak görünecektir. Sen ilahi tecellinin yansıdığı ayna, ilahi tecellinin yansıdığı mahalsin.

Sende zaten var olan O yani O'nun esma ve sıfat tecellileri. Cennetten indirilmeden evvel "melek" bilinci mertebesindeydin, burada doğru bir yol izlersen gördüğün terbiye ve eğitimle kendindeki ilahi hakikati gerçekleştirip Allah'ının yarattıklarının içinde en yüksek/yetkin bilinci taşıyan varlık, yani insan olacaksın. Sendeki O, yani esman, tekâmül etme, kendini keşfetme, Rabb'ini keşfetme ve bilinç seviyesini de yukarı çekme şansına erecek.

Yoksa bazılarının dediği gibi yarı tanrı vesaire meselesi değil bu. Ene'l Hakk; Allah'a seyrin ve devamında Allah'ta seyrinin, Allah bilinci içindeki yolculuk ve keşfinin devam ederek bilincinin yükselmesi meselesi... Allah'ın ne sonu vardır ne benzeri. Zaten Allah'ın zatı tefekkür edilemez ve bu mümkün de değildir.

Biz burada Allah derken Allah'ın ilk tecellisinden ve bilinmekliğini sevdiği ve murat ettiği kadarından bahsediyoruz.

Ötesini bilmek mümkün bile değil. Şunu hiçbir zaman unutma, biz Allah'ın tarafımızdan bilinmek istediği kadarının bizim bilinç seviyemize indirgenmiş bir tecellisiyle muhatabız. Yani Allah'ın bilinmekliğini murat etmediği, bizlerin bilincinin idrak etmesi mümkün olmayan ve sonsuz diye bile nitelendiremeyeceğimiz bambaşka, ÖTE bir varlığı var. Ne hayal edebileceğin ne de idrak edebileceğin.

Bir gün Allah izin verse ve ilim üzerine kurulmuş bu kâinatın sistemi çözülse bile Allah bu kâinatın ve kâinatların çok ötesinde bir varlığa sahiptir. O'nun varlığının çözülmesi bilinmesi mümkün bile değildir. Biz O'nun ancak bizim tarafımızdan bilinmek istediği kadarını, o da zatı değil esma ve sıfat tecellileriyle tanıtmak istediği kadarını tanıyabiliriz.

Kendi ne kadar bilinmek istedi, bizim "gözlemci" olduğumuz, "şahit" olduğumuz ancak bu çerçeveyle sınırlı ki zaten bu dereceyi bile ihata etmemiz (kavramamız) asla söz konusu değil.

Ve bu gözlem sürecinde biz O'ndan ayrı olmadığımız için O'nun mertebelerini keşif hali kendimizi de keşfi getiriyor. Keşif hali kişide nörolojik olarak meydana getirdiği değişikliklerden dolayı müthiş bir zevk hali oluşturuyor. Yurtdışında bilim insanlarının ya da bu tür meselelere kafa yorup keşiflere nail olanların yaşadığı duygunun bir tür "ekstazi" hali olduğunu söylüyorlar.

"Nasıl yani, uyuşturucu ekstazi mi!?"

Uyuşturucu manada değil elbette. Allahım korusun. Kastedilen şey şu: Keşif halinde yüksek bir bilinç deneyimi gerçekleşiyor. Elbette yüksek bilinç deneyimleri beyinde iz bırakır. Bu deneyim esnasında yaşanılan haz o kadar büyük ki bunu herhangi bir dünyevi zevk, hele ki kimyevi maddelerle gelen hasar verici deneyimlerle kıyaslamak mümkün bile değil...

Beyinde bu deneyimin bıraktığı parmak iziyse kişide aynı deneyim çeşitlerinin yaşanması için bir tür bağımlılık oluşturuyor.

Pirim İbnü'l Arabî Hazretleri, tasavvufi tabirle "hayret, zevk, keşif" gibi deneyimleri "hiçbir dünyevi zevkle kıyaslanmayan zevk" olarak tanımlar. Hatta hayat süreçleri içinde yaşadıkları "en gerçek deneyim" olarak tanımlar. Şu an nöroloji bunun sebebini bize açıklayabiliyor ki bağlantılı konular gelince sana ben bu meseleye dair bilgiler sunacağım.

Herhangi bir kimyevi madde ya da fiziksel haz kişinin kontrollü olarak ruhsal deneyim yaşamasıyla kıyaslanabilir mi?

"Bunu herhangi bir kimyevi maddeyle ya da ruh molekülü dediğin DMT türü hormonlar içeren bitkiler aracılığıyla yaşamak mümkün değil mi?"

Hayır... Öyle olsa bütün uyuşturucu bağımlıları "ermiş" olurdu. Çok şükür ki hayır. Algı sınırlarının genişlemesine ilişkin diğer bu tür deneyimler asla "Rabb'inin kontrol ve terbiyesinde, O'na sığınarak gerçekleştirdiğin ve ruhsal bir rehberin eşliğinde yaşadığın deneyimler" gibi olamaz.

Onların "ekstazi" dediği şey aslında benim algımda "ex" olma haline, yani "bedenden ölme" ve "hakikate uyanma" halinin anlık bir deneyimine tekabül ediyor.

Bilirsin hastanede ölen hastaya "ex oldu" derler. İşte o ilmen *"ecstatic"* (kendinden geçmiş-vecde gelmiş-mest olmuş[16] olarak nitelenen hal, aslında bedenden ölme, yani "ölmeden önce ölme" duygusu ve halinin bir tür fragmanıdır.

"Bir tür vecit hali yani?"

İşte bunu kastediyorum, kontrolsüz vecit fragmanı...

Vecit-vicdan "bulmak" demektir. "Aslını bulmaktır" vicdan... Varoluşun, hayatın lezzetidir. Elbette ki rahmani metotla yapıldığında...

Yine benim şahsi düşüncem şu: Her insan, taşıdığı SIRra binaen, ruhen burada/dünyada tekâmül etmesi ve hakikatine varması gerektiğini bilir. Ama işte **"1'i 2 gösteren eksik idraki"** (iblisi idrak) ve dünyaya meyleden nefsi sebebiyle **"ilahi hakikatinden"** uzaklaşır. Bununla beraber bilinçaltında, derinlerde aslında "neden burada olduğunu bilen ruh" azap çekmeye başlar. Kişinin ruhu **miraç edip** Hakk'a vararak (sırra ulaşarak), bedenselliğinden sıyrılıp, asli hakikatini yeniden yaşama haline özlem duyar. Bu bedensellikten uzaklaşma halini İslami yollar, Rabb'inin takdir ettiği doğru ve güvenli metotlarla yapmak yerine, tutar şeytani metotlarla gerçekleştirmeye meyleder.

Ben bu dünyada alkol, uyuşturucu, ekstrem sporlar gibi, bir anlamda ölüme meydan okuyan bağımlılıkları, ölüm yani

16 http://www.nedirnedemek.com

bedenden sıyrılma hallerini yaşamaya çalışma çabalarını, kişinin, bilinçaltında "aslını/sırrını arayan ruhunun" isteklerini hissettiği halde doğru metodu bulamamasına bağlıyorum.

İnsanlığın hakikat ilminden uzaklığına, bilinç düzeylerinde kendilerinin bile fark etmedikleri Rab'lerine duydukları özleme, namazın "hakikatini" anlamamalarına bağlıyorum.

Bir kafese tıkılmış ruh, kınında saklı bir kılıç gibi ona "üflenmiş" onca kudretine rağmen sıkışıp kalmıştır. Ruh dünyaya niye geldiğini bilir. Ve kendisini taşıyanı tekâmül etmesi için adeta oradan oraya savurur. İşte kendilerini uyuşturucu gibi bataklıkların ortasında bulan kardeşlerim aslında bana sorarsan **algıların kırılma ya da genişleme,** bir anlamda bedenden ruh boyutuna geçme gibi bir hissiyata bağımlı hale gelmiş, kaybolmuştur.

Onlara yardım etmemiz gerekir. Yaşadıkları şeyin "sebebi" belki de onlara hakikat ilmi ve anlatımı verilmedikçe kendi başlarına fark edebilecekleri bir şey değildir. Bu yüzden Rabbimiz "tebliğ" görevimizi gerçekleştirmemiz, **maddi zekât** yanında **ilmimizin de zekâtını** vermemiz hususunda bizi defalarca ayetlerde "zekât vermek" anlatımı üzerinden ve hadislerde Efendimiz'in (s.a.v.) (biiznillah) söylemleri üzerinden uyarmıştır.

Temelde her ruhun inkişaf etme isteği vardır, çünkü ruh kendisine neden varoluş verildiğini bilir. Ancak hakikatini gerçekleştirme yolculuğuna ve çalışmalarına başlamamış kişiler bünyelerinde nefsin dünyevi zaafları ve bedensel algılar ağır bastığından, **âdet kırma-beden ötesi algı** hallerine maalesef istidraç denilen, şeytani yollarla ulaşmaya çalışır. Bu esnada yaşanan haz ise kişide bağımlılık geliştirir.

Bunun gibi çağımızın vebası haline gelmiş depresyon, bipolar, panik atak ve psikolojik rahatsızlıkların çoğu da aslında insanların **ruhlarının tekâmül etme isteğinin** bedensel dürtüler ve hayvani nefis tarafından bastırılmasının kişide "bunalım" yaratmasından kaynaklanır.

Düşünsene, ruhun buraya tekâmül etmek için geldiğini biliyor. Ama sen bu **tekâmülün** gerçekleşmesi için gereken **nöral bağlantıları** kurmuyor, yanan azıcık bilinç lambanı da sana depresyon ilacı (antidepresan) adı altında yüklenen, nöron aktivitesi engelleyici/bastırıcı birtakım kimyevi maddeler/ ilaçlarla kısaca "nöron yangını söndürücüleri" ile söndürüyor ve donduruyorsun.

"Vay canına! Güzelmiş... Nöron yangını söndürücüleri..."

Unutma Rabb'in kâinatı ve olabilecek tüm manyetik alan ve kuvveleri senin yetiştirilmen için düzenleyip belirli vakitlerde seni **resmi olarak salata** davet ediyor. Salat önceden de değindiğim gibi "bağlantı" demek... Benim tefekkürümde salatın bağlantı anlamı aslında Rabb'inin seni her namaz vakti (*ve idrakin açılıp kulluk bilincine geçtiğinde 24 saat*) "nöral bağlantılarını yakmaya ve çoğaltmaya çağırması" işaretini taşıyor.

Düşünsene hayata bakan pencerenden görünen "manzaran" ve "bilinç ekranın" her gün daha genişlemesi gerekirken, tam tersi daralıyor. Bu noktada neden burada olduğunu, varoluş serüvenini doğru değerlendirmen, huzuru bulman, arayışlarını zevke çevirmen mümkün mü?

Şunu unutma ki bir apartmanda ne kadar yüksek kata çıkarsan, oradan baktığında şehre ilişkin manzaran da o kadar geniş olur. Yüksek bir bilinçte olup her gün yeni bilinç genişlemesi yaşayan kişi, hem varoluş serüvenini anlamaya başlar hem de (dünyevi bazda bile) dışarıya çıkıp da şöyle bir etrafına baktığında ileride uçan kelebeğin kanadındaki renklerinden çevresindeki çiçek ve ağaçların yapraklarının damarlarına kadar nice detayı algılar. Bir ekran ne kadar genişse, içine giren film karesi de o kadar içerikli ve detaylı olur.

Ama kişi düşük bir frekans ya da bilinç "ayarındaysa" ekranının darlığı ve kirlenmişliği yüzünden ona hayat ve hayata dair her şey son derece sıradan gelir. Hatta onun için sanki her gün "aynı"ymış gibidir.

İşte böyle bir durumda Rabb'inden, sen "dünyevi ve kısıtlı bir algıyla, hikmetten yoksun bir bakışla baktığın için" kısaca "ruhun azapta" olduğu için bir müdahale gelebilir. **Rahmet olduğunu algılamadığın** sana "acı" gibi görünen bir müdahale olabilir bu...

Oysa senin şikâyet/sitem ettiğin bu durum kişideki **kapanmış tekâmül** halini yani "kabz" halini açabilmek, onda yeni bir algı ve yeni bir bakış açısı oluşturabilmek ve o kullanılmadığı için "bastırılmış", "de-aktif" olmuş nöronları yeniden "yakıp" onların yeni bağlantılar kurmalarını sağlayabilmek için Rabb'inden bir **rahmet** vesilesidir.

Hayat içinde sevdiklerini bile "uyandırmak", onları korumak ve tehlikelere karşı uyarmak, onlara gerçekleri hatırlatmak için "sarsman" gerekebilir. Dolayısı ile bir rüyadan/ simülasyondan ibaret olan bu alemde **hakikate uyanman** için de Rabb'in tarafından sarsılman gerekebilir.

İşte tasavvufta "kabz"[17] denilen bir tür "bilinç sıkışması" hali aslında ardından gelecek olan "bast-bilinç genişlemesi" için bilincin hazırlanmasıdır.

Tefekkürümde, yaşanan hastalıklar, çekilen sıkıntılar ya da şükür fırsatları bunların hepsi bir üst mertebe bilinç tırmanışı için "ruhun" bedensel algıyı zorlamasıdır. Ama elbette ki her şeyin doğrusunu Allahım bilir yani Allahualem...

Bu sebeple, depresyon, aslında ruhun tekâmül etme savaşıdır.

Çünkü insan bedeni bilgedir, hele ruhunu dinlediğinde çok bilgedir. Yaşlı insanların belirli yaştan sonra artık gece çok daha az uyumasının sebeplerinin başında, insanların yaşları kemale ermeye başlayıp da ölüme yaklaştıkça ruh-

17 kabḍ قبض [#ḳbḍ msd.] tutma, kavrama < Ar. ḳabaḍa قبض 1. Eliyle sıkıca tuttu, kavradı, tutukladı. 2. Sıktı, peklik çekti. Ruhen genişlik, ümitle dolma, coşkunluk, anlama ve kavramada açılma halidir. https://www.etimolojiturkce.com

larının onları gece ibadetlerini artırmaya çalışması yatar. Bu uyku tutmama halinin derininde ruhun genç birine oranla Hakk'a varma vakti daha yakın durumdaki kişiyi, hakikatini gerçekleştirmesi için "bedenen" ayaklandırması yatar.

Kişi bu gece ibadetleriyle belki de nispeten de olsa kaybettiği zamanı telafi etme şansı yakalayacak ve bu ibadetler hem bilincinde muazzam açılımlar yapacak hem de beden kimyasında "sağlık" etkisini oluşturan hormonların salgılanmasını sağlayacaktır.

İşaret 2'de, serotonin, melatonin, epifiz, endokrin bezlerinin çalışma şekli, timüs, DNA gibi bedensel unsurların üzerinde gece ibadetlerinin etkilerine değindik.

Diğer boyuta geçişte olabildiğince yüksek bir bilinçte olmaya çalışmakta fayda vardır.

"Çok ilginç Deniz... Ne depresyonu ne de yaş ilerledikçe neden uyku azalımı olduğunu bu bakış açısıyla düşünmüştüm."

Tahmin edebiliyorum. O kadar bedensel algıda yaşıyoruz ki maalesef... Ama dediğim gibi bunlar şahsi tefekkürlerim ve tabii ki tasavvuf ve ilim paralelliğinde okuduğum onlarca şeyin bilincimdeki sentezi... Her şeyin doğrusunu yalnız Allahımız bilir...

Özetlersek; o zevk, o bedenden sıyrılma ve keşif hali öyle muazzamdır ki kolay kolay herkese nasip olmaz, hele ki halis bir kul olma çabası ve tüm benliğinden vazgeçebilme niyetin olmadıkça. Bu, Rabb'imizden, büyük çok büyük bir lütuftur.

Ve Efendimiz'in (s.a.v.) "Ölmeden önce ölünüz!" tavsiyesi senin düşündüğün gibi "Dünyadan el etek çek, zevk alma!" içeriğinde değildir, tam tersi, eğer ki ölmeden önce ölme algısına ulaşabilirsen ve dünya/ahiret dengesini kurabilirsen, emin ol asıl muhteşem yolculuğun o zaman başlayacak altyazısını taşır... Tabii benim tefekkürümde...

"Ne muhteşem bir macera... Onca Hak dostu akılsız mı yani?"

Senden benden daha mı az akılları, ilim ve keşifleri var da, kimisi her şeyini bırakıp kendi hakikatlerinin peşine düşebiliyor? Para pul, makam, eş, evlat, dost her şeyi bir kenara koyup Rab'lerinin yolunda kendilerine koşuyorlar. Tabii herkestekinin kendileri ve kendilerinin de O'nun tecellisi olduğunu bilmek ve buna tam anlamıyla teslim olmak her yiğidin harcı değil, er yiğidin harcı.

Biz de Efendimiz'in (s.a.v.) dediği gibi olabildiğince dengede kalarak ve her iki dünyanın gereğini yerine getirerek bu hale ulaşmaya çalışmalıyız...

"Of... Nefesim gitti yemin ederim Deniz..."

İnanırım. Ama yemin etme... Allahımız yemini çok önemser. O yüzden yeminden kaçın. Sözün yetsin. Şimdi... Nerede kalmıştık? Tekâmül için cennetten indirilen âdemoğlunda...

"Evet... Ama önce bir şey soracağım Deniz..."

Buyur...

"Tekâmül... Cennette olamaz mıydı? Neden yeryüzü?"

Ah... Hayır, bu tekâmül cennette olamazdı. Çünkü cennette sadece Allahımızın "cemal" isimleri faaliyettedir. Orada sıkıntı, acı vesaire yoktur. Zıtlık yoktur. Dünyada ise Celal ve Cemal bir aradadır. Kişiye zıtlıklar içinde kendi eksik ve fazla tarafları gösterilerek, ona ayna tutularak, ilahi hakikatini gerçekleştirme fırsatı ancak burada tanınabilir.

"Aaa!... O zaman dünya güzel bir yer?"

Elbette! "Burası ahiretin tarlasıdır" tanımlaması bu yüzden. Küçükken çalışkan, prensipli olan insanların ileriki hayatlarında başarılı, mutlu, huzurlu oldukları bilimsel bazı çalışmalarda (sonraki kitaplarda Marshmallow Deneyi ve devamına değineceğim) ispatlanmış gerçeklerdir. Bunun aynısını düşün, bu seferki sonsuz bir gelecek, keşif ve mutluluk. Dünyada birkaç on yıl rahat etmek için o kadar çalışırken sonsuz ya da neredeyse sonsuz bir mutluluk için çalışmaz mısın? Dünya ahiretin tarlasıdır, yani burası muazzam bir yerdir. Eğer ki burada bilinç mertebende bir sonra gelen etap için (ahiret), kendini Rabb'inin terbiyesine doğru şekilde teslim eder ve yaşadığın hayatın HAKİKATini bilirsen.

Şimdi devam edelim bak...

Anne karnında başlayan yolculuğumuzla Dünya bilinci frekans seviyesine uyumlandık. Dolayısıyla bir tür "ara-yüz" olan bu kâinat "ekranı"nda, "bu frekansı çeken bir beyin televizyonu" ile aşağı yukarı hepimiz ya da çoğumuz aynı görüntüleri görmekteyiz: denizler, dağlar, kuşlar, binalar, bulutlar... Bulunduğumuz bu en alt bilinç seviyesinde (dünya) herkes "ayrı" gibi görünüyor.

Hani İblis der ya: *"Kâle ene hayrun minhu, halaktenî min nârin ve halaktehu min tîn (tînin).*

"İblis, 'Ben ondan daha hayırlıyım. Beni ateşten yarattın, onu ise çamurdan yarattın' dedi..."

Sad Suresi, 76. Ayet, Sad Tasavvuru, 76. İşaret

Şeytan (iblis) Âdem ve Havva'yı kandırdı. Ve Rabbimiz de bundan dolayı onların üçünün yeryüzüne inmesini emretti.

"Dedi ki: 'Kiminiz kiminize düşman olarak, hepiniz oradan inin'"

Taha Suresi, 123. Ayet, Taha Tasavvuru, 123. İşaret mealindeki ayetin ifadesinde; gerekse,

"Derken şeytan onların ayaklarını kaydırarak, içinde bulundukları nimet yurdundan çıkardı. Biz de, 'Haydi' dedik. 'Birbirinize düşman olarak yeryüzüne inin! Siz orada belirli bir süre ikamet edip yararlanacaksınız'"

Bakara Suresi 36. Ayet, Bakara Tasavvuru, 36. İşaret ayetinde olduğu gibi.

"Dedik ki: 'İnin oradan hepiniz!'"

Bakara Suresi, 38. Ayet, Bakara Tasavvuru, 38. İşaret

İşte Âdem ve Havva melek bilincindeyken İblis bilinci tarafından "kandırılıp" 1'i 2 gören bilinç seviyesine uyumlanarak dünyaya indirildi!

Unutma! Rezonans gereği kiminle yakınlaşırsan onun bilinç seviyesiyle uyumlanırsın! Dolayısıyla içine doğduğumuz Dünya bilinci, yılan kılığına giren İblis gibi, beynimizdeki sürüngen beyin bölgesinin aktif olduğu hayvani nefis mertebesine dönük bir yer.

Dünya ayrılık, fark olan bir yer (fark âlemi)... Bu bilinç seviyesinde sen, ben, o, onlar gibi ayrımlar var; çünkü tekrar ediyorum İblisin bilinç seviyesi, "1'i 2 gösteren bilinç" seviyesidir.

Dünya bilinç seviyesine göre kısıtlanmış algılarımız gereği, etrafımızdaki data alanı, kâinat yazılım kitabını gözlemlediğimizde beyin eşyaya baktığında "madde" görüyor algısındadır.

İngilizcede "madde"ye Türkçeye çok benzer şekilde "*matter*" denir, ben bunun A-Rab-cadaki "meta" kelimesinden gelmiş olabileceğine inanıyorum.

"*Matter, mother*" yani "anne, ana" manasına gelir... İşte Allah'ın Rahman, Rahim sıfatının bir tecellisi olan, yani matris olan bu Dünya algısından dolayı Dünya Ana denmesinin de bu sebeple olabileceğini düşünüyorum... Şimdi gelelim senin soruna; yani kişinin merkez stüdyodaki ile TV'deki görüntü haline... Şimdi nasıl bir örnek versem? Hımmm... Bentov benzeri bir örnek vereyim... Hah... Şöyle düşün ama bunu kafanda canlandırmanı istiyorum lütfen...

Önce bir baklava tepsisini suyla doldur, sonra eline 3 tane taş al, o 3 taşı baklava tepsisinin içindeki suya aynı anda at.

"Tamam..."

O taşları tepsideki suyun içine attığın an itibariyle ne olur? Hepsi aynı anda kendilerine ait bilgiyi tepsideki suyun içinde her noktaya yaymaya başlarlar değil mi?

"Evet..."

Baktığında burada ortaya çıkan birbirleriyle adeta çarpışan dalgalar, iç içe geçen daireler yüzünden suyun üzerinde bu taşların bilgilerini, ilim paketlerini rezonans olarak seslendiren, yani yayan çeşitli "girişim desenleri, modelleri" oluşur. Çünkü her bir taş adeta kendi bilgisini/ilmini anons etmektedir.

Evet... Unutma, *İşaret*'te "Kıyam-et" bölümünde "sesin ilim paketi olduğunu", ultrasound denilen işitsel algı ötesi ses dalgalarının rahimdeki bebeğe gönderilip tekrar yankılanmasıyla sesin görüntüye dönüştüğünü söylemiştik. Kuran kişiyi güzel sözler söylemesi konusunda telkin eder. Pirim İbnü'l Arabî Hazretleri de sözlerimizin suretlenip can bulduğunu ifade eder. Hatta bu sözlerin suretlenmiş hallerinin biz göremesek de kıyamete dek bizimle beraber olup bize şahitlik edeceklerini anlatır. Bu sebeple çirkin sözler sarf edildiğinde tövbe etmenin gereğine vurgu yapıp tövbeyle bu sözlerin suretlerinin de güzele dönüşeceğine değinir.

Bakara Suresi, 263. Ayet, Bakara Tasavvuru. 263 İşaret:

"Güzel bir söz ve bağışlama, peşinden eziyet gelen bir sadakadan daha hayırlıdır. Allah hiçbir şeye ihtiyacı olmayandır, yumuşak davranandır."

"Peki Deniz sözler neden canlanıyor, suret buluyor?"

Çünkü kâinat, sonsuz bir ilim, bilinç denizidir. Bu bilinç denizi içinde tüm seslere ve kelimelere karşılık gelen frekanslar bulunur.

Kâinatın kumaşının bilinç, insanın "en yüksek bilinç potansiyeli" ve Rabb'inin "nefesini taşıyan bir varlık" olmasından dolayı, kâinatta dolaşan o sese/frekansa sendeki Rabbi tecelliye ait ruh üflendiğinde, sesin suret bulması gerçekleşir.

Sad Suresi, 72. Ayet, Sad Tasavvuru, 72. İşaret

"Fe izâ sevveytuhu ve nefahtu fîhi min rûhî fe kaû lehu sâcidîn (sâcidîne)."

"Onu şekillendirip içine ruhumdan üflediğim zaman onun için saygı ile eğilin."

İşaret'te "sema" için evrensel Google demiştik. Kâinat Rahman'ın nefesinden oluşmuştur. Bu yüzden kâinat bilinçli/şuurludur (evrensel bilinç). İnsan kendisine üflenmiş nefesi kelimelerle buluşturduğunda sema/evrensel Google; kişi adeta internete girip arama motorunda arama yapıyor gibi, girdiği kelimeleri bulup suretlendirerek "Ta ta ta!" diye ona sunar.

Burada ürettiğin her şeyin karşılığını alacaksın. Ceza kelimesinin "karşılık" manasında bu da yatar!

"Ah! Deniz... Şimdi anlamaya başlıyorum... Ay bağırmak istiyorum! Çok heyecanlı!"

İşte keşfin hazzı! Şimdi ne demiştik? Elimizde artık bu girişim desenlerini, örüntüleri içeren bir tepsi su var. Yani esma, frekans denizi!

"Aynen!"

Ne diyor pirim İbnü'l Arabî Hazretleri, Allahımın güzel dostu canım pirim... "Buhar donunca su, su donunca buz olur ve ahiret sudur, dünya ise donmuş su..."

"Ya Deniz! Bu nasıl bir zat? Peygamberim (s.a.v.) ve gerçek Hak dostları her şeyi söylemişler ya!"

Tabii ki! Sen neden Kuran ve bilimi aynı anda öğrenmeye, bilim insanları ve Efendimiz (s.a.v.) ve pirim başta olmak üzere Mevlânâ Hazretleri gibi Hak dostlarının eserlerini okumaya çalışıyorum sanıyorsun! Aynı şeyleri söylüyorlar! Ama bilim eksik, hakikat ilmi ise tam...

Şimdi pirimin bu buz örneğinden yola çıkarak bu esma, frekans denizinde herkes ve her şeye ait tüm ilimi içeren suyu dondurduğumuzda, şunu biliriz ki bu donmuş suyun (buzun) ufacık bir kesiti bile bütüne ilişkin tüm bilgiyi içerir ve muhafaza eder.

Evet... Bu buzun herhangi bir parçası artık bütünün bilgisine sahiptir, çünkü bütünün girişim desenlerini içerir. Şimdi tüm ışınları aynı frekansta olan (uyumlu) beyaz bir ışık al, bir lazer ışığı. Ve bu tepsiden donmuş halde çıkarılmış buz ya da buz parçacığının içinden geçirerek bu ışığı yansıt! O an itibariyle bulduğun şey baklava tepsisine attığın 3 taşın görüntülerinin uzayda üçboyutlu şekilde yeniden inşa edilmesidir. Ultrasonda bebeğin görüntüsünü elde ettiğin gibi, o tepside kendi ilmini yaymış taşın görüntüsünü, sesin yani ilmin suretlenmesiyle tam da karşında bulursun! Ve baktığında bu modelin, desenin her noktası o üç taşa ait tüm bilgiye sahiptir.

Hologram, bilgiyi saklamak için doğanın geliştirdiği en etkili metottur. Arının "peteği" gibi... Arının sırrı gibi... Doğa gerçekten işleyen bir metot bulduğunda, bu metot mikrodan makroya kâinatta tüm bilinç seviyelerinde tekrar edilecektir.

Şimdi bu suya 3 tane taş yerine 3 kişi atarsak ne olur?

"Yani 3 esma ve sıfat terkibi, yani 3 frekans paketi!"

Aynen... Bu sefer bu 3 kişi sürekli olarak kendileriyle ilgili ilmi, bilgiyi yaymaya başlamıştır suya... Yani esma denizine...

İnsan sürekli olarak bilgi alan ve yayan bir varlıktır. Bilirsin, pirim İbnü'l Arabî Hazretleri insanın varoluş hikâyesini anlatırken, esmaların Allah'ın "ilminde" olduğunu ifade eder.

Pirim tarafından varoluş hikâyemiz, Allah'ın ilmindeyken varlık alanına çıkma isteğimizi Rabb'imize sunma maceramız, "İsimler varlık/varoluş istedi" diye anlatılır.

Yukarıda da değindiğim gibi, "Bizler Allah'ın ilmindeydik/ Allah'ın ilmindeyiz..." Bu anlatım "son dönemde" evreni bir ilim denizi olarak nitelendirmeye başlayan kuantum fizikçileriyle de son derece uyumludur.

Bu noktada evreni hologram olabilir mi diye tanımlayan biliminsanlarının anlatımlarına bakarak yukarıdaki su dolu tepsiye atılan taşlar gibi, her birimizin kendi esma/ve frekansımıza göre taşıdığımız ilim sinyallerini sürekli olarak kâinat denizine/ilim denizine yaymakta olduğumuzu anlayabiliriz. Hak dostlarının "Damla ve Deniz" teşbihleri de böylece yerli yerine oturuyor.

Taşıdığın ilmin karşılığı olan Rabbi has bilinci bir "damla" ilimken, o damlayı "evrensel ilim denizine" yani Rabbi-l âlemin bilincinin tecellisine katarsan, denize katılmış damla olursun. Böylece ufacık bir damlayken "bütün denizin" bilinciyle hareket etmeye başlarsın.

Her insan kendine ait bilgiyi sürekli halde evrene yaymaktadır. Kısaca her birimiz gerek uyurken gerek uyanıkken içerdiğimiz ilmi farklı farklı şekillerde evrensel ilim denizine yaymaktayız.

"Peki Deniz, Allah'ın ilmindeydik tam olarak ne demek?"

Kısaca değinmiştim, yine derinlemesine değineceğim inşaAllah ama önce şöyle bak. Düşünsene sen yoktun ve sana ebediyen var olma şansı verildi. Oysa sen sadece Allah'ın ilmindeydin.

"Tamam da Deniz biliyorsun, daha çocukken Allah'ı neden seviyorsun sorusuna, 'Çünkü bizi yoktan var etti' diye bir cevap vermemiz öğretilir bize. Ama bu ne demek, kaç kişi anlıyor bilmiyorum. Ne yalan söyleyeyim son dönemlerde özellikle tasavvufla ilgili programlar ya da söyleşilerde

daha sık duyduğum bu 'Allah'ın ilminde olmak' meselesini kimseye sormaya cesaret edemedim şimdiye dek. Bu konular anlatıldığında herkes o kadar anlıyor gibi dinliyor ki kendimi onca insan arasında aptal ya da cahil veya konuyu bölen durumuna düşürmemek için cesaret edip de soramadım. Ne olur sen söyle. Bu ne demek? Yani Allah'ın ilminde olmak ne demek?"

Estağfurullah... Sonuçta hepimiz çok cahiliz. Hazreti Ali'nin "İlmin sonu cehalettir" dediğini belirtmiştim. Her şeyin özeti bu işte...

İlim... Allahımızın ilmi o kadar sonsuzdur ki bir konuyu tam anladım dersin, pat diye tam o konuyla ilgili hiçbir şey anlamadığını fark ettiren yeni bir bilgiyle karşılaşırsın! Tam oldum dersin olmadığını fark ettiren bir olay yaşarsın. Ne kadar çok cevap bulursan o kadar yeni soru girer hayatına. Allah sonsuzdur. Her şey mümkündür. Bu iş ne evettir ne de hayırdır. Bu iş hem evet, hem hayır, hem de "belki"dir. Çünkü kâinat bir olasılıklar denizidir. İşte bu yüzden tüm âlimlerin gerek tasavvufi, gerek tefsirle ilgili yorumları "Allahualem bi muradihi bihi" mührüyle biter. "Biz bilmeyiz Allahımız bilir. Biz ancak Allahımızın bize bildirdiği kadarını biliriz" der ya melekler.

Bakara Suresi, 32. Ayet,

Özünü Arama Tasavvuru, 32. İşaret

"Melekler,'Seni bütün eksikliklerden uzak tutarız. Senin bize öğrettiklerinden başka bizim hiçbir bilgimiz yoktur. Şüphesiz her şeyi hakkıyla bilen, her şeyi hikmetle yapan sensin' dediler."

Düşünsene pirim İbnü'l Arabî Hazretleri, varlıklara, bizlere "mümkün" demiş... Ben yıllarca bir tasavvuf terimi olarak "mümkün" aşağı "mümkün" yukarı diye okudum durdum da bir gün olsun derinine inmedim. Bir gün kuantum fiziği çalışırken her şeyin bir **"olasılık dalgası"** olduğunu, **"kâinatın" "olasılıklar denizi", "kaderin"** de **"olabilecek tüm olasılıkların sayıldığı levhadan, sana mecburen verilmiş ufak bir kesit"** yanında çoğunlukla **"senin gerçekleştirmeyi seçtiklerin sonucu gerçekleşen yazılım"** olduğunu fark ettiğimde "mümkün" kelimesi kafama dank etti.

Ben de, her şey de mümkündü. Var ve yok ve olası. Herhangi sıradan zannettiğin bir tasavvufi terimin altında dünyevi âlimlerin yıllarca ispat etmek için debelendiği koskoca kuantum fiziği yatarken, bunu hiç farkında olmadan sanki herhangi belirsiz bir şey gibi okuyan kendine, "Ne kadar da cahilsin Deniz" dememek mümkün mü?

Hepimiz cahiliz ve bu bitmeyen bir cehalet, ama işte "bilme" daha doğrusu "Arefe", "İrfan" çabası gerek... "İrfan" kavramı ile Türkçedeki "bilme" tam anlamıyla aynı şey değil. Çünkü okuyarak bilmek değil irfan. Öğrendiğini amele çevirmek, yani yaşamakla ilgili. Bu yüzden bilmek ile olmak başka. Bilmek bizdeki anlamıyla karşılık bulsaydı ilahiyatçıların hepsinin ermiş olup sükûnet halinde olması gerekirdi ki gördüğün gibi mesele hiç de öyle değil...

Konuya dönersek; işte bu sana verilen data, ilim paketi sürekli bir bilgi alıcı/vericisidir. Demek ki kendini bir parçacık olarak düşündüğünde taşıdığın ilim anbean etrafındaki alanda farklı farklı şekillerde yayılıyor. Üstelik bu yayılan bilgi etrafındaki alana sirayet ediyor. Şimdi bunu her birimiz için düşündüğünde herkes aslında sürekli olarak birbirleriyle farkında bile olmadan etkileşmekte ve bu şekilde de herkesin ilmi kesişmek suretiyle bir hologram, bir girişim deseni oluşturmakta. İşte insan bilinci, insanlığa ilişkin büyük bir ilim hologramıdır. Aslında hepimiz "Bir tek bilinç" "bir tek akılız" ki buna zaten tasavvuf "aklı evvel" ya da "hakikat-i Muhammediye" adını da veriyor.

İşte etki alanımızla bu derece iç içe olduğumuz için, yaptığımız her şey sadece kendimizi değil, herkesi, sadece dünyayı değil tüm kâinatı etkiliyor. Kuran'da bahsedilen masum bir kişiyi öldürmek tüm insanlığı öldürmek gibidir ya da İslamiyet'te bizlere nakledilen öğretilerden biri olan, "Yapılan hayırlı bir işten dolayı tüm kâinat insana duacı olur, kötü işten dolayı da şikâyetçi olur" anlatımı bu yüzdendir.

Maide Suresi, 32. Ayet, Sofra Tasavvuru, 32. İşaret

"Bundan dolayı İsrailoğullarına (Kitap'ta) şunu yazdık: 'Kim, bir insanı, bir can karşılığı veya yeryüzünde bir bozgunculuk çıkarmak karşılığı olmaksızın öldürürse, o sanki bütün insanları öldürmüştür. Her kim de birini (hayatını kurtararak) yaşatırsa, sanki bütün insanları yaşatmıştır. Ant olsun ki, onlara resullerimiz apaçık deliller (mucize ve ayetler) getirdiler. Ama onlardan birçoğu bundan sonra da (hâlâ) yeryüzünde aşırı gitmektedir."

Yüksek bilinç seviyelerinde herkes birbiriyle etkileşimdedir. En üst bilinçte ise tekiz. Birbirimizle karşılıklı etkileştikçe birbirimizi çekeriz, buna "ritim iletişimi" denir; rezonans ilkesi. *İşaret*'te bu konulara kısmen değinmiştim biliyorsun, ama burada biraz daha detay vereceğim.

Bu meseleye ilişkin İngilizcede *"entrainment"* "sürüklenme" tabiri kullanılıyor. Canlıların ve hatta mekanik objelerin dahi otomatik eşzamanlaması anlamına gelir bu kavram. İleride başka başka yönleriyle değineceğiz...

"Peki bu neden var?"

Sen de biliyorsun ki bilim "Neden?" sorusunu cevaplayamaz, bilim daha ziyade "Nasıl?" sorusunu izah etmeye çalışır. Yani aspirinin tam anlamıyla neden baş ağrısını giderdiğini hem bilen hem de bilmeyen bir tıp içinde "Neden?" sorusu çok da doğru bir soru diyemiyorum.

Bilim gözlemcidir yaratıcı değil... Bilim, yaratılmış bir şeyi kendi algı seviyene göre gözlemlemenle sürekli aynı sonuçlara ulaşabilmeni hedefler. Aslında Allah'ın sistemini tanıma metodundur bilim... Allah'tan ayrı değildir. Ve eğer ki kâinat Allah tarafından insana kendi varoluş sebebini verme emri almasa öyle birdenbire gelen buluşlar olmazdı.

Bilim insanlarının üzerinde çalıştığı bazı konuların cevaplarının rüyalarda bile onlara gösterilmesi, bu "Allah'ın eğitim sistemi" olan "âlemin" en muazzam özelliklerinden biridir.

Kanunları yere göğe koyama! Ama "Bu kadar net kanunlar nasıl oluyor, nasıl bu kadar aksamadan işliyor?" sorusunu sorgulama! Anlaması güç...

Tabii bilinci virüslenmiş bir bilgisayardan olayı doğru okumasını bekleyemezsin...

Kuran tüm bunları açık açık anlatır. Meleklere ve Allah'ın yarattıklarına tapmış insanlardan bahseder. Allah'ın kanunlarını putlaştıranlar aslında Mekke'deki putlara tapanlarla aynı şeyi yapmaktalar.

"Nasıl yani?"

O zaman da insanlar putlara tapmıyordu ki. Onlar putların temsil ettiği kanunlara tapıyorlardı.

"Yani değişen hiçbir şey yok mu Deniz?"

Elbette ki yok... Şeytan aynı şeytan ve aynı metotla "terbiye edilmemiş ve temizlenmemiş nefsi" aynı tuzağa düşürüp duruyor! İnsanlar da buna düşmekten vazgeçmiyor. Ama Allahımın sistemi o kadar muazzam ki kişisel idrakler ne olursa olsun, O, rahmetle, gerek hastalık, gerek bela, gerek çözülemeyeceğini düşündüren sorunlar ve özellikle ruhsal bunalımlar, panik ataklar vererek kişiyi eğitim programında tutmaya, dönüştürmeye ve temizlemeye çalışıyor.

Mesela benim yine çok ilgimi çeken bir mesele, din ve bilimi ayrı gibi gösterip bilimi ilahlaştırmak, yani putlaştırmak isteyenlerin; Allah inancı olan onlarca kıymetli, ödüllü fizik ve biliminsanlarından bahsetmek yerine neden Stephen Hawking gibi Tanrı fikrinden uzak kalmaya çalışan biliminsanlarının bu derece ön plana çıkarıldıkları. Bu insanların fikirlerini sorgulanamayan doğrular gibi insanlığa kabul ettirmeye çalışmaları.

O kadar çok sayıdaki önemli bilim insanı yaratılışın tam da ince ayarda hesaplanmış ve insan hayatı için düşünülmüş olduğunu iddia ederken, olabilecek en inkârcı bilim insanları öne çıkarılıyor. "Evrensel kanunların sahibi olan Allah" yerine "evrensel kanunları" ilah edinirken, *Büyük Tasarım* diye kitap yazıp hâlâ tüm varoluşun rastlantısal olabileceğinin iddia edilmesini izliyoruz.

İnsanlar ne görüyor bu resimde gerçekten bilmiyorum. Ha bir de, yaşam sürecinde bu kişilerden bir kısmının fikri de değişiyor, çünkü bu arada yeni evrensel veri ve keşifler onları başka bir yere doğru itebiliyor. O durumda bir gün o bilim insanlarından biri -John Wheeler hakkında dendiği gibi- ömrünün son yıllarında Allah'a ve dine tam iman ederse, onlarca yıl onu ve o fikirleri ilah edinmiş insanlar ne düşünüyorlar acaba?!

Şöyle düşünsene. Mesela Hawking, Dawkins gibi bir bilim insanının her dediğini hak kabul etmiş birisin... O fizikçi senin idolün ve bilim insanı olarak da gerek dünya için, gerek senin için çok önemli... Adam 80 sene ateist, ama ölmeden bir sene önce Allah'a iman ediyor. Merak ediyorum yıllar boyunca bir adamın tartışmasız kabul ettiği fikirlerini ilah edinmiş biri o an ne hisseder?! Gerçekten bilmiyorum...

Her insanın yapısında ilah edinme vardır; insan ilahsız yaşayamaz, bu ister bilimi ilah edinme olsun, ister evreni, ister Allah'ı... Peşinden milyonlarca insanı sürükleyen popüler ünlülere bile ikon denir ki, ikon zaten put demektir.

Bari hakiki ilahı ilah edin de olayları doğru oku ve ayetlerde belirtildiği gibi peşinden sürüklediğin insanlar diğer boyutta sana hesap sormasın.

Bilim, örnek olarak, bu dünyanın bir süre "düz" olduğunun iddia edilip, bir süre sonra "Pardon küreymiş!" dendiği ve bu süreçte aksini iddia edenlerin de öldürülebildiği dogmatik, yani dini bir anlayıştır.

İslam'daki "din"in anlamıyla, bilimde dinin anlamı, yani dogmanın anlamı taban tabana zıt! Asıl din diye korkulması gereken şey, bana sorarsan, düşüncelerinin aksini kabul etmekte ciddi anlamda zorluk çeken bilim insanlarının, kendi doğrularını insanlara empoze eden bir sisteme hizmet etmesi. Pek çok insan algı manipülasyonuyla bu şekilde özünden koparılıyor. Ne diyeyim? Uyanık olmakta fayda var.

Şimdi tekrar konumuz olan rezonans ve sürüklenme meselelerine dönersek; bu kanun hakkında da "Neden?" sorusuna ilişkin bilim mantıklı bir açıklama getirebilmiş değil, ama bizim hakikat ilminden dolayı mantıklı bir açıklamamız var elhamdülillah! Bilimin bu konuyla ilgili tek bildiği şey rezonans ve sürüklenmenin birer evrensel kanun olduğu...

"Bir örnek verebilir misin?"

Hımmm... Mesela bir anne bebeğini emzirirken evladıyla kalpleri ritme giriyor ve aynı anda atmaya başlıyor.

"Ah!... Ne muazzam..."

Elbette... Kalbin ritme girmesi aynı frekans seviyesine sürüklendiğinin göstergesi ve peşinden insanları sürükleyen liderler bu özellikte. Efendimiz'in (s.a.v.) arkadaşının kim olduğuna dikkat çekmesi bu yönden çok önemlidir... Birçok yönden o kişiyle biyo-manyetik rezonansa girip uyumlanıyorsun yani bu kişi seni aşağı da çekebilir. Aynı zamanda ayna nöronlarını da hesaba kattığında sendeki olumsuz etkisi düşündüğünden çok daha öte olabilir. İslamiyet'teki "kutup" kavramı (aynı bir mıknatısın kutbu gibi) bu meseleyi anlatıyor. Hayvanlarda, kuşlarda; lider kuş en yüksek ve uyumlu frekansta olduğu için sürüdeki diğer kuşlar kendi alt seviye frekanslarından dolayı onun yelpazesi altına giriyor. Buna biyo-manyetik rezonans deniliyor. Bir trende tüm vagonları çeken lokomotif, toplumda en öndeki en yüksek frekans sahibi kişi konumundadır. Bu doğal uyum objeler ya da eşyada da görülebiliyor.

Farklı zamanlarda öten ya da tıklayan guguklu ya da benzeri türde saatler aldığını düşün, göreceksin ki 1 hafta kadar bir süre içinde hepsi aynı anda tıklamaya ve/veya ötmeye başlayacaktır...

İşte Kuran'ın "İmam-ı Mübin" diye nitelendirilmesi "tüm kitapların lideri, var olan tüm ilmi içeren en yüksek frekanstaki lider kitap" olmasındandır.

Bu durumda Efendimiz'in (s.a.v.) **İmam-ı Azam** olması da, yaratılmış en büyük lider, Allah ism-i câmi tecellisi olmasından dolayı tecelli etmiş tüm esma ve sıfatların bilincini içeren bilinç mertebesi sahibi olmasındandır... Kişilerin namaz kılarken imama tabi olmaları da bu yüzdendir... "Senden daha az bilgili biri sana bu sebeple namaz kıldıramaz, yani imamlık edemez" denir. Bir toplulukta en yüksek bilinçteki kimse o gruba "liderlik" yani "rezonans liderliği" yapmalıdır... Çünkü onun arkasında durduğunda kalbin onunla rezonansa girer ve aynı frekansın seviyesine çekilirsin!

"Allahım müthiş bir şey bu Deniz!"

İşte bu yüzden Efendimiz (s.a.v.) insanlığın lideridir, imamıdır... Kuran ise "lider kitap"tır. İleride açacağız biraz, Kuran, içerdiği frekansla, tüm kâinat bilgisini kapsadığı için seni "lider" olmak üzere yetiştirir. İçerdiği ahlaki tavsiyeler ve kullandığı frekans/seslerle seni kâinat denizindeki gerçeklik kesitlerine uyumlar ve ayarlar. Kuran senin dehanı, varoluş hakikatini gerçekleştirip bir lidere dönüşmeni sağlar. Tabii hakkıyla anlarsan.

"Bazen ileride açacağız diyorsun ya tam ben heyecanın doruğundayken, sonra korkuyorum unutursun diye..."

Ah... Yok unutmam biiznillah, merak etme, ama aynı kitaba sığmıyor, konular çok geniş, daha doğrusu sonsuz olduğu için... Seri şeklinde *İşaret* yapmaya çalışmam da bu yüzden, *İşaret* 1'le temel atımı başladı, şimdi ise ruhaniyetimizde yavaş yavaş kat çıkıyoruz... Allahım yardımını bizden esirgeme, canım Allahım...

"Konumuza devam edersek Deniz, kısaca ne anladığımı söyleyeyim mi?"

"Yaşasın... Harikasın... Tabii söyle!"

Biz esasen bir esma-sıfat denizi olan Allah'ın ilmindeyiz. Teşbihte hata olmasın, senin örneğine göre orası hakiki varlığımızın olduğu merkez stüdyo gibi... **Bize verilen ilim ve üzerini örten beşeriyet bilgileri ile burada gözlemlediklerimiz, beyin TV'miz olarak işlev gören beynimiz ve göz penceremizden göz ekranımıza, görüntü ya da çeşitli algılar olarak yansıtılıyor**... Burası suyun buz olduğu alan, dolayısıyla esmamız donmuş esma olarak görselimize ve algımıza düşüyor. Biz burada –Dünya denilen en alt seviye bilinç katmanında– kendimizi algıladığımız gibi görüyor ve 5 ve ötesi kısıtlı duyu eşliğinde varlık sürüyoruz "zannediyoruz"...

"Evet..."

Bu arada "tüm ilmin saklandığı levha" olarak adlandırılan Levh-i Mahfuz yukarıdaki örnekte o içerisinden ışık geçirilen "buz" olarak düşünülebilir. Hele ki Kuran'ın "nur" yani "ışık" olduğu ayetini düşündüğünde...

Nisa Suresi, 174. Ayet, Kadın Tasavvuru, 174 İşaret

"Ey insanlar! Size Rabb'inizden kesin bir delil (Hz. Muhammed) geldi ve size apaçık bir nur (Kuran) indirdik."

Maide Suresi, 15. Ayet, Sofra Tasavvuru, 15. İşaret

"Ey kitap ehli! Artık size elçimiz (Muhammed) gelmiştir. O, kitabınızdan gizleyip durduğunuz gerçeklerden birçoğunu sizlere açıklıyor, birçoğunu da affediyor. İşte size Allah'tan bir nur ve apaçık bir kitap (Kuran) gelmiştir."

Biz Allah'ın ilmindeyiz. Allah'ın sonsuz esma ve sıfat denizinde, deminki baklava tepsisindeki sudayız...

"Evet..."

Hepimiz birer "âlem" yani "ilim içeren paketler" olduğumuz için her birimiz bu esma denizinde ilmimizi yaymaktayız.

"Evet..."

Sana daha da açıklayıcı olarak izah edeyim. O baklava tepsisindeki ilim içeren su Allah'ın ilim denizi gibidir... Etrafında gördüğün bu esma denizi tüm varlığın kaynağı olan esma ve sıfat tecellilerinden oluşuyor. Hani az önceki örnekte o suyu dondurmuştuk ya işte bu dünyayı da Allah'ın esma ve sıfat tecellilerinin dondurulmuş hali olarak düşün.

Peki bu ne demek dersen. İlim enerjidir değil mi? Sen de ben de Rabb'imizin tecellileri olarak esmalarımız gereği birer enerji/ilim paketiyiz. Enerjinin dondurulması demek buharın dondurulması ve suya/buza dönüştürülmesi gibi enerjinin titreşimsel olarak yavaşlatılarak madde boyutuna indirgenmesi demektir. Buhar buza dönüştüğünde "görünürlük" kazanır. Dünya boyutu da işte bu sebeple esmaların donmuş hali (titreşimsel olarak yavaşlatılmış hali) olduğu için **şahadet âlemi** olarak adlandırılır.

Yukarıda baklava tepsisindeki *(taşların ses ile yaydıkları ilimleri gereği, her biri kendisine ait bilgiyi alıcı ve verici olarak yaymaktadır, her birimiz gibi)* ilim içeren suyu dondurduk ve buzun bir "parçasını" kırdık. Bildiğimiz gibi bir hologramda "parça bütünün bilgisine sahip"tir. Bu sebeple o buz parçasına "beyaz ışık" tutup da içinden geçirdiğimiz zaman, aşağıdaki yüzeyde suya atılan taşların yaydığı ilimlerin bütünsel kaydı görüntü olarak karşımıza çıkar. Aynı ultrasonda rahme gönderilen ses dalgalarının yankılanması sonucu elektrikle ortaya çıkan görüntü gibi, taşların seslerinin Allah'ın "nuru" yani manevi elektrikle buluşması sonucu aşağıdaki yüzeyde görüntüsü çıkar... (Ultrasonda, yüksek frekanslı ses dalgaları, problar içinde üzerlerine bir elektrik voltajı uygulandığında titreşen özel piezoelektrik kristallerle üretilir. İnsan bedeni de taşıdığı, yansıttığı ESMANIN yayınını yapan ve hücreleri aynı bilgisayar çipleri gibi kristalize olan bir ultrason makinesi gibidir.) Artık elimizde taşların hakikisi değil görüntüleri vardır.

Özetle bizler de **donmuş birer enerji paketi** olduğumuzdan "bu donmuş varlığımızın içinden", yerlerin ve göklerin nuru olan Allahımızın nurunun geçmesi sonucu ortaya çıkmış üçboyutlu holografik görüntüleriz.

Onun nurunun, bizlerin aynasına yansıması sonucu ortaya çıkmış görüntüler.

Görüntü, çözünürlük düştükçe farklılaşır. Şöyle düşün, her şey bir alt boyuta yansıtılırken boyut kaybediyor.

Mekke'de tavaf esnasında Kâbe'nin tam üstünde meleklerin tavaf ettiği, Kâbe'nin hakikatinin bulunduğu anlatımını unutma.

Suya düşmüş görüntün sen değilsindir, ancak o senden ayrı da değildir. Aynaya düşmüş görüntün de sen değilsindir ancak o da senden ayrı değildir. Suya ya da aynaya düşmüş görüntün sana yansırken boyut kaybeder. Bu durumda her alt âlem bir üst âleme göre boyut kaybettiğine göre şu an içinde bulunduğun boyutların üst âlemlerdeki algısını sen düşün... Benim idrakim yetmiyor.

Tüm bunları süzgecinden geçirdiğinde şunu anlıyorsun ki, sen burada –şahadet âleminde– hakikat boyutundaki ilmi varlığının yansımasının yansıması yani tasavvufi tabirle gölgenin gölgesisin. Bu boyutta sende tezahür eden esmanın donmuş görüntüsüyle zahir alandasın. Merkez stüdyoda hakikatin bulunuyor ancak ikiboyutlu bir TV ekranına uydular aracılığıyla yansıtıldığın için aynı TV'deki kişi gibi boyut kaybetmiş olarak görünmektesin.

Ve gördüğün algıladığın şeyler en alt bilinç (hayvani nefs bilinci) olan Dünya bilinci seviyesinde. Bu yüzden de gördüğün "görüntüler" eşyanın arkasındaki hakikati" yansıtmıyor.

Bildiğin gibi Hak dostları kâinatın Hak ismi tecellisi olduğunu söyler. Tüm esma ve sıfatların birleştiği bilinç tecellisi HAK-İKAT, Hak esmasından kaynaklanır.

Çaban da bu yüzden... Görüntünün yani beden perdenin arkasındaki Hak-ikati bulmak. Hem kendinin, hem de eşyanın hakikatini... Eşya *(şey'in çoğulu-şeyler)* dendiğinde insan da eşya hükmündedir unutma. O kıymetli *Resul*'üne (s.a.v.) "Bana eşyanın hakikatini göster..." diyen Rabb'in o yüzden sana bunu istemeni tavsiye ediyor ki böylece **KENDİNE DÖN yani "HAK"İKAT'İNE VAR.**

Unutma her bir kulda bütünün bilgisi mevcut ve herkes kendi penceresinden buna ulaşmak üzere buradadır. Mikrodan makroya aynı ilim işlediğinden bil ki senin hafızan Levh-i Mahfuz'un küçük bir misalidir...

Bürûc Suresi, 21-22. Ayet,

Burç-Sur Tasavvuru, 21-22. İşaret

"Hayır, hayır! Kuran onların iddia ettikleri gibi beşer sözü değildir. O, Levh-i Mahfuz'da olan pek şerefli bir Kuran'dır."[18]

---

18 Bürûc, 85/21-22

YAZARDAN

"Hayat dengede kalma sanatıdır..."

–Deniz Erten

Sevgili kardeşlerim... Canımız Allahımız bizlere kaldıramayacağımız yükleri yüklemeyeceğini Kuran'da belirtmiştir. Hatta Amener Resulü ayetlerinde bizleri bunun için dua ettirmiştir. Allahımız defalarca "Biz size zulmetmeyiz, siz kendinize zulmedersiniz" diyerek O'nun bizlere değil, bizlerin kendi nefislerimize zulmettiğimize ilişkin işaretler vermiştir.Ancak bizler İslamiyet-Teslimiyet felsefesini hakiki boyut ve manada anlamadığımız için Allahımızın bize hakikatimizi bulmak ve kendimizle buluşmak üzere tasarladığı bu muazzam Sistem'i doğru kullanamamaktayız. Bu Sistem'i biiznillah doğru anlarsak Allahımızın bize yüklemek istemediği ama Sistem'i hatalı kullanımlarımız sonucu kendimizin kendi üzerimize yüklediğimiz yüklerden arınmaya başlarız!

Esma meselesi bunların neredeyse başında gelen bir meseledir.

Esmaları açığa çıkartmak, bilinçsizce esma çekmek ve bunlarla dünyevi sıkıntıları halletmeye çalışmak demek değildir. Dünya bizim asli hedefimiz bile değildir çünkü dünya "sanaldır/hayalidir"... Bizim hedefimiz "sonraki etap varlığı bilincine" ulaşmaktır. Bu ise zaten dünyevi sıkıntıların Allahımızın Sistem'i tarafından halline vesile olur. Ayetler bu yönde işaretlerle doludur.

Aşağıda bir *İşaret* okuru kardeşimizin bilinçsizce Sistem'le "oynama"sı sonucu yaşadığı tecrübe vardır. Kendisine bizimle bunu paylaştığı için teşekkür ederiz. Allahımız razı olsun...

* * *

Sevgili Deniz Hanım...

İşaret kitabınızı bir arkadaşımın tavsiyesi ile almıştım. Bir kere okumakla kalmadım, sürekli elimin altında, altını çize çize okuyorum. Yazdıklarınızla idrak hatalarımızı fark ettiriyorsunuz. Açıklamalarınızda esmaların bilinçsizce çekilmemesi gereğini vurgulamaya çalışıyorsunuz çünkü esma konusu gerçekten çok hassas bir konu... Bu konuya meraklı olup birçok yere eğitim almak için giden, üzerine bir de maddi bedel ödeyen kardeşlerimiz bile var. Oysa siz bir Hak dostu rehberliğinde olmadan rasgele esma çekmenin, bu işe girişmenin; kişinin frekans ayarlarını bozabileceğini belirtiyor bu sebeple de onun, kâinatın işletim sistemi yüzünden çeşitli imtihanlara maruz kalabileceğine değiniyorsunuz. Ben de yaşadığım bazı sıkıntıların, bir dönem rasgele ilmini öğrenmeden çektiğim esmalar yüzünden olduğunu uyarılarınız sonucu kavradım. Bu sebeple sizinle ve kardeşlerimizle kendi yaşadıklarımı paylaşmak istedim, belki okuyan kardeşlerime bir faydası olur...

Uzun bir çalışma hayatından sonra çok istediğim devlet memurluğuna atanmıştım ancak bu iş başka bir şehirdeydi. O zaman 9 senelik bir evliliğim ve bu evlilikten olan 8 yaşında bir oğlum vardı. Eşim evliliğimiz süresince adeta bir anne, baba, arkadaş gibi sahiplendi beni. Gelen atama sonucu çalışma fırsatını kaybetmemek için eşimle beraber işi almama karar verdik. Eşim yaşadığımız şehir olan Bursa'da kaldı, ben oğlumu da alarak tayin olduğum şehre gittim. Tabii ki ayrılık zor geldi, bu esnada çok bunaldığım, ayrılığa dayanamadığım zamanlarda, eşim, "Üzülme cefa olmadan sefa olmaz, bunlar da geçecek" diyerek beni inanılmaz şekilde destekledi. Ben de bu süreçte dua okumaya başladım. Duaya yönelişimin sebebi ise tekrar Bursa'ya dönmek ve bu işimi orada devam ettirebilmekti. Namazlarımı kılmaya başlamıştım ama arada bıraktığım oluyordu. İşte ilk esma zikrimi de o zaman çekmeye başladım.

Zikrin sayısı günde 10, 20, 30 derken ilerleyen günlerde 300-500'ü buldu. Bir gece rüyamda bir kadın yattığım odaya gelerek, "Evliliğini sıkıntı bekliyor" dedi. Tedirgin oldum ve ertesi gün daha da çok esma çekmeye başladım.

Nihayet yaz gelmişti, tatil başladığı için oğlumu özleyen eşim onu alıp Bursa'ya götürmüştü.

Bir gece oğlum ağlamaktan sesi kısılmış bir vaziyette, "Anne, babam evde yok, çok korkuyorum!" diye beni aradı. Saat gece birdi. Buna rağmen komşulara haber verdim gidip oğlumu aldılar. Olayların ancak sabaha karşı eve geldiğinde farkına varan eşim komşularımıza "Çorba içmeye gitmiştim" gibi bir açıklama yapmıştı. Aslında ne olup bittiğine dair fikrim dahi yoktu ama bu durumdan dolayı tedirginliğim artınca tayinimin olması için esma zikirlerini gece gündüz daha da fazla çekmeye başladım.

İçsel sıkıntım bir türlü dinmiyordu, dolayısıyla istifa etmeye karar verdim. Bir an önce evime, işime, oğluma dönmek istiyordum. Ancak ilginç bir şekilde eşim istifa etme isteğimi kabul etmiyordu. Öyle oldu, böyle oldu derken tayinim bir şekilde 5 ay sonra gerçekleşti. Ancak eve geldiğimde ne eşim aynı eş ne de evladım aynı evlattı. Yeni bir mücadele başlamıştı. Psikolog, psikiyatr derken çocuğumu toparlamayı başardım, ama eşim adeta bir deli gibi hareket ediyor, hatta tabiri caizse gözleri bile ölü bir balık gibi bakıyordu.

Biz yaklaşık 12 senedir eşimin çalıştığı kurumun lojmanında oturuyorduk. Uzun süredir aynı yerde oturduğumuzdan eşimin tüm iş arkadaşlarıyla çok güzel bir iletişim halindeydik. Evdeki sıkıntılar devam edince bir süre sonra abla dediğim çok sevdiğim bir komşuma sıkıntımı anlattım. O bana eşimin işyerinde bir bayanla ilişkisi olduğuna dair bir dedikodu yayıldığını ve bu konuda dikkat etmem gerektiğini söyledi.

Tabii ben böyle bir şeye asla inanmadım. Eşim üniversiten arkadaşımdı. Yapı olarak eşi benzeri bulunmayan, dürüst ve samimi, göz zinası bile yapmayan son derece ahlaklı bir adamdı.

Öyle ki onunla evli olduğum süre içerisinde her şeyi unutmuştum, hatta onun gibi bir eşin hangi sevabıma karşılık verildiğini düşünürdüm. Onun dışında kimse umurumda bile değildi. Ona hizmet etmek benim için en büyük mutluluklardan biriydi. Dolayısıyla içine düştüğüm durumu hazmedemiyordum. Bir taraftan şüpheleniyor, bir taraftan da eşimi kaybetme korkusuyla daha çok zikir çekmeye yöneliyordum. Tabii bu esnada olaylar durulmadı. Eşime gece geç saatte gelen telefonlar ve mesajlardan artık başka bir kadın olduğunu tamamen anlamıştım. Eve sürekli olarak geç gelmesi, geldiğinde de bağırıp çağırmak için bahane araması ve bu olayların yakın çevremize yansıması sonucu dedikodular aldı yürüdü...

Peki bu arada ben ne mi yapıyordum? Yuvamı nasıl kurtarabilirim diye dua araştırıyor ve binlerce esma zikri çekmeye devam ediyordum. İşyerine gidiyor işimi tam anlamıyla yapamıyordum. Elimde bir zikirmatik, orada burada şunun için bunun için diye bulduğum esma zikirlerini tüm cehaletimle çekmeye devam ediyordum. Mesela bir örnek vereyim mi? Hakikat ilmini bilmeden internet üzerinden ya da bu işleri biliyor gibi anlatan tasavvufla ilgisi olmayan kişilerden öğrendiğim "Ya Habir" esmasını çekiyordum. Haber veren anlamına gelen bu esmayı çekerek "güzel bir haber duymayı umut ediyordum". Fakat ne ilginçtir ki bu esmayı çektiğimin ertesi günü ya eşimi o kadınla gördüğünü anlatanlar oluyordu ya da kâbus gibi kadının kendisi karşıma çıkıyordu.

Bu kadar da değil, bu kişi ne kadar da onursuz ve gurursuz olduğumu söylüyor ve neden hâlâ boşanmadığımı soruyordu. Daha da ötesini söyleyeyim mi? Benzer sıkıntılar yaşayan arkadaşlar bir araya geldik. Ve tam 4 sene boyunca birbirimizi zikir hususunda destekleyerek bu bitince şunu da bunu da okuyalım şeklinde çabalayıp durduk. Gece gündüz durmadan esma çekiyorduk: "Ya Fettah" 10 bin, "Ya Selam" 20 bin, "Ya Müntekim" 70 bin. İnanın söylediklerimde abartı yok bir günde 100 bin "Ya Cabbar" okuduğumu biliyorum.

Ağzından yıllarca tek kelime küfür duymadığım eşim önüne gelene, eşyaya, yolda arabaya hatta evdeki kumandaya kadar küfür eder hale geldi. Devlet için çalışırken çalıştığı kurumun özelleşmesi ile özel şirkete geçti... Çok çalışkan olduğu için orada genel müdür yardımcılığına yükseldi. Artık inanılmaz derecede çok para kazanıyordu, şoförler, araçlar, yüzlerce personel emrine girmişti...

Bu arada ben deli gibi esma okumaya devam ediyordum. Ama bir görseniz sürekli hastaydım, oğlum sürekli hastalanıyor, eşimin başında kırmızı şişlikler çıkıyor, benim başımda ise ceviz büyüklüğünde şişlikler oluşuyordu. İşe gidemez hale gelmiştim. Sürekli rapor ve izin almak zorunda kalıyordum... Evde olduğumda sadece ve sadece okuyor, okuduğum yetmiyor etrafımdakilere de okutuyordum. Yetmedi cemaatlere ulaşmaya başladım. Ulu Cami'ye gidip namaz kılanlardan dua istiyordum. Diğer yandan da salavat okuyordum, öyle 1000 değil, 10 bin değil, 100 binlerce. Sizden salavatın önemini ve koruyuculuğunu öğrendikten sonra Allah'tan o esma zikirleri için de salavat okumuşum diye şimdi dua ediyorum. O dönemde her gün 41 defa Fetih Suresi okuduğumu biliyorum. Ayet-el Kürsi, İhlas, Felak, Nas, okumadığım sure kalmamıştı.

Bu arada eşim üst düzey yönetici olmuştu. Ama "Eve gidemiyorum" diye ağlıyor, "Artık ölmek istiyorum, intihar edeceğim" diyordu.

İçkiden, kadından uzaklaşsın diye bir esma bulup okuyordum, öyle 1000, 5 bin değil, 100 bin, belki de daha fazla... Ya da Rabbim bana haksızlık yapanlara karşı intikamımı alsın diye başka bir esma okuyordum. Etrafımızdaki kötü insanlar yok olsun diye 100 bin "Ya Kahhar" okudum, düşünün.

Bir akşam salonda uzanmıştım. Eşim, benim salonda olduğumu bilmeden telefonda sinirle konuşurken salona gelip elindeki telefonu fırlatınca ince camdan yapılmış şamdanlar kırıldı. Ben de o sese uyanıp karanlıkta terliğimi ayağıma geçirmeye çalışırken dengemi yitirip bu camların üzerine düştüm. Sonuç olarak bacağıma 100 dikiş atıldı. Esmaları çektikçe belalar önce beni buluyordu. 100 bin "Ya Kahhar"a 100 dikiş...

Bu süreçte ismimin ebcet değerini bulmuştum ve onu okuyordum, sonradan öğrendim ki onu okumam çok tehlikeliymiş, hata kişiyi ölüme kadar götürebilirmiş. Ah! Ah! Bir esma bitiyor ikincisine başlıyordum.

Bu arada hocalara gidiyordum, binlerce lira harcadım.

İnanın abartmıyorum, 1000 lira, 500 lira, kim ne isterse veriyordum. Belki yirmi hocaya gitmişimdir. Olur da bir tanesi iyi bir şey söyler diye falcılara gidiyor, onlara ayrı para savuruyordum, abartmıyorum bir araba parası harcamışımdır. Tanınmış birine ulaştık, 5 bin lira sadece o kişiye harcadım. Tabii Allahımdan değil kullarından medet umduğumdan bu çabalarımın hiçbirinin faydasını göremedim. Aklımı, beynimi, düşünmeyi unuttum. Sadece uyuyordum. Uyuyunca unutuyordum. İntiharın eşiğine gelmiştim artık...

Çok sevdiğim eczacı bir arkadaşım var, bir gün ona açtım konuyu... Esmalarla ilgili çalışma yapan dayısı olduğunu söyledi, onunla görüştürmek istedi. Görüştüm, "Kızım, sen ne yapıyorsun? Bunlar okunur mu? Okuduğun her esma önce sende tecelli eder, sonra karşı tarafa gider, asla ve asla okuma, ölmediğine dua et! Eğer ki Allah rızası için diğer duaları okumasaydın, ibadetlerini yapmıyor olsaydın, sen ve ailen çoktan yok olmuştunuz" dedi, bize temizlenmek ve tövbe için bir dua verdi, bu duayı 41 gün boyunca okuduk.

5 yıl boyunca her Berat Kandili'nde sıkıntılı rüyalar gördüm. Bu rüyalar üzerine sıkıntılarımın o sene de devam edeceğini anladım. Altıncı Berat Kandili yaklaştığında eşimin eski genel müdürlerinden İslam'ı bilen, yaşayan, çok sevdiğim bir kişiyi aradım. O durumu biliyordu, ona sıkıntılı rüyalarımı anlattım. Berat Gecesi göreceğim rüyadan korktuğumu söyledim. "Hiç uyuma! O gece sabaha kadar namaz kıl, Kuran oku, sabah namazından sonra da oruçlu olarak uyu!" dedi. Ben de aynen dediğini yaptım.

O sabah uyuduğumda rüyamda Bakara Suresi'nden bir ayet gördüm. "Bu ayet seni karanlıktan aydınlığa çıkaracak" denildi bana... Uyandığımda ayeti hatırladım ve derhal Kuran'dan buldum: *"Allâhu velîyyullezîne âmenû, yuhricuhum minez zulumâti ilân nûr (nûri), vellezîne keferû evliyâuhumut tâgûtu yuhricûnehum minen nûri ilâz zulumât (zulumâti), ulâike ashâbun nâr (nâri), hum fîhâ hâlidûn (hâlidûne)."*[19] Anlamı: "Allah, iman edenlerin dostudur. Onları karanlıklardan aydınlığa çıkarır. Kâfirlerin velileri ise tağuttur. (O da) onları aydınlıktan karanlıklara (sürükleyip) çıkarır. Onlar cehennemliklerdir. Orada ebedi kalırlar."

---

19 Bakara Suresi, 257. ayet

Anlamında "Allah iman edenleri karanlıktan aydınlığa çıkarır" olduğunu görünce bunun sıkıntımın çözüleceğine dair bir işaret olduğunu anladım...

41 gün okumam tamamlanınca eşimin annesi babası geldi. Eşim boşanmayı kabul etti. Hep birlikte gittik anlaşmayı imzaladık, benim istediğim şartlarda anlaşma imzalandı. İki gün sonra genel müdürü aradı, eşimin ilişkisi olan kadının 6 aylık hamile olduğunu söyledi. "Rabbim büyük" dedim, yıllarca huzurum bu kadın yüzünden kaçmıştı. İnsanlara onun bizi rahat bırakmadığını anlatıyordum ama kimseye inandıramıyordum. Bir ay sonra davamız görüldü ve evliliğimiz tek celsede bitti. Eşimin birlikte olduğu kişi o ay içerisinde doğum yaptı. Ancak dünyaya down sendromlu bir yavru geldi. İşte o noktada ağzımız dilimiz kilitlendi...

Oğlum bunu duyunca, "Anne o günahsız çocuğa onlar bakmazlarsa sen bakar mısın?" dedi. Ben de "Hayır, ben neden bakayım ki?" dedim. Oğlum bana dönüp, "Anne bunca zaman sen hep cennet için uğraşıyordun, al sana cennetin anahtarı" dedi. Oğluma ne cevap vereceğimi bilemedim Deniz Hanım... O günahsız yavru iki defa ameliyat oldu, aylarca hastanede kaldı. Artık üç yaşına geliyor ama ne yürüyebiliyor ne de konuşabiliyor... Oğlum babasının gözlerinden keder aktığını söylüyor.

Ben ise tüm bu süreçte elimdeki birikimlerle bir arsaya yatırım yapmıştım. O arsa çok değerlendi. Hayatımda birçok şey yoluna girmeye başladı. Sağlığımız yerindeydi. Çok şükür... Artık Rabb'imden gelen sıkıntıya hamd etmeyi, yediğim bir lokmanın bile şükrünü etmeyi öğrenmiştim. Yürürken sağlıklı bacaklarıma, alışveriş yaparken ödediğim paraya, aldığım nefese kısaca her şeye şükrediyorum artık... Keşke çok önceden şükür etmeyi bilseymişim, keşke hamd etmeyi bilseymişim, keşke doğru dua etmesini bilseymişim, belki de bu sıkıntıları yaşamazdım. Evet evliliğim bitti. Ama hayatıma hakikatime ilişkin birçok şeyi de bu deneyimlerim sonucu öğrendim.

Hani siz diyorsunuz ya, *"Allah'tan başka birine teslim olursan, onu ilah edinirsin, putlaştırırsın. Bu durumda Allah seni o ilah edindiğinle sarsar ki o putunu kırsın."* Evet ben eşimi putlaştırmıştım ve Allahım da onunla sarstı beni... Anladım ki benim başıma gelenler eşime düşkünlüğümden, onu ilah edinmemden olmuştu. Eşim benim için herkesten, evladımdan bile önce gelirdi.

Artık şunu çok net olarak biliyorum, dua ederken seçilen kelimeler bile çok önemli... Huzura dururken giyilen kıyafet, namaza hazırlanırken duyulan heyecan, artık bunları dolu dolu yaşıyorum. Arkadaşlarım eğlenmeye çağırdıkları zaman artık eskisi gibi gidemez oldum. Rabbim ile beraber olmayı, O'nun huzurunda hissetmeyi hiçbir şeye değişmez oldum.

Bir yılbaşı gecesi Bursa'da inanılmaz güzel bir şekilde kar yağarken abdestimi aldım, giyindim ve bahçede karların üzerinde, hiçbir şey sermeden yatsı namazımı kıldım. Muhteşem bir duyguydu, Allah'a o kadar yakın hissettim ki... Sessiz, her yer bembeyaz ve Allah ile anlaşmaları yeni imzalanmış karlar...

Çok güzeldi...

Esmalarla yine dua ediyorum ama şeklini değiştirdim, deli gibi binlerce 100 binlerce değil, sadece duamın başında 1 kez... Kendime, sıkıntıma uygun ayetleri bulup onlarla dua ediyorum. Salavat-i Fatih'i önceden de okurdum, ama siz her cuma paylaştığınız için şimdi sizden sonra her cuma en az 500 Salavat-i Fatih okumaya başladım.

"Bu dualarla, ayetlerle hayatında değişen ne?" derseniz. İşyerim değişti mesela. Eskiden işe giderken günde iki saat otobüste ayakta giden ben, mucizevi bir şekilde evime çok yakın bir işyerine tayin oldum. Servisimiz bizleri kapıdan alıyor ve bırakıyor. Artık yemek parası vermiyordum, bu da benim için ayda 500 lira demekti. Boşanma sonrası şartlarımı düşünürsek bunlar benim ve oğlum için ciddi rakamlardı. Zannetmeyin ki amacımız bu maddi ferahlıklara ulaşmaktı. Ama şunu fark ettim ki Allah rızası için yaşamaya çalıştığında Allah sana manevi huzur yanında birçok dünyevi kolaylık da sağlıyordu. Mesela işyerimde artık kocaman bir odam ve odamın içinde rahatlıkla abdest alabileceğim bir lavabom vardı. Bu, Rabbim tarafımdan düşünülmüştü Deniz Hanım. Şimdi ben nasıl mutlu olmayayım? Artık ibadetimi istediğim zaman yapabiliyorum. Evimde huzur var. Bereketimiz eksilmiyor. Size çok komik bir şey söyleyeceğim, insanlar çok güzelleştiğimi söyleyip, estetik yaptırdığımı sanıyorlar. Oysa ben bunu Rabb'imin beni kaldırdığı gece namazlarına bağlıyorum. İnanın eski resimlerime baktığımda ben bile kendimi tanıyamıyorum. Varlık içinde bana yokluk yaşatan eşimden ayrıldıktan sonra onunla kıyaslarsam yokluk içinde varlığı yaşıyorum. Arsam o kadar değerlendi ki ailem de dahil herkes hayret içinde yaşadıklarımı izliyor.

Hani "İnsanların kaderi kendi çabasına bağlıdır" diyor ya ayet. Ben artık kaderimi doğru dualar, doğru çabalarla sizin tabirinizle yeniden inşa edebilmeyi Rabb'imden istiyorum.

İnşaAllah.

Mektubumu bitirirken Deniz Hanım, hem sizin bir okurunuz hem de sosyal medya takipçiniz olarak size esma çekme ile ilgili çok soru geldiğini görüyorum. Siz sürekli olarak esmaların bilinçsizce çekilmemesini ve bunların bir rehber olmadan zikredilmesinin kişide ve hayatında ciddi imtihanlar oluşturabileceğini söylüyorsunuz. Allah razı olsun... Ama yakinen biliyorum yaptığını bilmeden binlerce esma çeken, frekansları bozulan, intiharın eşiğine gelen birçok kişi var. Ben esmaları bilinçsizce çekerek aklını kaçırma noktasına gelmiş biriyim.

Şuna emin olun ki bu mektupta yazdıklarım yaşadıklarımın yanında çok çok az kalır. Ben sizin deyiminizle *"esmala-*

rın hakikatini anlamadan ve Rabb'imizin bizler için kurduğu kâinat sistemini tanımaya çalışmadan", resmen Sistem'den hayır ve güzellik yerine bela çağırmışım.

Çabalarınızı gördüğüm ve bir *İşaret* okuru olduğum için, bu deneyimimi sizinle ve kardeşlerimle paylaşmak istedim. Bir tek kardeşime bile bu anlattıklarımla yol göstermeye vesile olursam ne mutlu bana...

Selam, sevgi ve dua ile...

Küs

Aklımın oyunları
Beni benimle aldatmış
Kalbimdeki kaçamaklar
Kaderimi ağlatmış
Kelimeler perdesizmiş
Gözlerimi bağlatmış
Çok mu zayıf
Az mı güçlü
Bilmem neden
Yazmış Yaradan
Şeytanımla meleğim küs
Çekildim artık arada
Koşmakla yetişilmiyor
İnsanım ya bilemedim
İşaretler dikildi de
Gözler ihanette
Göremedim
Yıldızıma yenildim
Dünyamdan uzak düştüm

Kader geri çağırdı da ben niyeyse
Dönemedim
Çok mu zayıf
Az mı güçlü
Bilmem neden yazmış
Yaradan
Geleceğim geçmişe küs
Hayallerim bile
Sıradan...

"Doğru Soru-yu seçmek Soru-N-u ortadan kaldırır. Soru-N yaşayanlar, doğru Soru-yu sormayanlardır. Yanlış soruya doğru cevap verilmez..."

–Deniz Erten

İlimde derinleşmeyen mümine Allah'ı tanımak da, bilmek de kısırdır. Tanımadığını da sevemezsin. Taklitten ileri gidemezsin.

Batınla zahiri birleştirmezsen ne İslam'ı anlarsın, ne kendini, ne de Marifetullah'ı...

"Ve Allah, kulunun zannı üzeredir..."

Senin Torus'un, evrenin Torus'unun içinde beş duyun ve ötesindeki elektromanyetik alanlar beyin yapına göre "özel kozanı" oluşturuyor... Nasıl bir kelebek olacağınsa kozana bağlı... Herkes bir âlem şemsiyesi altında kendi âleminde yaşıyor... Allahım hayretime hayret kat... İlmime ilim... Ve ne olur elimi bırakma...[20]

20 *İşaret 2*

"Pekâlâ, Şimdi bazı sorularım var."

Evet, heyecanla bekliyorum.

"Tamam.

1. Allah kulunun zannı üzeredir, tam olarak ne demek?

2. Allah ism-i câmi ile, 'Zat olarak Allah' diyorsun sürekli, ikisi aynı manada değil mi, farklılar mı?

3. 'Hakikat-i Muhammediye' dediğin nedir?

4. Tekâmülden bahsediyorsun, tekâmül eden tam olarak nedir?

5. Mademki hakikati göremiyorum o zaman duyu organlarımla algıladıklarımı nasıl değiştiririm? Yani adı illüzyon, matris, senin teriminle 'koza'mı nasıl yırtar, nasıl aşarım? Devamı gelecek ama bunların üzerinden yürüyebilir miyiz şimdi? Çünkü adım adım takip edip öğrenmeye çalışmak istiyorum Deniz... Ha ara sıra, cehalet mutluluktur be! Ne yapacağım ben şimdi, mis gibi ye iç gez yat, hayatı yaşamak varken neleri düşünüyorum diye düşünmediğimi de söyleyemem!"

Sana hak veriyorum. O vesveseyi veren şeytan da işini yapacak tabii ki.

"Nasıl yani?"

Şeytan mülk âleminden yaratıldığı için, senin "mülk âlemi", yani "madde âleminin" üzerine geçen bilincin arttıkça bundan daha da rahatsızlık duyacak. Çünkü bu senin ondan çok daha üstün bir yaradılışta olduğunu fark etmenin emaresidir. Ve elbette ki o, sendeki hükmünü sürdürmeye, "sana senden daha üstün olduğu" kandırmacasını telkin etmeye devam etmek için çabalarken, senin kâinatın var edilmiş en muhteşem en yetkin varlığı olduğunu bilmeni istemeyecektir!"

"Yani?"

Yani, sen bilincinde yükseldikçe, hele ki "nefs-i mutmainne" makamına erinceye dek, şeytan sana gerek maddi, gerek manevi, türlü türlü imtihan gelmesine vesile olacaktır. Nefs-i mutmainne "huzura, sükûta kavuşan nefis, bilinç makamıdır... Artık "güvende" olduğunu bilen bir bilinç vardır burada...

İman kavramı ve hakikatini içselleştirebilen... Bu yüzden de "korunmakta, güvende olan."

Rad Suresi, 28. Ayet,
Gök Gürültüsü Tasavvuru, 28. İşaret

"Ellezîne âmenû ve tatmainnu kulûbuhum bi zikrillâh (zikrillâhi) e lâ bi zikrillâhi tatmainnul kulûb (kulûbu)."

"Bunlar, iman edenler ve gönülleri Allah'ın zikriyle sükûnete erenlerdir. Bilesiniz ki, kalpler ancak Allah'ı anmakla huzur bulur..."

İblis bilinci sistemi, ikilik-zıtlık bilinci sistemidir. Olan yegâne "sistem" Allah'ındır. Ancak Allah'ın yegâne olan bu büyük sistemi içinde her bilince göre "olasılık olarak bulunan tüm sistemler" iç içe dürülmüş durumdadır.

Unutma "Allah'ın Sistemi" TEKtir. Ancak bu Teklik içinde ne kadar insan, varlık yani "bilinç" varsa o kadar kâinat, o kadar âlem vardır. Herkes bu Tek olan sistem içinde kendi kâinat ve bilincine göre yaşar.

Bu yüzden Allah'ın Rububiyet mertebesinde adı Rabbi-l âlemindir. Her varlık, her bilinç başlı başına bir âlemdir... Hepsi tüm âlemlerin Rabb'i olan Rabbi-l âlemine bağlıdır.

Dolayısıyla İkilik-İblis Bilinci'nde olanların sistemi de Allah'ın Tek olan bu sistemi içinde kendi bilinçlerine göre işlemektedir.

Kâinatı ve işletim sistemini, dolayısıyla esmaları çok doğru anlaman lazım. Burası "ilmi" bir sistem... Evrensel düzenekte "koyduğunu aldığın" bir durum var. Buna Kuran "ceza" yani "karşılık" diyor. İyiliğin cezası yani "karşılığı" da sana sistemden iyilik olarak dönüyor.

Topu attığında sana geri sekmesinin bir fizik kuralı olması gibi, ürettiğin enerjinin sana geri dönmesi de bir enerji kuralı...

Olan yegâne sistem Allah'ın, ancak her bilince göre Allah'ın yegâne olan bu büyük sistemi içinde "olasılık olarak bulunan tüm sistemler" iç içe dürülmüş durumda...

Allahımızın **Rahman** ismi gereği en alt bilinç seviyesi olan "dünya bilinci"nde, kim daha çok çalışırsa o kazanıyor. İman ehli olmasa bile... Dünyadaki bütün yaratıklara rızık ve sayısız nimetler veren anlamına gelen Rahman ismi/sıfatı tecellisi dünyevi bilinçte herkesin üzerinde tecelli ediyor. Rahim ismi tecellisi ise bu boyut yanında ahiret yani sonraki etapta "teslimiyet" bilincine tekâmül edebilmişlerin üzerinde açığa çıkıyor. Bu dünyada senin benim "kötü" dediklerim zaman zaman kazanacak. Aslında "kazanır gibi görünecek" ama dedim ya sadece "mülk âlemi" denilen bu dünyevi boyut algısında bu böyle...

"Biz onlardan hangisinin daha iyi işler yaptığını sınayalım diye yeryüzü üzerinde olanları orası için bir süs kıldık." (Kehf Suresi, 7)

"Allah, murdarı temizden ayıklasın." (Enfal Suresi, 37)

"Allah, gökleri ve yeri hak olarak ve hiçbir kimseye zulüm edilmeksizin her kişinin kendi kazandığıyla mükâfatlandırılması için yarattı." (Casiye Suresi, 2)

Bu ayetleri görmezden gelip Allah neden buna müdahale etmiyor demek sistemin işleme şeklini anlamamaktan kaynaklanmakta...

Her kötülüğe Allah müdahale edecekse bizim "çabamız"ın değeri ve ölçümü nasıl yapılır?

Olan yegâne "sistem" şemsiyesi altında herkesin kendine ait bir kâinatı ve sistemi vardır. İblis-i sistem de bu şemsiye altındadır.

İblis, bu bilince meyilli, zayıf iradeli ve "mümin" olmayan, yani "bilincin korunduğu alan" ya da "sistem"e giremeyen insanların, algılarına attığı virüslerle onlara tuzaklar kurmaya çalışacaktır.

"Bilincin korunduğu sistem derken kastın ne?"

"İman" kavramının içeriğinin açılımlarından birine bağlı olarak MÜMİN... "Bilincin korunduğu sistemde güvenliğe alınmış kişi" demektir.

Mümin Allah'ın esmalarından biridir. Ancak iman nedir diye sorduğunda herkes bunu sadece inanmak olarak algılar. Eğer "iman" sadece inanmak ise Allah'ın "Mümin" ismi de "İnanan" demektir. Bu durumda o zaman "Allah kime iman etti de isimlerinden biri mümin?" diye düşünülmez.

"Evet ya, bak hiç düşünmemiştim bunu. Hakikaten Allah'ın isimlerinden biri Mümin!"

Evet, işte bu yüzden tefekkür etmek gerekir. Diyorum ya "çok" şey bilmemize, bin tefsir okuyamadım diye dertlenmemize gerek yok, az da olsa doğru ve derinlemesine bilmek çok bildiğini zannedip hiçbir şey anlamamaktan daha önemli. Tek bir Allah kelamı hakkıyla anlaşılsa ve hayata geçirilse, bu bile insanı Allah'ın inşa etmek istediği insan tipiyle özdeşleştirir.

Mümin demek, kul açısından baktığında "Allah'a olan tam inancı ve güveni yüzünden güvende olan *(enfüste)*, bu inanç ve güven yüzünden diğer insan ve varlıklara güven veren" *(afakta)* demektir.

Bir kişinin Allah tarafından mümin olarak nitelendirilmesi, o kişinin hem Allah'ı "bir"lemiş, yani tevhid ehli olduğunu, hem de bu bilinci dolayısıyla tüm yaratılmışa güven veren ve Allah'ı tarafından korunduğuna inanan bir bilinçte olduğunu gösterir. Allah'ın Mümin esması ise kullarının güvenliğini ve inanç sistemini koruyan ve onlara **güven veren** demektir. Allah'ın iman etmesi zaten düşünülemez, Allah kime iman edecektir? Bu isim asla bir zaaf olarak değil ama daha duygusal bir bakış açısıyla O'nun her birini bu derece sevdiği kullarına güven duymak istediğinin bir tür iması açısından belki ele alınabilir ama aslı az önce ifade ettiğim gibidir.

Konuya devam edersek, "İblis Sistemi" ve onun temsilcisi (*nokta zuhur mahalli* olan şeytan) da kendi işini yapmaya devam edecektir.

"Eyvah!"

Korkma. Bu yolda, ümit ile korku arasında yolcu tam dengededir. Kendine fazla güvenmez keza ayağı her an kayabilir, ama ümit etmekten de asla vazgeçmez; çünkü Rabb'i çok merhametlidir. Şunu bil ki, kâinatta hiçbir zaman bu kadar büyük bir hazine ne oldu, ne de olacak. Eee, bir tane ev almak için otuz sene didinip hayatımızdan feragat ederken ebedi hakikatimizi satın almak da o kadar kolay olmamalı yani!

"Ha! Satın almak. Bak sen anlatırken Deniz, bu kelimenin Kuran'da ve tasavvuftaki anlamı açıldı bana. Demek o yüzden Allah Kuran'da 'Ne kötü bir ticaret yaptınız. Dünya için ahireti sattınız...' gibi anlatımlar yapıyor."

Allah deme!

"Niye?"

Allahım ya da Allahımız de... Evladım, çocuğum, annem, babam, arkadaşım diye yeri göğü inletirken bizi en çok seven ve sahiplenen, yegâne hakiki Sahip'imiz Allahımızı sahiplenmemiz gerekmez mi?"

"Haklısın... Allahım..."

Şimdi, satın alma meselesine dönersek... Bak nasıl da kavramaya başlıyorsun. Tabii bu manayı kavrayamayan biri için "Satın almak da ne, niye bu söz kullanılmış?" diye düşünmek son derece normaldir.

İnsan kendini mülk âlemine öylesine kaptırmış ki, aklını manevi meselelerde bile hep bir satın alma verme içinde çalıştırdığını düşünürsen Allahımızın bizimle bazı zamanlarda "bizim anlayacağımız dilden" konuştuğunu fark edersin! Başka türlü ifade etse anlamıyoruz yani!

Sen hayatı ticaret ve dünya olmuş birine "İnsan olmak büyük nimettir, ahiret çok önemlidir, maneviyat hediyedir, şu kimsesizlere bağış yapın" diye gidersen "Ne diyor bu ya?" der... Ama o kişiyi bir şekilde kazanmak istersen, dilini onun anladığı dile indirger ve o bilinçteki kişiyi kazanmaya çalışırsın. Mesela "Siz bu bağışı yapınca hayra girmiş olacaksınız ve dünyevi boyutta da muhakkak bunun getirileri olacaktır!" dersin...

Hani Einstein diyor ya: "Eğer yeni bir kuram, bir çocuğun anlayabileceği kadar basit bir fiziksel resim üzerine kurulu değilse muhtemelen bir işe yaramaz." İşte aslında bu Allah'ın öğretisidir.

Allahımız da bunu yapar... Ama "zahirde söylenen" sözlerin arkasına girmeyenler, ayetler bu kadar zanneder. Hatta Kuran'ı inkâr etmek için bir bahane arayan "şeytani bilincin oyun oynadığı kurbanların" en çok vesvese aldığı konulardan biri. Bu yüzden Tebbet Suresi'nde Rabb'imizin "O Ebu Leheb'in elleri kurusun" hitabı vardır.

İnsan kendi canı yandığında "Allahım beni duy, şu kimseyi sana havale ettim, bunu şöyle yap böyle et" der. Hatta o kimse elini kolunu sallaya sallaya hayatına devam ediyor "göründüğünde" Allah buna niye bir şey yapmıyor diye düşünür.

Öte yandan Allah kullarına zarar verildiği takdirde bu zararı verenleri cezalandıracağını ifade ettiğinde az önce kendi canı yanarken ona zarar verenleri Allah'a havale eden kişi döner kendisiyle ilgili olmayan meselelerde Allah'ın neden ceza verdiğini sorgulamaya başlar. Çifte standarda bak...

"İşimize geldiği gibi yani Deniz!"

Kesinlikle!

Allah'ın, onun dert ortağı, can dostu, Mevla'sı, onun her şeyini bilen kankasından ona daha düşkün olduğunu anlamadığı için, içinde bulunduğu duygusal durumuna Allah'ın zaman zaman eşlik edip, onu anladığını beyan ettiğini anlamaz! Allah bunu beyan etse, "Niye bunu dedi?" der, demese "Niye beni duymuyor?" der!

Tam bizlerdeki evlat ebeveyn ilişkisinin asli hali! Ne yapsan yaranamıyorsun, çok versen çok verdin azdırdın, az versen az verdin! Zaten Allah senin O'na yaptıklarını, sana evladınla gösterir. Sen bazen evladını bile affedemezsin ama O hakikaten tövbe eden kulunu hep affeder.

İnsanlar Allah'ı öyle bir kalıba sokmuş ki... Bu hem O'nu tanımamaktan, esma ve sıfatlarını içselleştirmeye çalışmamaktan ve bununla beraber "La ilahe illa-Allah, Subhanallah, Elhamdülillah ve Allahuekber" "zikirlerini", yani **hatırlatmalarını, telkinlerini** kavrayamamaktan ileri gelir...

Namaz senin gün içinde Allah'ınla irtibat kurduğun ve O'nun danışmanlığını ve bizatihi desteğini aldığın bir buluşmadır. Bu buluşma üzerine ve yine gün içinde de saydığın bu zikirler yani hatırlatmalar sana tekrar ettirilir. Bu tekrarlar aslında senin yükselmesi hedeflenen bilincini "teslimiyet bilinci"ne sokmak içindir. Hatta zikirlere/hatırlatmalara "ders" denir. İşte yegâne öğretmenin Allah bu zikirlerle senin bilincini telkin eder ve böylece dönüştürür. Eder de anlayana!

Şöyle bir düşün bak. Her yerde ve herkeste Allah'ı (tecellisini) görmeye başladın, yani mümin olma, tevhid ehli olma yolundasın.

"Evet."

Ve sabah kalktın, namazına durdun, işlerinde sıkıntın var, kayınvaliden problem çıkarıyor, oğlun dershaneden kaçıyor, beklediğin tazminatı alamadın, ohooo ve daha neler neler...

Patronuna öfken, eşinin pasifliğine kızgınlığın, kayınvalidenin yıllardır seni gelin olarak kabul edememesine duyduğun kırgınlık, oğlunun bir türlü en iyi arkadaşının kızı gibi sana itaat etmemesine duyduğun üzüntü...

Kendine göre tam da "Ah ah! Ne olacak senin halin?" durumundasın. Yine diğerleri gibi problem dolu bir güne başladın...

Tabii sana göre.

Sonra kalktın, topraklanmak ve negatif elektriğinden kurtulmak, kozmik enerjiyi bedenine, aslında merkezi sinir sistemi antenine indirmek için abdest alıp namaza hazırlanmaya başladın. Allah'ınla, yaratılış düzenlemeni yapan ve planlayan Yaradan'ınla konuşup O'ndan destek almak ve aslında varoluş hakikatin için onun direktiflerini dinlemek üzere namaza durdun. Biliyorsun ki namaz Allah'ının senin için özenle kurduğu kâinat sisteminde sana hizmet anahtarıdır.

"Allahuekber" diye başladın. Biliyor musun normal şartlarda sadece Allahuekber demen bile içinde bulunduğun o kaygı ve mutsuzluk, güvensizlik halinden sıyrılman için kâfi. Ama tabii ne dediğini "anlıyorsan".

Allah'ın EZAN vakti (yani O'nunla resmi görüşme yapabilmen için kâinatın senin için hazırlandığı ve sana buna ilişkin İZİN verildiği özel süreçte) "Benimle irtibata geçmeye başladığınızda önce Allahuekber deyin" demiş ve sana bunu telkin etmiş. Nedenini hiç düşündün mü Yasemen?

"Açıkçası hayır hiç düşünmedim."

O zaman dinle... Kuantum alanı denilen sonsuz "olasılıkların" olduğu "an" boyutu ancak namazla sağlanır. Yani Yaradan'ınla bağlantıyla...

Namaz nedir? Allah'ın huzuruna çıkmaktır. Peki, "Allah'ın yanında zaman var mıdır?"

"Ah! Hayır!"

"Ne vardır?"

"An."

İşte... Sen namaz esnasında hedeflenen fena ve bekana ulaşarak , "zamana" maruz kalan "beden boyutundan" "an"a yani zamanın ötesine bağlı "ruh" boyutuna çıktın!

Sence Hazreti Ali ayak bileğindeki oku neden namaza durup da o "secdedeyken" çıkarttırdı?

"Neden?"

Çünkü o Allah'ın hakikaten huzuruna çıkanlardandı ve secde esnasında fenaya ulaştığı, yokluğa ulaştığı miraçta olduğu için bedeninde yoktu!

"Ay! Nasıl ya?"

Hazreti Ali ayak bileğine saplanmış oku çıkarırken namaza durup secdeye vardığında, secdede o anda Rabb'inin huzurunda "yokluk" bilincinde olduğu için, beden kaydından çıkıp ruh kaydına geçtiği için, aslen elbise olan bu beden kalıbına saplanmış okun çıkarılmasındaki müthiş acıyı hissetmedi. Senin elbisene saplanmış ok o elbise içinde sen yoksan canını acıtır mı?

Ah ah!... Onlar aslında her daim namazdadır Yasemen... Allah dostları da öyledir... Onlar daimi "huzur"da, daimi namazdadırlar... Onlara yaşatılan onca şey aslında bizlerin bilinç tekâmülünde örnek olsunlar diyedir.

Şimdi "bedenden-ruha" geçtin, "zamandan-ana" geçtin, namaza durup Allahuekber derken ellerini savurman benim tefekkürümde bir anlamıyla geçmiş ve geleceği aşarak AN kapısını çalman demektir. O esnada bedensel alt seviye bilincinde bulunduğun kafeste değil, artık sağından solundan sonsuz ihtimallerin, olasılıkların akıp gittiği "olasılıklar denizi"ndesin ve kaderini, varoluş hakikatini gerçekleştirmek üzere müthiş bir fırsat içindesin.

Allah'ın sana tam o "an"da, padişahın huzuruna kabul edilen çok sevdiği bir kuluna seslendiği gibi dedi ki: Allahuekber de Deniz.

Allahuekber dedin.

Allahuekber "Allah daha büyüktür" demektir.

Yani Allah, sendeki, içindeki, özündeki Allah tecellisi sana, yani senin "ben" zannettiğin izafi benliğine, bilinçaltına dedi ki: Allah daha büyüktür Deniz.

"Bu ne demektir?"

İşinle ilgili probleminden de, eşin, kayınvaliden, evladınla ilgili üzüntülerinden de, sağlık sıkıntından da ALLAH DAHA BÜYÜKTÜR. Yani üzülme Deniz, Allah'ın bunların hepsini çözer. Kuantum alandasın, sayısız olasılık içindesin, bilincini dönüştürmelisin ki, huzurdan bedene indiğinde, ruhtan bedene döndüğünde Dünya-Kâinat senin için işlemeye başlasın.

Çünkü ALLAH KULUNUN ZANNI, YANİ BİLİNCİ ÜZEREDİR!

BİLİNCİNİ DÖNÜŞTÜRÜRSEN, ALLAH'ININ AYNA SİSTEMİNİN SANA OLAN DAVRANIŞ ŞEKLİ DÖNÜŞECEKTİR.

"Of! Nefesim. Allahımızın sistemi gerçekten müthiş!"

Evet, devam edersek, "Telkin Süreci" başladı. Allah'ının sendeki esması:

"Özündeki Sen"den "İzafi Sen"e" *("bedensel bilincinin/ Dünya bilincinin yapılandırdığı sen".*

Bunu şöyle düşünün: **"Özündeki hakiki Deniz"**, **"bedeninde/dışında var zannettiğin Deniz'e"** yol göstermeye başladı.

"An'dan-Zaman'a", **"Ruh'tan-Beden'e"** gerçekleşen bir konuşma, bir bilinç telkinidir bu...

Hayat müfredatında karşımıza gelen ders ve konular gereği kitaplarımız içerisinde çeşitli sureler ve ayetlere giriyor ve üzerlerinde tefekkür etme çabası gösteriyoruz. Bu sebeple namaz (var edeninle irtibat hali) sonunda sağına ve soluna selam verip, boyut değiştirmeden evvel sana Allah'ının tekrar ettirdiği üç telkine ve gün içinde de sürekli zikrettiğimiz La ilahe illa Allah telkinine gelelim yine.

Allahuekber

Ekber, daha büyük demektir.

Ezan Allahuekber diyerek başlar... Neden mi? Allah'ın sana der ki, Deniz, Ayşe, Ahmet her ne tür bir sıkıntıyla uğraşıyorsan uğraş, bil ki Allah'ın Ekber'dir, yani Allah'ın senin o sıkıntından daha büyüktür. O zaman bana gel... Hadi bak tam Allah'ınla buluşup dertlerini, isteklerini anlatmanın vakti... Başbakan bile seni huzura kabul ettiğinde, işin hallolacak diye sevinirken, kâinatın, yerlerin ve göklerin yegâne sahibi seni huzura davet edip kabul ettiğinde işlerini halletmeyecek mi sanıyorsun?

Allah'ına koş... Yegâne kapıya... Başka yerde zaman kaybetme... Kâinatın efendisi tektir. Herkes ise onun hizmetlisi... Allah'ın orduları her yerdedir. O gördüğün karınca bile yalnız Rabb'inin emriyle hareket eder... Ve bulutlar... ve insanlar... Haydi... Allah'ın daha büyüktür... Her ne ile meşgulsen, ondan...

Kapıyı vurma vakti...

Selam verdikten sonra otururken 33/34 kez "Allahuekber" dedin, Allah daha büyüktür. Allah en büyüktür.

Otuz üç boğumlu bir kablo ve aydınlanma merkezin olan "lamban" yani "beynine" giden merkezi sinir sisteminin omurilik kablosu, bana göre diğer adıyla HABLULLAH, her bir Allahuekber deyişte farklı bir konu için sana "Allah daha büyüktür" diyor.

"Nasıl yani?"

Yani şöyle: Telkin kitapları tekrarları bol yapar. Sigara bırakma, alışkanlıklardan kurtulma gibi meseleler bilinçaltı telkinlerde tekrar ister. Aksi halde bilinçaltı inandığı şeyi, yılların alışkanlıklarını kolay kolay değiştirmez. Kısaca bilinçteki yazılım üzerine yeni bir program yazılmalı ve bu bolca tekrar edilmelidir. Tabii bilinçli bir şekilde tekrar...

"Anlamaya başlıyorum."

Şimdi eğer bu **zikri** yani **hatırlatma** ve **telkini** tespihle tekrar ediyorsan. Her bir tespihte şunu söylüyorsun Yasemen:

Allahuekber Telkin/Talim

"İşlerindeki sıkıntı seni korkutmasın. Allah'ın bunların hepsinden daha büyüktür.

O sıkıntılarını çözücüdür ve rızkın yegâne sahibidir.

Çünkü senin rızkın, rızkın yegâne sahibi olan Allah'ından geliyor. O, senin rızkını sana taşıması için istediği kulunu **vesile** kılıyor. Mülkün sahibi o kişi değil Allah'ındır! Rızkın sahibi de!

Elbette ki şükran duymalısın vesilene ama onu vesile kılana da olmalı şükranın önce.

Unutma ki Mülk'ün sahibi yalnız Allah'ındır.

Rızık verici de yalnız O'dur. O senin rızkını "kendi tayin ettiği" kullarını vesile kılarak sana ulaştırır. Sana bunu ulaştıran kula elbette ki şükran duy ama önce onu vesile kılana şükret.

Sana düşündüğünden daha büyük bir rızık verir Allah'ın. Düşündüğünden de daha güzel bir iş. Sen yeter ki O'na güven, teslim ol ve ÇALIŞ.

Evladın istediğin gibi bir öğrenim hayatı yaşamıyor, ama sen, her meseleyi kendi çözmeye çalışan, **kontrolün sende olduğunu zannettiğin**(!) bir "alt seviye Dünya-Beden bilincinde"sin.

Oysaki yapman gereken şey Allah'ını tanımaya çalışman ve Allah'ının sistemi için çalışmak suretiyle hem bilincini/zannını doğru inşa etmen ve hem de **Allah'ın halkına hizmet etmen.**

Bu durumda bu kahır sistemi "zannettiğin" sistem, **senin gibi** yardımsever ve kolaylaştırıcı bir sistem haline gelip, evladınla ilgili meseleyi çözecektir.

Unutma Allah senin *zannın* yani *bilincin* üzeredir. O zaman dertlerini büyük görüp, hâşâ Allah'ı küçük görmeyi bırak ve **"zannını!"** değiştir.

Artık fark et, anla! Allah her dertten daha büyük bir problem çözücüdür."

* * *

Her gün en az yeni bir sınav türüyle yeni bir nöron ateşlemesi yaşaman hedeflendi. Varoluş hakikatini gerçekleştirebilmen için düzenlenmiş hayat müfredatında, senin için imtihan ve dersler programlandı. Bunları sana talim ettirecek öğretmenler tayin edilip, öğretiler düzenlendi. O otuz üç tekrarın her birinde tüm bunlar sana telkin ettirilerek bilinçaltın dönüştürülmeye, bilinç seviyen yukarı çekilmeye çalışılıyor.

Her namaz esnası ve sonrasında, rabıta halinde sana tekrar ettirilen zikir ve telkinlerle bilinçaltında yapılan bu değişiklikler, zannın (bilincin) doğrultusunda kâinatını değiştirecektir.

Yani enfüsün afakını etkileyecektir.

Kâinat kuantum alanında bir olasılık dalgasının senin bilincin aracılığıyla gerçeğe dönüşüp kaderinin inşasında rol almasını sağlayacaktır.

"Şu an ne diyeceğimi bilmiyorum Deniz."

Biz hiçbir şeyi bilerek yapmıyoruz ki. Allahım bizim özel öğretmenimiz, arkadaşımız, sığınağımız, canımız, sevenimiz her şeyimiz.

Kısaca özetlersem o namaz ertesi kalben ve lafzen telaffuz ettiğin onlarca zikir (telkin) aynı sözün tekrarı gibi görünse de o aynı gibi görünen söz aslında farklı olaylara uygulanarak bambaşka bilinç mertebelerini uyandırmaktadır.

Gelelim **ELHAMDÜLİLLAH** telkinine:

Yukarıda namaza durduğun esnada hayata sitemlerin arasında başka ne var demiştik:

En yakın arkadaşının kızı gibi sana itaat eden, sözlerini dinleyen bir evladının olmaması... O ders çalışması, geleceğini kazanmak için çabalaması gerekirken senin bulup buluşturup maddi imkânlarını zorlayarak gönderdiğin dershaneden bile kaçıyor. Dolayısıyla buna üzülüyor ve sitem ediyorsun. Ancak **"Elhamdülillah"** zikrini içselleştirirsen burada sana Rabb'inin neyi telkin ettiğini kavramaya başlarsın.

El-Hamd-ü-li-llah...

"Hamd, övgü yalnız Allah'a aittir..."

Peki bu ne demek?

Şu demek: Sen eksik idrakinle resimde "sıkıntı-problem" addettiğin şeyler görsen de aslında "olan şey olabilecekler içinde en mükemmeli ve en övülmüşü"dür... En "övülmüş" durum, "içinde olduğun durumda sen fark etmesen bile her bir detayın hesaplandığı ve bunun hikmet içerdiği" anlamını taşır. Şimdi "Elhamdülillah" telkinini, evladınla olan sıkıntın için uygulamaya başlayalım:

Deniz, evladın bu durumda ama, biz bu şekilde senin, onda fark etmediğin bir yeteneği fark ettirmek istiyoruz...

Evladın çok iyi bir "kulak", inanılmaz bir müzik yeteneği var ve sen hâlâ bunu anlamadın. Dershaneden kaçtığında müzik okulunun oraya gidiyor, ama sen bunun sebebini fark edemedin. Bununla beraber şu an olduğu dershanedeki sınıfta onunla arkadaşlık etmek istediğini söyleyen, ama aslında onu yanlış yollara saptırmaya çalışan bir çocuk var.

Biz evladını o durumdan da korumaktayız, ama senin olayın içyüzüne bakman ve aslında şu an çocuğun için sana bir şey göstermeye çalıştığımızı fark etmen lazım.

Unutma Deniz, o çocuk aslen Allah'ının ve Allah kullarına senden çok daha düşkün ve merhametlidir. Sen evladın olarak sana bahşedilen Allah'ının kuluna onun varoluş hakikatini gerçekleştirmesi yolculuğunda yardım ve eşlik etmek üzere bulunuyorsun. Aynı şeyler onun tarafından da senin için geçerli...

Yaşadığın her olaya bu gözle bak ve olayın içyüzünü okumak için Allah'ından yardım iste ve şükret.

Sen "mümin" olma çaban içinde" "Sistem'in güvenlik koridorlarında" gereken yardımı iman ehli olduğun yani "güvende olanlardan olduğun için", bu sistemi kullanmayı bilmeyenlere göre çok daha hızlı ve kolay şekilde alıyorsun bunu asla unutma...

Çünkü Allah bizler ne yaparsak yapalım sistemini merhamet ve şefkat üzerine kurmuştur ve biz görüntüde öyle görebilsek de Allah'ın kullarının acı çekmesine asla izin vermez.

Enam Suresi, 12. Ayet, Hayvani Nefis Bilinci, 12. İşaret

"De ki: Göklerde ve yerde olanlar kimindir? De ki: Allah'ındır. O Allah ki, acıma ve şefkati kendine ilke edinmiştir. Hepinizi şüphe olmayan kıyamet gününe götürüp, bir araya toplayacaktır. Kendilerini ziyana sokanlar var ya, işte onlar inanmazlar."

İşte Deniz "dışarıdan" baktığında, "masum birinin canı yanmış" diye gördüysen hemen bu işareti hatırla ve kendine hatırlat. Sen dışarıdan nasıl görürsen gör Allah'ın kulunun acı çekmesine asla izin vermez. Muhakkak ki olan şey onun için en hayırlı olandır. Muhakkak ki olan şey Allah'ının sonsuz merhameti dahilindedir. Böyle durumlarda Kehf-Mağara-Kalp Tasavvuru'nu oku ve orada sana verilen dersi/telkini hatırla... O surede Rabb'inin sana olaylara "dışarıdan ve aklı" ile bakan Musa Hazretleri ile "Allah'ın ilmiyle bakan" Hızır'ın (a.s.) kıssasını aktardı. Hazreti Musa, Allah'ın yanındaki ledün ilmi, hakikat ilmi ve hikmetiyle bakmayı bilmiyordu... O, zahir ehli gibi "şeriat bilinciyle" bakıyordu. Bu durumda olayların arkasındaki "senaryoları" göremediği için olan olayları ve Allah'ın iradesi ile hikmete binaen hareket eden Hızır'ı (a.s.) eleştiriyordu. Sen de bu kıssa/hikâyeyle aslında "sendeki Musa bilincinin (aklının)" terbiye ve telkin edildiğini görüyorsun.

Örneklemek gerekirse; sokakta masum minicik bir köpek yavrusu var ve o ona işkence etmiş insanlar yüzünden inliyor. Bil ki o inilti bir yönüyle Allah'ının o masum sessiz kuluna hanginizin yardım lütfuna ereceğini görmek ve göstermek için yaptırttığı bir sestir. Hayatın bir rüya, bir simülasyon olduğunu hatırlarsan Allah'ının sana neyi talim ettirdiğini daha iyi anlamaya başlarsın.

Şöyle düşün: Eğer o yavru köpek ağlamasaydı ve sen o ağlama sesini duymasaydın ona yardım etmek için koşmazdın. Bak, "kimin daha güzel işler yapacağını" Allah'ın nasıl da ayırt ediyor. O yavru köpeğin yanından onlarca, yüzlerce kişi kafasını bile çevirmeden geçerken **sen** duruyor ve ona yardım ediyorsun.

Deniz... Aslında biliyor musun sen o yavru köpeğe değil **KENDİNE YARDIM EDİYORSUN**. Yaptığın seçimle, **"rüyan içinde yaptığın seçimle"** niyet ve tarafını belli ediyor ve bir anlamda "kontrollü rüya" haline getirmeye çalıştığın hayatına yön veriyorsun.

Yapmayı seçtiğin bu **hayır/salih amel** "kaderine iştirak alanındaki" müdahalendir.

Masum varlıklar neden acı çekiyor, Allah buna neden izin veriyor diye düşünmekten çık! Allahımız kullarına ASLA ZULMETMEZ...

Bu bir simülasyon! SENİ SANA ŞAHİT TUTMAK İÇİN! SENİ SANA GÖSTERMEK İÇİN! HANİ SEN ÇOK DUYARLIYDIN VE HEP EN DOĞRU VE İYİYİ SEÇERDİN, BAK BAKALIM RÜYADA

BİLE NEYİ SEÇİYORSUN'u göstermek için... Senin kendinle tanışıp RUHSAL TEKÂMÜLÜNÜ VE KENDİNİ GERÇEKLEŞTİRMEK İÇİN...

Eğer ki etrafında haksızlık, zulüm görüyorsan Allah'a sitem etmek yerine ne yapabilirim derdine düşüp "bu SALİH AMEL" işleme fırsatını değerlendir!

Zalim olan sensin Deniz... Zalim olan insan! Asla Allah'ın değil...

Eğer ki o minik yavru inlemese, sen bu hayrı işleme fırsatını yakalayamazdın. Onca insan yürüdü gitti ama "sen" durdun. Durmayı seçtin. Yardım etmeyi seçtin. Gördün mü bak Allah'ın "kimlerin iyi işler yapacağını görmek", "aslında" "sizi sizlere göstermek için" nasıl kurgular düzenliyor...[21] Sen "Allah bir köpeğe bunun olmasına niye izin verdi?" diye hâşâ Allah'ını bir anlamda suçlarken, O'nun aslında "sana sunduğu bu görüntü ile" seni ve evladını kurtardığını göremiyorsun çünkü "hikmet" bakışın yok... Çünkü tüm bunların bir "rüya" olduğunu kavrayamıyorsun.

Rabb'in sana "Değişebilen Kaderine Ait Yaz Boz Tahtası'nda" senin ya da sevdiklerinin başına gelebilecek sıkıntıları yaptığın hayırlar/tebliğler, işlediğin salih ameller ile yani seçimlerinle önleyebilme (vesilesi olma) şansı vermiş. Allah'ının "Mâni" esmasının tecellisini açığa çıkartma şansı...

Sen Rabb'inin, "bir köpeğin inlemesine/acı çekmesine neden izin verdiğine" değil, o köpeği neden o noktaya getirebilen bir sistemi düzenlemek için **senin ve sevdiklerinin çaba sarf etmediğine** bakmalısın!

"Kulunun zannı üzere" olduğunu ifade eden Allah'ın ve O'nun mükemmel Sistem'inde kusur ve hata arama! *(hayata*

21 Rabb'in senin ne yapacağını önceden biliyor çünkü O seni senden iyi tanıyor ama sen kendini tanımıyorsun... Ne zaman ne yapabileceğini bilmiyorsun ve şu anda kendinle ve bunlarla yüzleşiyorsun... Yani aslında sen şu an Ayna'ya bakıyorsun... Rabb'in, seni sana gösteriyor...

bu ifade doğrultusunda bakarak) lafta ve sitemde BİRleşip, en ufak hayır yapma noktasında çil yavrusu gibi dağılan(!) ve "Şu taksitim, bu ödemem var" diyerek elini hayra uzatmaktan bile kaçınan **insanların bilinçlerindeki problemi görmeye çalışmalısın.**

İşte Allah'ını tanımak ve bilmek bu yüzden çok önemlidir... Kendini ve hakikat ilmini bilmek bu yüzden çok önemlidir. Hayat dediğin bu **rüyayı** doğru anlaman ve Sistem'i kendi tekâmül serüveninde en doğru şekilde kullanabilmen için...

Bunları ucundan da olsa idrak etmeye başladığın zaman sana tanınan bu "yardım etme fırsatının" (örnekle) evladının başına gelecek bir şeyin *önlenmesi için sana gönderilen bir lütuf olduğunu "oku"maya başlarsın...*

Allah'ın kendi üzerine merhameti ve şefkati farz kılmıştır... Bu O'nun prensibidir...

Baktığın yer yanlış. Bilincini düzelt ki hayatın dönüşsün, kâinat dönüşsün. Çünkü Allah kulunun bilinci üzeredir.

Hep hasta ve zulmedilmiş hayvan bulmak için ararsan evren sana **HER ZAMAN ARADIĞINI VERECEKTİR.** Sen önce bilincini düzelt ve "Allahım sana hizmet etmem için bana yardım et" de.

Muhammed Suresi, 7. Ayet,

Muhammedi Bilinç Tasavvuru, 7. İşaret

"Ey iman edenler! Eğer siz Allah'a yardım ederseniz (emrini tutar, dinini uygularsanız), O da size yardım eder ve ayaklarınızı sağlam bastırır ve kaydırmaz..."

Ey Deniz, ey Allah'ına ve O'nun sistemine inanan ve güvenen; bununla beraber **mümin** olma şartlarını *(inanan ve güvenenlerden biri olma şartlarını)* yerine getirmeye çalışan Deniz...

İnsanlar Rab'lerine çoğunlukla (rüya olan dünyayı gerçek sanıp aldandıkları ve hakikatlerini unuttuklarından) dünyevi sorunlarını gerçekleştirmek için yönelirler... Hatta dünyevi sorunları onların üzerinden kaldırıldığında çoğunlukla Rablerine dönüşlerinden vazgeçerler.

İbnü'l Arabî Hazretleri der ki: "Bu dünya bir Rüya'dır... Ve her rüya tabir edilir... Bu dünya hayatının tabiri de Ahiret hayatıdır."

İşte bu bilgi ışığında, senin rüya olan bu dünya hayatında ilahi hakikatini gerçekleştirmen, Rabb'ine dönmen ve dönüşmen gerekir. **Sen bu yönde "İslamiyet/teslimiyet metotlarını" uygulamaya başladığında ise Rabb'in ve sistemi, senin sıkıntılarını giderecek ve ayaklarının sistem/yol üzerinde sabit kalmasını sağlayacaktır...**

İşte yukarıdaki ayet/işarette Rabb'in sana bunu da anlatır...

Eğer ki sen Rabb'ini tanıma ve böylece asli kimliğini gerçekleştirmek üzere kendini ve toplumu güzelleştirme çabalarına girersen (Allah'ın dinine yardım etmek bu demektir), Allah'ının sistemine yardım ettiğin için, Allah'ın da senin kendi dünyevi sıkıntı/imtihanlarını "bizzat" üstlenir ve onları çözer, çözdürür.

Bu sebeple aslında senin hakikatini gerçekleştirme ve sisteme yardım etme çaban, sana "yaptığının karşılığını veren sistem" tarafından hem hakikat yolunda hem de dünyevi bazda görünen sıkıntılarının giderilmesiyle geri döndürülecektir...

Din Hayat'tan ayrı bir şey ve birkaç dakikalık ritüel zinciri değildir. Din Hayat'ın ta kendisidir. Din Sistem'dir. Sistem de Hayat... İkisini ayıramazsın...

Hâlâ anlamadın mı?

Fakir Sofrası

Bir söyleşi sonrası yanıma yaklaştı. Hafifçe kulağıma eğildi. "Deniz Hanım..." dedi. "Sizinle bir şey paylaşmak istiyorum."

Kafamı kaldırdım. Yüzüne baktım. Bembeyaz bir yüzü vardı, pamuk gibi. Ona bakana yumuşacık bir his yayan, sıcacık...

"Elbette" dedim gülümseyerek, sonra gözlerine baktım. Gözleri pırıl pırıldı; ama o parlaklığın mutluluktan değil, akmaması için zor tuttuğu gözyaşlarından olduğunu anladım. "İsminiz?" diye sordum.

"Ben..." dedi. "Seval."

"Peki Seval, kardeşlerimiz ayrıldıktan sonra konuşalım mı?" "Tabii," dedi. O acı dolu gözler hafif hafif yumuşamaya başladı. Ama hâlâ dolu doluydu. "Allah razı olsun," dedi fısıldar gibi.

"Allahımız sizden de razı olsun" dedim, gülümsedim. "Şimdi bekleyelim, kardeşlerimiz sormak istediklerini sorsunlar, sonra sizi dinleyeceğim... Olur mu?"

"Olur," dedi. "Olmaz mı hiç?"

Bir süre sonra artık söyleşimiz tamamen sona ermişti ve birkaç kişi kalmıştık. Oturduğu yerde sabırsızca kıpırdanıyordu, ama asla şikâyetçi bir hali yoktu.

"Gelin..." dedim gülümseyerek ve onu yanıma oturttum. Son derece dikkatli bir şekilde bana bakıyordu. Söylemek istediklerinin ne kadar çok olduğunu ve bunları kimseyle paylaşamadığını hissetmemek mümkün değildi. "Sizi dinliyorum," dedim.

"Sizi bir arkadaşımın tavsiyesiyle okumaya başladım. Bugün şehir dışında olduğu için gelemedi. Ama çok çok sevgilerini iletti."

"Ah! İnşaAllah bir sonrakinde buluşuruz. Benim de sevgi ve selamlarımı iletin lütfen," dedim.

"Elbette" dedi ve devam etti. "Arkadaşım kitabınızdan o kadar çok bahsediyordu ki! 'Sen de okumalısın muhakkak Seval, bak göreceksin başka başka pencereler açılacak hayatında' dedi ve daha pek çok şey."

"Estağfurullah. Allahım razı olsun. Ama her şeyi yapan O, yaptıran O, bizleri vesile kılıyorsa ne mutlu... Her birimiz sadece O'nun vesilesiyiz... Kısaca, uzatılan her el O. Bizleri cömertliğiyle nasiplendirse de, elhamdülillah, hakiki lütufkâr olanın O olduğunu unutmamaya çalışıyoruz."

Devam ettim... "Lütfen..." dedim, gözlerine bakarak. "Rahat ve açık olun, size nasıl yardım edebilirim bana bunu söyleyin. Sizi dinliyorum..."

"Ben..." dedi. Ve gözlerini aşağı doğru indirdi. Ellerini nereye koyacağını bilemeyen bir tedirginlikle "Hikâyemle ilgili nereden başlayacağımı, nasıl anlatacağımı bilemiyorum. Ama, şunu söyleyebilirim ki, hayat bana çok uzun süre çok lütufkârdı... Çoğu insanın hayalini kurduğu, gıpta ettiği bir hayattan geliyordum. İyi bir aile, iyi bir eğitim, güzel bir gençlik süreci. Sonrasında kalbimdeki insanla yaptığım, mantığıma da, kalbime de yatkın bir evlilik. Yani hayatın zorluklarıyla tanışmam çoğu insana göre çok daha geç oldu benim. Zorlanmadan elde ettiğim şeylerle, düşünmeden yaşadığım bir hayatım vardı. Güzel bir evde, pahalı bir semtte oturuyordum. Eşimle iyi bir evliliğimiz vardı. Gerçekten anlaşabildiğimiz için kısa sürede çocuk sahibi olmak istedik. İlişkimizdeki yegâne boşluk bir çocuktu çünkü. Her şey o kadar güzeldi ki... Sonra biricik oğlum doğdu. Benim canım oğlum... Sonra... Sonra ise ne olduysa oldu ve hayatım bir gün, bir anda rüyadan çıktı ve kâbusa dönüştü."

Kaşlarımı üzüntüyle kaldırdım. Merak içinde dinliyordum onu.

"O seyahat senin, bu seyahat benim, renkli bir hayat içindeyken, bir gün, birdenbire..." dedi sesi titreyerek. "Oğlumun rahatsızlanmasıyla kendimi hastanede buldum."

"Ah!" dedim. "Neden? Nasıl?"

"Oğlumu okuldan almıştım" dedi gözlerime bakarak. "Arabada gidiyorduk, bilmiyorum neden ama birden gözleri kaydı. Ve o anda bilincini kaybetti," diye devam etti dudakları titreyerek...

Boğazındaki düğümü hissetmemek mümkün değildi. Ne söyleyeceğimi bilemiyordum. Sonuçta evlattı bu. Ve biliyordum ki en büyük acı, evlat acısıydı...

"Allahım! Nasıl anlatsam bilmiyorum. Hani derler ya annelerimiz 'Evladın olmadıkça anlayamazsın bu duyguyu' diye, ben en iyi o gün annemi anladım. Ben en çok o gün, ona karşı yaptığım herhangi bir hata ya da hatalar varsa beni onlar için affetmesini diledim. Şimdi bile o anı düşündüğümde elim ayağım titriyor," dedi, gözlerini birden tavana dikerek. "O direksiyonu nasıl hâlâ tutmaya devam ettim, nasıl hastaneye gittim... Bilmiyorum."

Derin bir iç çektim...

"Sonra..." dedi, toparlanmaya çalışarak. "Apar topar acilden içeri aldık oğlumu. İçimde dağlar yıkıldı. Toz duman oldum ben..."

Gözlerinden yaşlar süzülmeye başladı, dudakları titriyordu. O tüm bunları anlatırken ve adeta yeniden yaşarken benim de dolan gözlerime baktı. O an aklıma Haşr Suresi geldi. İnsanın benliğinin yıkıldığı o an. Dağların toz duman olduğu o tecelli anı... Allahım dedim. Ah canım Allahım!...

Devam etti. "Sonra apar topar eşim geldi hastaneye ve öğrendik ki oğlum ka... kan... kansermiş..." Durdu. "Kan... kanseri..." dedi. Sözlerinin ağzından çıkamadığını hissetmemek mümkün değildi.

"Ölmeden önce ölmek diyorsunuz ya Deniz Hanım, ben o gün, o an itibariyle onu yaşamıştım. Ölmüştüm. Biri o an o doktorun kelamıyla ruhumu bedenimden çekmişti sanki. Hayatımda ilk kez o an etrafımdaki her şey bir rüya, hayal gibi gelmeye başladı. Ya da bir film karesi gibi. Nefes almaksa yaşamak, nefes alıyordum, ama var mıydım yok muydum bilmiyordum. Ve o gün itibariyle..." dedi.

"Hayatınızda yeni bir perde aralandı" dedim araya girerek. Bana baktı.

"Aynen öyle oldu... Etrafımda, yanımda arkadaşlarım... Hayat işte, biliyorsunuz. Senin canın acıdığında dünyanın merkezi o acı oluyor ve insanlar yirmi dört saat seninle bunun aynısını yaşasın diye bir beklentin oluşuyor. Ya da ne bileyim bir arayışın... Paylaşmak, ama samimi bir paylaşım istiyorsun. Senin için kan ağlarken, etrafında o an olan komik bir olaya insanlar gülebiliyor ve bu son derecede normal elbette, muhakkak ben de yapmışımdır ama işte..." dedi.

"Anlıyorum..." dedim. "Ateş düştüğü yeri yakıyor Seval, bunu böyle kabul etmeliyiz. Parmağına batan bir kıymığın acısı bütün bedeninde yankılanırken, herkeste aynı hissiyatı görmeyi beklemek çok da gerçekçi değil. İnsanlar acını paylaşmak yerine yorum yapmayı tercih ediyor. Bu cenazede de böyle, ayrılıkta da, hastalıkta da. Belki de sadece yarım saat için sessizce, samimiyetle senin için orada olduğunu bilmeni sağlamak yerine, saatlerce yanında kalıp acı paylaşmaktan ziyade 'alan-mekân' paylaşıyorlar seninle. Ama işte bu böyle..." "Haklısınız" dedi. "Hayat öyle boş bir hale gelmişti ki artık yakın çevreme adapte olmakta zorlanıyordum. Dünyevi arayışlar için hayatlarını zora sokan arkadaşlarıma kızmaya başlıyordum. Ne nefsi zevklerim ne de heveslerim kalmıştı. Hayatımdaki tüm anlamlar adeta tek tek buharlaşıp uçmaya başlamıştı. Eskiden saatlerce kafama taktığım saçma sapan bir şeyi nasıl o şekilde problem haline getirdiğimi düşünüyor, kendime de öfke duyuyordum. Allah'ın bana en büyük hediyesi olan bir tanecik oğlum, belki de ellerimden kayıp gidecekti. Yapayalnız hissediyordum ve bununla tek başıma mücadele edemiyordum. Sonra... Sonra tabii olayın başka boyutları başladı. Ciddi masraflar...

Çare için o doktordan o doktora gitmeler. Eşimle aramızda artan gerginlikler, karşılıklı birbirini suçlamalar... Çok kısa bir süre sonra da eşimin çalıştığı sektörde yaşanan kriz ve para piyasaları sonucu eşimin iflası. Hani derler ya gökten bela yağıyor diye. Bizim de üzerimize aylarca gökten bela yağdı. Bu tip krizlerde, özellikle evlatla ilgili hususlarda ebeveynler arasında derin uçurumlar açıldığını biliyordum. Çocuğumuz olduktan sonra eşimle, çocuğumuzla daha çok ilgilenebilmem için çalışma hayatıma ara verme kararı almıştık. Sonra da tekrar başlayamadım."

Derin bir nefes verdi. Gözlerini silmek istedi, hemen çantama uzandım ve ona mendil uzattım.

"Teşekkür ederim" dedi. Uzattığım mendille gözlerini sildi. "Sonra?" dedim yumuşak bir sesle. İçindeki zehir boşalsın istiyordum. Onca sene yüreğine bastırdığı ne varsa çıksın aksın, bir daha geri dönmemek üzere.

"Sonra..." diye devam etti. "Terapistti şuydu buydu derken... Yani işte... O da gitti... Eşimi de kaybettim. Eşimin yıllarca emek vererek kurduğumuz işi, mal varlıklarımız, her şey tek tek gitti. Artık garip bir bağ içinde iki yabancı olmuştuk. Herkesin gıptayla baktığı o güzel hayatımızda artık her şey, her şey altüst olmuştu. Bu kadar kısa sürede nasıl olur da bunca şey değişirdi?! Akıl almaz bir durumdu. Ama bunlar, yine de oğlumun gözümün önünde yaşadıkları kadar acıtmıyordu beni. Her gün, her an canımdan can gidiyordu. 'Allah'a yakın mıydın, Allah'la sohbet eder miydin? diye sorarsanız, 'İşte, herkes kadar...' derdim. Ben..." dedi. "Önce..." diye devam etti, hafifçe hıçkırdı. "O süreçte elimden tüm nimetlerin teker teker alınmasını hazmedemedim."

Nefes almasını bekledim, elini tuttum, gözlerine baktım ve "Anlıyorum..." dedim fısıltıyla. "Bu da son derece insani, insanız, âciziz." Tek kolumla ona sarıldım sımsıkı ve kulağına doğru eğilerek "Son derece insani," dedim.

"İsyana girdim... De... Deniz Hanım" dedi sözlerimden onu anladığımı hissettiği için cesaret bulup, gözlerime bakarak. "Dost sandığım insanlar da yaşadığım çevre ve şartlarım değişince büyük çoğunlukla uzaklaşmaya başladı. İnsanlar dertli insanlardan kaçıyormuş bunu da o zaman fark ettim. Sonra aynısını benim de yıllarca yaptığımı fark ettim. Utandım... Kendimden utandım. O yüzden de herkesi affettim. Bir gün öyle bir noktaya geldim ki, inanamazsınız. Bu süreçte tüm bunlar olurken, oğlumun tedavisi için ne gerekiyorsa yaptık, her zaman bulduk buluşturduk. Her şey gittikçe kötüye gidiyordu evet ama sonunda Rabbim lütfetti ve oğlumun rahatsızlığı için uygulanan tedavi cevap vermeye başladı. Birkaç yıl gece gündüz didindik. Eşimle artık hiçbir ortak noktamız kalmamıştı, oğlum tamamen iyileşti, ama artık bizim için ayrılan yollarda başka bir hayat kesiti başladı. Eşim gitti. Boşandık, bitti... Ve ben oğlumla, eski bir aile dostunun yardımıyla oldukça eski, köhne bir apartmanda, cebimde beş kuruş olmadan bir yer tuttum. Ne o bize tamamen yabancı mahallede ne de oturduğumuz apartmanda tanıdık bir yüz vardı. Yalan yok..." Hafifçe kaşlarını çattı. "Allah'a çok isyan ettim! Ettim! 'Ben...' dedim, gecelerce ağlayarak. 'Sana ne yaptım da, sen bana bunları yaşatıyorsun? Eşimi aldın, işimizi aldın, malımızı mülkümüzü aldın. Neyse... Bunlara bile tamam da, çocuğumu niye almaya kalktın? Hani sen rahmetin sahibiydin? Yalan!...' Öfke doluydum. Herkesten her şeyden nefret ediyor gibi hissediyordum. Günler geçti. Ben ve oğlum... Koca dünyada sadece ikimiz... Baş başaydık. Tam on beş gün yiyecek bir lokmamız olmadı. Ama işin ilginç yanı o evde, önceden yaşayabileceğimi hiç düşünmediğim öylesi köhne bir yerde bir gün bile aç bırakılmadık. Kimse durumumuzu anlamasın diye adeta içine kapandığımız o evde, garip bir şekilde, gün içinde birden kapı çalıyor ve her öğün sanki sipariş verilmiş gibi hiç tanımadığımız insanlar bize yiyecek içecek getiriyordu. Kim olduklarını, ne iş yaptıklarını, nerede yaşadıklarını bile bilmediğimiz civar komşuları, akşamları kapımızı çalıp kendi rızıklarından kısıp, toplayıp toplayıp bize yemek getiriyordu. Eski hayatımda yediğimiz yiyeceklere baktığımda kıyaslayarak tarif edecek olursam, artık 'fakir sofralarında fakir yemekleri yiyorduk' ama oğlum da ben de en azından doyuyorduk."

"Fakir sofrası mı?" diye sordum.

"Evet" dedi. "Fakir sofrası. Oğlumun hastalığı pek çok iz bıraktı onun üzerinde. Kolay mı? Minik yavrum benim. O yaşında neler yaşadı yıllarca. Gördüğü ağır tedaviler, vücuduna giren kemoterapi ve kimyevi birçok ilaç yüzünden sinir sisteminde ciddi tahribat oldu. Daha o yaşında ölüme bu kadar yaklaşmasının hem manen hem de bedenen birçok yan tesiri olarak tepkimeler başladı. Ben o esnada iş aramaya başlamıştım, çünkü evde yiyecek peynirimiz bile yoktu. Oğlum peynir istediğinde ona o tadı verebilsin diye peynir altı tozu buldum. Bu tozla öyle bir ürün yapmalıydım ki hem ona peynir lezzeti verebilmeli hem de kanser hücrelerini beslememeliydi. Uğraşmaya başladım.

Gıdaların daha sağlıklı korunması, içerdiği vitamin ve probiyotiğin artması ve gelen yiyeceklerin korunması için kitap karıştırmaya başladım. Asli hedefim oğluma kısıtlı şartlarımızla en sağlıklısını, en lezzetlisini sunabilmek ve onu eskiden sevdiği şeylerden mahrum etmemekti. O esnada mahallede samimi olmaya başladığım çok kıymetli bir hanım olan bir komşum, küçük kafe gibi bir yer işletiyordu. Öğle arası işten çıkan insanlar orada ev yemekleri yiyordu. Beni yanına aldı. Hem ona yardım ediyordum hem de ufak ufak para kazanmaya başlamıştım. Kendi oğluma ve yanı sıra diğer kanserli çocuklarımıza da nasıl yardım edebilirim derdiyle gece gündüz sağlıklı ürünler üretmek için araştırmalara başladım ve kendimce pek çok metot geliştirmeye çalıştım. Bu işe hem yüreğimi koydum hem de karşılık beklemeden yardım etme isteğimi giderdim. Benim gibi evladı olan ve evladının rahatsızlıklarının tedavisini karşılamakta zorluk çeken onlarca insan olmalıydı. Günbegün yeni ürünler buluyordum. Yanında çalıştığım komşum da benimle birlikte bunları hem kendi müşterilerimizle hem de çeşitli insanlarla paylaşma heyecanı yaşamaya başladı. Oğlumda kanser tedavisi sonrası oluşmuş deformasyonlar, yediği doğal ve fermente edilmiş ürünlerle onun üzerinde gittikçe bu tahribatları da azaltmaya başladı. Oğlum herkese artık 'Biz fakir yiyecekleri yiyoruz' diyordu yüzü gülerek. 'Ben bunların tadını daha çok sevdim' diyordu. Tahlillerini yaptırdık, sonuçları aldığımızda gördük ki, her şey şükürler olsun normale dönmüştü. Evladının sağlık durumuyla ilgili sonuçları öğrenmek için bekleyiş öyle fena bir duygu ki! Evlat, çok çok farklı bir şey. Gerçekten yaşamayan anlamıyor. Doktorun yüzünden tahlillerin sonuçlarını anlamaya çalışmak aylarca yıllarca öyle zordu ki... Doktorumuz en son tahlilleri okurken kaşlarını kaldırdı, hiç unutmuyorum, unutamam... O an ciddi bir şaşkınlık ifadesi gördüm yüzünde. Korktum... Çok korktum... Ah! Ciğerim... Sanki ciğerimden bir parça kopmak üzereydi. Sonra bana baktı, 'Seval Hanım' dedi. Gözlerim anında doldu, boğazım düğümlendi, 'Yoksa? Yoksa?' dedim. Öleceğim sandım Allahım... Gözleri doldu o an doktorun ve birden gülümsedi. Kıvılcımlar çaktı gözlerinin içinde.

'Maşallah. Bu... bu gelişmeler nasıl oldu yahu?' diye sordu bana.

'Ne nasıl oldu?' dedim.

'Fatih kanser sonrası etkilerden oldukça arınmış görünüyor. Değerler çok iyi. Siz bu çocuğa bu imkânsızlıkta ne yaptınız da bu çocuk kanser sonrası süreci bu kadar iyi geçirdi ve çok şükür tertemiz?'

'Ah!' dedim.

Ve o an anladım... O an... Uzun zamandır kör olduğumu, aslında nasıl büyük bir rahmet içinde olduğumu o an fark ettim... 'Allahım affet!... Allahım affet!...' diye ağlamaya başladım. Ben, varlıklarımı yitirdim, bana ceza veriliyor diye isyanlardayken, Rabbim bana verdiği en kıymetli şeyi, bana verdiği çocuğu ve beni kurtarmaya çalışıyormuş. Rabbim beni 'Kalk Uyan Seval!' diye derin uykumdan uyandırmaya çalışırken ben sağır, ben kör. Sarsılmadan uyanmayan ve bu yüzden de okulundan olan öğrenci gibi uykuma devam etmişim. Rabbim benim için ve bana verdiği oğlum için çırpınırken, beni fakir sofralarında besleyip, bir gün bile aç bırakmayıp bu yiyeceklerle onu iyileştirirken, ben isyan ederek bana uzatılan merhamet elini görmemişim.

Ben Rabb'imin beni ve oğlumu kurtarma çırpınışlarını ceza sanıp isyanla karşılarken, evladımı bana yeniden bağışlayan Rabb'ime nasıl da haksızlık etmişim! Ve kitabınızı okumaya başladıktan sonra bunları anlamaya başladım. Yazdıklarınızla bir kez daha tüm bunlara şahit oldum.

Rabb'imin her yandan beni çevrelediğine, sarıp sarmaladığına şahidim ben, şahidim! Ben yaşadım ben gördüm." Ağladık... Gözlerimizden yaşlar dökülürken "Mahvoldum...

Yandım... Yandım... Yandım..." dedi. Sonrasında ise "Deniz Hanım ne yapmalıyım sizce?" diye sordu. Ve kocaman bir kâğıt çıkararak, "Astroloji ve türevi konular üzerine bir çalışma var, onun izini mi sürmeliyim? Sizin hissiyatınız nedir, bir okur musunuz?" dedi.

"Seval!" dedim. "Ne astrolojisi! Allah sana bunca şeyi, seni buraya gönderdiği şeyi gerçekleştir diye yaşatmış. Sen insanlığa şifa ol diye oğlun üzerinden seni eğitmiş. Aslında oğlundaki senin Rabb'inin tecellisidir. Sen bu uyandırılıştan ve yeniden doğuştan sonra kanserli hastaların ve hastalıklarda önleyici gıdaların üretimi ve sunumu hizmeti üzerine eğitilip var edilme sebebine doğru itildiğini; sadece kendi oğluna değil, tüm hastalara bu hizmeti sunmaya vesile olmak üzere, itile kakıla teslim olma bilincinden uzak, direnerek de olsa eğitilmişsin. Belki de bu kadar direnç göstermeseydin, teslimiyetçi olabilseydin eğitimin de bu kadar zor olmayacaktı. Ama sen zulmeden bir Rab zannettiğin, merhametlilerin merhametlisini tanıyamamıştın. Sen; zorluk zannettiğin, acı zannettiğin, ayrılık zannettiğin her şeyle Rabb'inin sendeki esmasına itildin aslında. Ve ne zaman ki kendi ilahi hakikatini gerçekleştirmeye ve bu dünyaya gönderilme sebebini sen fark bile etmeden mecbur bırakılarak yaşamaya başlatıldın, her şey tıkır tıkır yoluna konuldu fark ettiysen.

Sen şu noktadan itibaren tabii ki Allah'ın seni eğittiği hatta anlamadığın için zorlayarak eğittiği ve potansiyelini ancak böyle açığa çıkarabildiği konuda, varoluş sebebini ve esmanı gerçekleştireceksin! Yaşadığın tüm yönlendirme ve işaretlere bakarsan senin misyonun bu olmalı! Şimdi bu kâğıdı atıyorum Seval." Astrolojiyle ilgili yazdıklarını ona gösterdim. "Bu başka bir kardeşimiz için tayin edilmiş bir misyon, o da şu anda ülkenin bir yerinde kim bilir Rabb'imin hangi çağırma metoduyla eğitiliyor. Ama Rabb'imizin sana takip etmen için bıraktığı hayatındaki tüm işaretleri izler ve onları okumaya çalışırsak senin misyonun o değil. Senin uzmanlaşma alanın yegâne gerçek öğretmen olan Rabb'in tarafından esman doğrultusunda bu şekilde tayin edilmiş. Sonuna kadar insanlığa hizmet etmek için Efendimiz'in (s.a.v.) tavsiyesi olan 'Mümin arı gibi tayyip, yani temiz yemekler yer' işaretlerinin senin üzerine düşen kısmını gerçekleştir ve ben de bunu sonuna kadar ruhen destekleyeceğim."

Bu olay tam üç sene önceydi...

Bugün bu harika insan benim canım kardeşim, yıllardır Allahımın onu yetiştirmesiyle doğal beslenme işinde, insanlığa her gün artan bir ürün portföyüyle, her geçen gün artan bir fayda sunmakta ve insanların gıptayla baktığı çok güzel bir yerde bulunmaktadır. Allahım onun yolunu açsın...

Bu hikâyeyi sizinle paylaşmadan evvel o gün tekrar onu arayıp, "Seval sen insanın dünyaya gönderilmesinde, yaşadığı acı ve sıkıntılarla aslında Rabb'i tarafından merhametle kendi ilahi hakikati ve dehasına itildiğinin en güzel örneklerinden birisin. İznini almıştım geçen sene ama yeniden sormak istedim. Eğer izin verirsen hikâyeni feyiz olsun diye kardeşlerimizle paylaşmak isterim."

"Ne demek Deniz, çok mutlu olurum," dedi.

"Sen..." dedim. "Hatırlıyor musun birkaç söyleşi önce bana 'Deniz ben teheccüde seninle başladım' demiştin. Devam ediyorsun değil mi?"

"Evet" dedi. "Allahım lütfediyor, beni uzaklaştırmıyor. Teheccüdü senden öğrendim Deniz ve çok söylerdin, dediğine de aynen katıldım bu süreçte. Teheccüd kılan birinin hayatı gerçekten tamamen değişiyor. Ve sonra neyi düşündüm biliyor musun?"

"Neyi?" diye sordum merakla.

"Ben..." dedi. "Eskiden gece kalkıp namaz kılardım, ama onun adının teheccüd olduğunu bilmiyormuşum. Neden gece kılardım biliyor musun?"

"Neden?" dedim.

"Çünkü eşim ateistti benim ve gün içinde ibadet etmemi istemediği için gece kalkıp o uyurken dua edeyim, namaz kılayım diyordum."

"Ah..." dedim. "Seval, ah... Sen ateist eşim var, gün içinde ibadet edemiyorum, karışıyor diye sitem ederken; Rabb'inin seni '*Ne istediğiniz varsa gecenin üçte birinde isteyin geri çevirmem! Ben yeryüzüne tecelli ederim*' dediği vaktin o vakit olduğunu bilmeden, ateist bir eşle seni kendine o saatte gelmeye mecbur bırakan Rabb'inin yaptığı her işin, aslında merhamet, sevgi, rahmet ve cömertlik olduğunu şimdi anlıyor musun?

Eşinin ateist olması bile seni gece huzura almak ve alıştırmak içinmiş."

Gözlerim dolup taşmıştı.

Biz "Eşhedü en la ilahe illallah" derken ne demek istediğimizi anlayamıyoruz. Şahidim ki her yerde, her şeyde var olan yegâne Allah'tır. Yaşadığım her şey Allah'tandır ve herkes Allahımın vechidir. İsim ve sıfatlarının aynalarıdır. Biz "Eşhedü en la ilahe illallah" derken "ilah" kelimesi ve kavramının "en çok seven, en çok özleyen, en çok koruyan, sahiplenen" olduğunu bilmediğimiz ve bu sözleri tekrar ederken ne dediğimizi anlamadığımız için, İslam yani "teslim olma" haline geçemiyoruz. Herkeste ve her yerde Allah'ı gören insan olan bitene teslim olmaz da kime olur, neye olur? Her yerde Allah'ın olduğuna şahit olduğunda, herkeste sana görünenin Rabb'in olduğuna şahit olduğunda, yaşadığın her şeyin seni aslına, özüne doğru taşıdığını ve sen özüne dönüşürsen Rabb'ine kavuşacağını, sonrasında asla kaybolmayacağını ve asıl muazzam yolculuğun orada da devam edeceğini anlamış olursun.

Her şey "aslı"na rücu edecektir...

İnna lillahi ve inna ileyhi raciun... Muhakkak ki biz senin içiniz ve sana döneceğiz... Dönüşeceğiz.

"Turceun" ile "raciun" farkı budur işte.

"Turceun"; zorla da olsa Rabb'ine döneceğinin, dönüşeceğinin; "raciun" ise iradeni de teslim ederek, buradayken, bilerek isteyerek tüm varlığını Rabb'ine teslim etmenle olacak bir dönüşün, dönüşümün işaretidir...

O zaman düşün ve karar ver!

Sen hangi yolla O'na döneceksin? Ve hangi yolla yaşayacaksın?

Ben O'nun sevgisine, rahmetine şahidim. Hepimiz hayatlarımıza baktığımızda bunu göreceğiz! Her şey nasıl da mükemmel planlanmış, nasıl da mükemmel düşünülmüş, her şey nasıl da plan dahilinde!

Yardım Etmek

Merhaba Deniz Hanım...

Benim hikâyem on beş sene önce başladı. Günümüz şartlarında baktığınızda maddi durumumuz iyiydi. Evli ve bir çocuk annesiydim. Maneviyatla aram ilkokul yıllarından itibaren gelişmişti. Fakat evlenip bir evlat sahibi olduktan sonra dünya işlerine çok dalmış olmalıyım ki Allah beni kanser hastalığıyla sınadı. Bunu öğrendiğimde ilk tepkim şaşılacak gibiydi, mutluydum! Bu ferahlığı verenin Yaradanım olduğunu anlamıştım. Hemen ameliyata alındım, sol yumurtalığımın tamamı alınıp, rahim temizlendi. Çok şükür sonuçlar da iyi çıktı. Doktorlar "Artık çocuğun olmaz" dediler ama ben içimden "Allahım bilir" dedim ve hep hakkımda hayırlısını istedim. Bir süre sonra hamile kaldığım anlaşıldı, doktorlar da dahil herkes şok oldu.

Bu bana Allahımın yaşattığı bir mucizeydi. Her şeyin bir sebebi olduğunu o zaman daha iyi anladım. Doğumum gerçekleşti ve 1750 gram bir kızım oldu. Rabbim o kadar büyük ki kızım o sıkıntıdan sonra bana verilen bir hediyeydi. Ve hayatıma tasavvuf girdi. Deli gibi öğrenmeye, okumaya başladım. Öğrendikçe adeta sonsuz bir denizde kaybolmak ister gibi daha da derine inmek istiyordum. Tabii yıllar geçerken bendeki farkındalıklar daha da artmaya başladı. Çocuklarımı da büyütürken bu doğrultuda konuşmaya ve onları da bu yönde eğitmeye başladım. Onlara, en çok kimi seviyorsun diye sorulduğunda "Önce Allahım, sonra Peygamberimiz (s.a.v.)" diye cevap verirlerdi. Anne babalara düşen en büyük görev aslında Allah'ı sevdirmek. Kızım beş yaşındayken, onu sabah namazına kaldırmadığım için bana kızardı. Kandillerde, dini günlerde küçük çantasına Yasin koyup taşıyordu. O zamanlarda anlıyordum ki yapan da yaptıran da Allahımdı, o çocuktan Allahım konuşuyordu. Ölümle ilgili öyle şeyler söylüyordu ki kafam karışıyordu. Ama hayat bu ya sınavlarımız devam ediyordu.

Dört sene sonra iflas ettik, tüm mal, mülk, para, her şeyimiz gitti. Eşimle beraber dünyanın borcuyla baş başa kaldık. Bu olaydan sonra Yaradan'ıma daha da çok sığındım ve O'nunla konuşurken sabah akşam "Allahım ben sana güvendim, sen kolaylaştıransın, Sen bize yardım et," dedim. Allahım nasip etti ben de bir iş bulup çalışmaya başladım. Aldığım maaşla on beş yılda ancak ödeyebileceğimiz borç, nasıl ödendi, nasıl ödedik, ben bilmiyorum.

Bu arada etrafımda gördüğüm zor durumda olan kim varsa maddi manevi yardım etmeye çalıştım.

Mucizelerini bana oradan da gönderdi Rabbim ve anladım ki ben Allah için çalışmalıydım. Zaman içinde karşıma başka insanları çıkardı, onlarla ortak olarak kendi sigorta işimi tekrar açtım. Ama önceliğim insana hizmetti. Bir dernekte, her türlü şiddete uğrayan ve cinsel istismara maruz kalan kadın ve çocuklarla gönüllü olarak çalışmaya başladım. Halihazırda nefes almayı unutmuş kadınlara nefes çalışması yaptırıyorum ve onlarla beraber "Sufi Nefesi" çalışıyoruz. Bir nebze de olsa gönül yaralarına dokunmak, yaralarını sarmaya çalışmak beni ruhen besliyor. Biliyorum ki bu bir gönül işi ve yapan da yaptıran da aslında Allahım... Ben ise sadece o insanlara bu yolculukta; kalbimle, sevgiyle, Allah rızası için eşlik ediyorum.

Muhammed Suresi, 7. ayette diyor ya: "Ey iman edenler, eğer siz Allah'a (Allah adına İslam'a ve Müslümanlara) yardım ederseniz, O da size yardım eder ve sizin ayaklarınızı sağlamlaştırır."

Şu ana dek yaşadığım deneyimlerden şunu anladım ki; Allah kullarına yardım eden kişinin, dünyevi sıkıntılarını kolaylaştırıp onun hayatını yoluna koyuyor. Artık biliyorum ki sigorta şirketimde işlerin her geçen gün daha da artması Allahımın dinine hizmetlerimden dolayı. Artık biliyorum ki karşılıksız, beklentisiz yaptığın yardım muhakkak sana dönüyor. Gördüğüm ihtiyaç sahibi kim varsa hesap kitap yapmadan onun yardımına koşmaya devam ediyorum. Ve görüyorum ki canım Allahım benim yerime işlerimi açıyor, kolaylaştırıyor. Deniz Hanım, "Kendi esmam nasıl açığa çıkar?" sorusuna siz sürekli, "Salih amel işleyin. Yardım... Yardım... Yardım... Bu işin anahtarı Hakk'ın halkına hizmet ve yardımdır" diyorsunuz ya, gerçekten de öyle. Allah için yapılan tüm yardımlar size misli misli geri dönerken sizi olmanız gerekene de dönüştürüyor. Bizler dönüştüğümüz halden sorumluyuz ve ne olmak istiyorsak kendimizi buna dönüştürme gücüne sahibiz. Deniz Hanım *İşaret* çok şey öğretti bana, çok... Kur'an-ı Kerim meali okumaya başladım ve *İşaret*'te değindiğiniz meseleleri dikkate aldığım için okuduklarımı daha da iyi anlıyorum. Yazandan, yazdırandan Allah razı olsun. Allah'a emanet olun...

Sevgilerimle...

Subhan

İşte bu anlattıklarım Subhan Allah ve "La ilahe illa Allah" için de aynı şekilde tekrarlanırsa, o zaman o **Salat-Namaz-İrtibat** haline girişinle çıkışın aynı olmaz. Bilincinin değişmesi ve dönüşmesi, senin duygu-düşünce-davranışlarının da değişmesi ve dönüşmesi demektir.

Bu da kuantum alanda (yapabileceğin seçimlere ilişkin sonsuz olasılık dalgası içinde) yeni bilincinle yaptığın seçimlerin Kader'ini yeniden inşa etmesi anlamına gelir.

Kaderin değişmesi de kaderdir ve hepsi AN denilen zaman ötesi boyutta halihazırda yazılmıştır. *İşaret* 1'de anlattığım gibi "gayretin/çaban değişebilen kader" kesitin için çok çok önemlidir. **"Evet, çok net hatırlıyorum ve o kader anlatımıyla pek çok mesele de bilincimde yerli yerine oturdu Deniz..."**

Allahımıza sonsuz kez şükürler olsun.

"Deniz ya, sen böyle anlattıkça fark ediyorum ki biz çoğumuz Allah'ı tanımıyoruz, değil mi?"

Kesinlikle, hiçbirimiz tanımıyoruz, Peygamberim (s.a.v.) ve sonra Hak dostları hariç, **hepimiz kendi zannımızda kendi "yarattığımız" bir Allah tanımıyla yaşıyoruz.** Zaten Allah'ı tamamıyla idrak etmek Efendimiz (s.a.v.) için, yani O'nu en çok tanıyan hakiki insan için bile mümkün değil, ama en azından ne kadar tanımak için uğraşırsan o kadar zengin bir bilinç ve dolayısıyla da ebedi hayat içinde olursun! Hakiki zenginlik budur! Allah'ın "Ğaniyy" ismini iyi anlamak lazım ve "kâfir" kavramının *hakikati örten*, yanında *nimeti vereni inkâr eden*, yani nankörlük manasını da. Allah'ı tanıman O'nun aynası olarak seni yüceltir, ah bilsen, bunu bir bilsen o kadar yükseleceksin ki...

İslam, bakıldığında yüzde doksan davranışla ilgili bir yoldur.

Çünkü **"dil"**de olan ile **"gönül"**de olup dışarı çıkan farklıysa, hakiki değildir. **Kâfir**, sadece "Allah'a inanmıyorum" demekte olan değil, **davranışı** ile **dilinde** olanın aksini yapan ve bu şekilde hakikati inkâr edendir.

Mesela adam oturur Cem Yılmaz'ı bayıla bayıla izler... Ama Cem Yılmaz'daki kim onu fark etmez! Düşünmez. Oysa tüm yetenekler sadece Allahımıza aittir. O çok "espritüel"dir. Latif bu demektir. "Espritüel" kelimesi de "spiritüel" kelimesinden gelir. İngilizcedeki *"inspiration"* yani "ilham" da *"spirit"* yani "ruh" kelimesinden gelir, aynı espritüel gibi. Demek istediğim tüm bu özellikler kişinin ruhunda vardır ki, o ruh da Rabbi tecelliye aittir. O ruh Rahman'ın nefesidir! Sen Cem Yılmaz'ı izlerken Cem Yılmaz'ın değil, ondaki esma terkibinin, yani Allah tecellisinin espri yeteneğini dinliyorsun!

"Nasıl yani?"

Yani şöyle, Allah hayat sürecinde zaman zaman seni sana göstermek için espriyle aynalama yapar... Ne bileyim en dalga geçtiğin komşu oğluna yıllar sonra âşık olman ve onun seni küçükken en beğenmediğin, hatta utanmadan şişko diye dalga geçtiğin, büyüyünce fıstığa dönen kız için terk etmesi gibi.

Bu, Allah'ın senin kibir gibi olumsuz özelliklerini biraz espritüel yolla kırmasından başka bir şey değildir. Utanmadan şişko dediğin o kız da, Allah'ının esma tecellilerinin, sana o **insan elbisesiyle** görünme halinden başka bir şey değildir.

Başta ailen olmak üzere hayatındaki herkes, her şey Rabbi tecellinin elbise giymiş görüntüleridir... Hatta tüm hayatın boyunca bir kez, sadece birkaç saniye için evinin kapısının önünden geçmiş adam da dahil herkes, seni olman gerekene dönüştürmek için **Allah'ının "kurduğu eğitim ekibinden"dir.**

Tüm bu mahlukat Rabbi tecellinin farklı farklı görüntü ve elbiseler içinde sana yansıması ve seninle muhatap olmasıdır.

Tüm bunlar eğitimin için! Olumsuz duygularından arınman için şekilden şekile, kılıktan kılığa giren Rabbi tecelliden başka biri değildir.

O kılıklar, senin bilincindeki virüslerin atılması için gereken "dünyevi operasyonun, tiyatronun" sahne kostümleridir!

Kendilerini güzelleştirmek yerine aynalara kızıyor insanlar... Ne acayip ironi...

Aynalara kızma! Kendini güzelleştir...

Kimseye kızma kardeşim. O zaman onu ilahlaştırırsın, o sadece senin eğitmenin. Bazı öğretmenler zorlar, bazıları yumuşacıktır. Ama hepsi sana sen olmayı öğretir. Unutma... O gördüklerini putlaştırma... Söyle: Zeynep! Ahmet! Mert! Anne! Eş! "La ilahe!" Sen ilahım değilsin. Bu yüzden sana kızmam. İlla Allah... Sendeki İlla Allah'tır yani sendeki yalnızca Allahımın tecellisidir. Ben razıyım. İdrak ettim. Vesilesin affettim. Allahımdan bildim, şükrettim...

Ama işte "La İlahe illa Allah"ı anlamazsan böyle ahkâm keser ve Kuran'ın:

1. Senin bilincini inşa/terbiye eden...

2. Muazzam bir şekilde kâinatta olan ve olacak her ilmi içeren...

3. "SANA ÖZEL" ve "CANLI", dolayısıyla da sana her an iletişimle cevap veren bir "psikolojik telkin kitabı, zan yani bilincinin inşa kitabı" olduğunu anlamazsın...

"Ah!... Şu an dankladı! Bu psikolojik telkinle amaç da..."

Senin kâinatının senin bilincine göre değişmesi! "Of! Deniz! Anladım!"

Ene ve Enaniyet arasındaki fark da böyle oluşur işte...

Biri, Allah için var olmak: O'nun esmalarının bineği olarak bireysel bir varlık bulmak. Diğeri ise: BEN BEN diyen EGOSANTRİK bir AHMAK olmak!

ENE başkadır ENANİYET başka. Enaniyet Mülk'e bakar yani Maliklik hissine, Ene ise Allah'ın sana Ente dediği, senin o hakikat-i Muhammediye çekirdeğindeki varlığına.

İnsanlar bu dünyadan hiçbir şey götürülemeyeceğini milyarlarca milyonlarca kez görmüşler. Buna rağmen hâlâ deli gibi bu dünya için çalışıyorlar. Kendilerine Rab'leri tarafından lütuf olarak verilmiş bu "ÖMÜR" denilen "İMAR PLANI" ve ona bağlı yıllarını heba ediyorlar. İki araba, üç ev, beş seyahat, zengin olma kaygısı gibi fani şeyler için kendilerini ve yaratılma sebeplerini şuursuzca çöpe atabiliyorlar. Zengin olduğunda bir tek kuruş bile yanında götüremeyeceğini biliyorsun ama hâlâ deli gibi dünya için çalışıyorsun. Neden burada olduğuna ve Yaradan'ına ilişkin en ufak bir fikrin yok.

Şimdi sen bana söyle; bir an kadar kısa geçen ve içinden bir şey alıp götüremediğin bu dünya hayatı için çalışmak mı mantıklı, yoksa artık bilimin bile kabul ettiği "Bilinç ölümden sonra devam ediyor" dediği ebedi hayatın için çalışmak mı?

Bu seçimlerden hangisini yapan AKILLI VE NORMAL? SEN SÖYLE!

Zaten bizden istenen dünyayı es geçmemiz değil elbette. Ama **dengeyi bulmamız...** Hiç ölmeyecekmişiz gibi dünya için, yarın ölecekmiş gibi ahiretimiz için çalışmamız söyleniyor Efendimiz (s.a.v.) tarafından. Burada, **dünya için çalışmayı** doğru anlamak lazım. Dünya hayatın boyunca yaptığın çalışmaları **rıza-i İlahi**'yi gözeterek, kendi varoluş hakikatini gerçekleştirmek için yaparsan, yaptığın bu çalışmalar da ibadet hükmüne girer.

İnsanlar öleceklerini sanıyorlar. Bu yüzden, "Burada ne yaparsam kâr!" anlayışı olanlar var. Oysa burası, *yaptıklarımızın maddeye dönüştüğü yer.* Senin burada yaptıkların, seni orada karşılayacak ve oradaki hayatını belirleyecek.

"Geleceğimiz fena desene!"

Bak sana bir şey söyleyeyim de altüst ol... Ahiret bizim geleceğimiz mi acaba? Bir düşün.

"Nasıl yani! O da ne demek? Tabii ki, tabii ki geleceğimiz Deniz, aklımla oynama!"

Yo... Hâşâ! Aklınla oynamıyorum, sadece kalıplarını kırmaya çalışıyorum. **Bunlar dünyevi sistem bakışı...** Zaman doğrusal değildir. Yani dün, bugün, yarın gibi bir sıralama yoktur. Zaman daireseldir ve ruhun da sonsuzluğun da simgesidir daire.

"Yani?"

"Yani, seni, gelecek zannettiğin Ahiret'te geçmişte yaptıkların karşılayacaksa, sen geleceğe gidiyorsun zannederken geçmişe gidiyorsun!"

"Ne?"

"Geçmişine..."

"Of!... Bu beni zorladı şu an."

"Zorlamasın. Senin bilmen gereken tek şey, doğru, dengede ve adil olan bir insan olman gerektiği. Allah'ının Peygamber'inin (s.a.v.) ahlakıyla ahlaklanan ve böylece sonsuzluğu bulan... Kuantum fiziği artık **şu an'ı** (şimdisi) değiştirilen bir "foton"un/ışık parçacığının geçmişinin değiştiğini ispat ediyor ama şimdi hiç oralara girip kafanı daha da karıştırmayayım... Artık neyin hakikat neyin hayal olduğunu ayırt etmemiz gerek. Bizi et-kemik, çöpe, gübreye dönüşecek bir varlık gibi göstermek isteyen herkes başka bir planı gerçekleştiriyor. Sen, ben onları ölü zannetsek de başta Peygamberim (s.a.v.) ve Allah dostları hâlâ aktif. Mesela yaşam süreçleri içinde, iyi ya da kötü kitleleri peşinden sürüklemiş onca insan var. Pek çok insan neye inandığını bilmiyor, çünkü kendisinin ne olduğunun farkında bile değil. Dünyadaki kötülüklerin baş sebeplerinden biri belki de bu. İnsan kendi kıymetini, yeryüzüne gelme sebebini bilse ve ebedi bir varlık olduğunu kavrasa acaba böyle bir ebedi hayat şansını bu derece hoyrat kullanır mı? Düşünsene Peygamberimiz (s.a.v.) ahirete göçtüğünden beri hâlâ kaç kişinin rüyasına giriyor. Yani o hâlâ aktif. Hatta ben sana onun halihazırda her ayın belli bir gününde kâinatın yönetiminde Allahımız tarafından tayin edilmiş bize göre "geçmişte" yaşamış ama Hakikat'te hâlâ diri olan ve günümüzde dünyevi ömrünü yaşamakta olan Allah dostlarıyla buluştuğunu ve bu konuların onlarca detayını anlatırım da şimdi boş ver...

Peki, milyonlarca insanı peşinde sürükleyen Hitler kaç kişinin rüyasına giriyor? O hâlâ "şahsen" aktif ve diri mi? Bunun yanında değindiğim gibi ya Allah dostları? Nasıl hâlâ aktifler, hatta isimlerini andığın an bile orada hazır bulunuyorlar? Söylesene tüm bunlar nasıl oluyor?

Allah Resulü (s.a.v.) her yıl yüz binlerce insanın rüyasına geliyor. Hakikat arayışında olsun olmasın Peygamberimiz'i (s.a.v.) rüyasında gören onlarca insanın hikâyesini dinledim. Japonya'da sıradan bir hayat yaşarken bir gece rüyasında tanıdığımız Allah dostlarından birini görüp onu bulmak için buraya gelen Japon kardeşlerimiz bile var. Bu nasıl bir gizem ki, dünyanın bir ucunda yaşarken sana gösterilen bir rüyayla kalbinin peşinden rüyanda gösterilen kişiyi bulmak için dünyanın öbür ucuna gidiyorsun. Mesafe, zaman ve mekân yok ki! Kâinatın işletim sistemi artık kuantum fizikçileri tarafından yavaş yavaş anlaşılmaya başlanıyor. Mesafe, zaman, mekân kavramları tartışmalı. Bilincimizi inşa eden Allah ve Resul'ü (s.a.v.) ve Kuran artık şunu fark eden bilim insanları için bu sebeple cazip gelmeye başladı: Onlar da artık biliyorlar ki kâinat sadece insan varsa var ve o kâinat da o kişinin idrakine göre var. Yani tersi değil. Kâinat olduğu için yoksun sen, sen var olduğun için kâinat var. Bu durumda kendini değiştirmen, yani bilincini/idrakini dönüştürmen kâfi. Dışarıda gördüğün her şey yalnız senin bilincinin yansıması.

Sana çok ilginç bir örnek vereyim. Okyanus/deniz insanın bilincinin simgesidir...

Nasıl mı? "Bu dünya rüyadır" demiş Efendimiz (s.a.v.) ve rüyalar da tabir edilir değil mi? Neden? Çünkü rüyada görülen eşya başka bir hakikati sembolize eden bir işarettir, simgedir. Bu dünya rüya ise, rüyada görülenler de sembol/simge/işaret olduğuna göre burada gördüğümüz her şey başka şeylerin sembol/ simge/işaretleridir.

Mesela baktığımızda bir deniz ya da okyanus görüyoruz değil mi? Şimdi eğer ki bu dünya rüya ise o zaman bu deniz ve okyanus da demek ki başka bir hakikatin sembol/simge/işaretidir.

"Aaa! Bu gerçekten çok acayip..."

Kehf Suresi, 9 Ayet, Mağara Tasavvuru, 9. İşaret

"Yoksa sen, Ashabel Kehf ve Rakîm'in, **bizim acayip ayetlerimizden biri** olduğunu mu sandın?"

Bak burada Rabb'in "Yoksa sen, Ashabel Kehf ve Rakîm'in, bizim acayip ayetlerimizden biri olduğunu mu sandın Yasemen?" diyor. Acayip ayetlerimizden biri. Bu ne demek? Yani

Yasemen, "Bizim sayısız acayip ayet işaretimiz var da sen göremiyorsun..." İşte bu rüya meselesi, bu hakikatlerin hepsi çok acayip ama anlayana!

Gelelim okyanus ve denizlerin **bu rüya âleminde neyi sembolize ettiğine**... Afakta yani âlemde gördüğün okyanus ve denizler, enfüste senin bilincini sembolize eder. Denizlerde canlıların yaşaması planktonlara bağlıdır. Her deniz hayvanı beslenme açısından dolaylı ya da doğrudan planktonlara bağımlı olduğundan, planktonlar denizlerdeki yaşamın bir anlamda kaynağıdır. Ama balık avlarken bombalama sistemini seçen bir IRK olan insanoğlu her şeyi öldürmekte! Ve hatta bir araştırmaya göre 2050 civarında neredeyse hiç balık kalmayacak![22]

"Ne kalacak peki?"

Ne mi? DENİZANASI! Hızla türüyor, denizleri istila ediyorlar. Doğa, bizden intikamını böyle alıyor.

"AH!..."

Dur bitmedi, denizanasının özelliği nedir?

"Nedir?"

"BEYNİ yoktur, omurgası yoktur. Denizanasının da bu rüyada bir simge olduğunu hatırlarsan ortaya ne çıkıyor? Beyni ve omurgası olmayan canlılara dönüştüğümüz!

İşte eğer ki deniz/okyanus, bilincin enfüsteki simgesiyse o zaman oku bakalım doğayı, kâinatı. Ve onun sana mesajını anla... Afakta olanlar insan bilincinin bu yöne gittiğinin işaretidir. Doğa, kâinat senin aynandır.

---

22 Gerek sudaki canlı devamlılığının sağlanması, gerekse atmosfer yağış oluşunun sağlanması gibi görevlerde aktif görevler oynayan planktonlar dünya üzerindeki canlılar açısından oldukça fazla önem taşımaktadır. Önemi bu kadar fazla olan planktonların son yıllarda yaşam alanları daralmaya başlamıştır. Bunun nedeni ise küresel ısınmanın sonucunda denizlerin Ph derecesinin düşmesidir. Düşük Ph derecesinde tekhücreli olan planktonlar yaşamlarını devam ettirememektedir. (*Erdoğan Gül*)

Büyük çoğunluktaki insan, Kuran'a bakınca aslında Kuran'ın "kendi bilincine ve kabalıklarına ayna tuttuğunu bilmediği için" onca ayetteki zarafeti görmez, göremez ve bu ayet niye böyle der durur...

Kâinatın da "açık Kuran" olduğu anlatımını anlarsan hakikatleri daha net görmeye başlar, Kuran'ın da kâinatın da kişinin "ayna"sı olduğunu fark edersin...

Bu durumda az önce değindiğimiz Tebbet Suresi'nde "O Ebu Leheb'in elleri kurusun" denilirken Ateşin Babası anlamına gelen Ebu Leheb arketipinin neyi ve kimleri işaret ettiğini anlamazsın!

Senin Yaradan'ın Allah'ındır! E bu durumda herhalde(!) kendi yarattığının neyi nasıl anlayacağını en iyi O bilir.

Musa (a.s.) ve Firavun'un hikâyesini düşün... Firavun'un, onun sonunu getirecek Musa'yı (a.s.) üstelik "seve isteye" nasıl da kendisinin ve eşinin kucağında, sarayında büyüttüğünün hikâyesini...

Allah'ın kurgusuna bak! Firavun, kendisinden kurtulmak için 40 bin erkek çocuğu katlettirdiği Musa'yı (a.s.) aslında kucağında taşımaktadır! Ancak kâhinler ve etrafındaki adamları yüzünden onun sonunu getireceği söylenen o özel çocuğun Musa (a.s.) olup olamayacağı sorgusuna kapılır. Bir gün Musa'nın (a.s.) onun sakalını çekmesiyle iyice şüphelenmeye başlar. Sonra şöyle bir şey düşünür: Eğer ki bu çocuk geleceği haber verilen o bilge çocuk ise ateşte kızdırılmış bir demiri ona doğru tuttuğunda kendini korumaya çalışacaktır. Bu düşünceyle Firavun ateşte kızdırılmış bir demiri bebek Musa'ya (a.s.) yaklaştırıp onun BİLGELİĞİNİ anlamak için güya kendince bir tuzak kurar...

Ama "Allah tuzak kuranların en hayırlısıdır..."[23] Allah, Firavun'un, bebek Musa'nın (a.s.) kimliğini anlamaması için

23 Enfal Suresi, 30. Ayet, Savaş Ganimeti Tasavvuru, 30. İşaret

onun o kızgın demiri ağzına götürmesine izin verir. İşte bu yüzden Musa'nın (a.s.) dili yanar. Hatta bu sebeple kekeme olduğunu bile söyleyenler vardır. Allahualem... Firavun Musa'nın (a.s.) yanılgıya düşmesinden dolayı ferahlayarak "Eğer ki bu bebek, geleceği haber verilen seçilmiş kişi olsa böyle bir tuzağa asla düşmezdi" diye düşünür.

Bir rivayette Musa'nın (a.s.) "konuşamama meselesinin" böyle gerçekleştiğini okuduğumda çok etkilenmiştim. Hakikati yalnız Allahım bilir elbet...

Şimdi Hazreti Musa (a.s.) örneğinden yola çıkarak Efendimiz'in (s.a.v.) konuşma zorluğu olan kardeşlerimize nasıl davrandığına bakalım.

Son yıllarda Amerika'da kekemelik/konuşma zorluğu üzerine yapılan çalışmalarda, bu konuşma zorluklarının giderilebilmesi için neler yapılabileceğine ilişkin çeşitli araştırmalar yapılmış. İlginç olan iki metodun ikisinin de Efendimiz'in (s.a.v.) bu konuda kullandığı metotlardan olması.

"Nasıl?"

Gerçekten Allahımız ve Peygamberimiz'i (s.a.v.) tanımıyoruz... Allah'ın Âlim sıfatının tecellisinin en üst mertebesindeki Peygamberimiz'den (s.a.v.) Einstein'lar Hawking'ler daha çok konuşuluyor ve daha fazla dikkate alınıyor. Nasıl bir körlük içindeysek önümüzdekini görmüyoruz.

Ama çok fena niyet ettim Yasemen, *İşaret* 1 ve 2 ile başladığımız bu **bilinçte soyunma** işini bu yeni kitaplarla ve başlayacağımız egzersizlerle gerçekleştirmeye çalışma peşindeyim BİİZNİLLAH! Bu işi topluca yapmak **Kolektif Bilinç** etkisini yakalamak için çok önemli keza!

Neyse, devam edeyim...

Peygamberimiz (s.a.v.) kekeme olan biri kendisi sohbet esansındayken bir şey sormak istediğinde sohbeti kesince, dakikalarca, da-ki-ka-lar-ca, yüzünden gülümsemesi eksilmeden onu sabırla anlamaya çalışarak, asla yüzünü ekşitmeden, asmadan dinlermiş. Bazen dinleyiciler onun sohbetinin böyle bölünmesinden dolayı rahatsız olmaya başlayınca, Efendimiz'in (s.a.v.) bu durum karşısındaki tavırlarına bakarak kendi düşüncelerinden utanır ve ona benzeyen bir ahlak sergilemeye çalışırmış. Şeyh AbdulNasir Jangda bir anlatımında buna değinmişti. Efendimiz (s.a.v.) kekemelik ya da konuşma zorluğu sergileyen bir kişiyle Hazreti Musa'yı özdeşleştirmiş. Düşünsene Hazreti Musa'ya benzetilmek kişide nasıl bir kendine güven sağlar. Yani baktığında Efendimiz'in (s.a.v.) yaptığı psikolojik bir telkindir. İlginç olansa son yıllarda kekeme ya da konuşma zorluğu olan çocuklar üzerinde yapılmış çalışmalarda, çocukların konuşmadaki zorluk özelliklerini benzer özelliği olan bir ünlüyle özdeşleştirdiklerinde bu benzetmenin çocuklar üzerindeki olumlu etkisi ortaya çıkmıştır.

Kendini ifade etmeye çalışırken tedirginliği artan konuşma zorluğu olan çocuğa karşı sabırla yaklaşıp onu dinlemek, onun karşı tarafa rahatsızlık verdiği hissini aşmasına sebep oluyormuş... Bunun da bu zorlukları yaşayan çocukların konuşması üzerinde olumlu bir etkisi olduğu ölçülmüş!

Kimi ilahiyatçı Musa (a.s.) kekemeydi, kimisi hayır sadece konuşma zorluğu vardı diyor. Musa'nın (a.s.) yaşadığı zorluk her ne boyutta olursa olsun bu, meselenin özünü değiştirmiyor. Meselenin özü Allah'ının mevzubahis olan zorluğu ve sıkıntıyı nasıl çözdüğünü ve bunun çözülebilmesi için hangi telkinleri yapman gerektiğini Kuran'da sana öğretmiş ve göstermiş olmasıdır.

Gördüğün gibi, Allah'ın her şeyi biliyor ve onunla baş etme yöntem ve metotlarını da sana sunuyor ama anlayana!

Sen Kuran'ı kendi bilinç ekranındaki virüsler yüzünden kendi **içsel dünyana** göre, **temizlenmemiş bir bilinç ve akılla** okuduğun için Kuran, sana seni yansıtarak, senin aklını haklı çıkarıyor!

İnsanların genel problemi, bilmediklerini bilmemeleri... Bu yüzden insanlar üçe ayrılır:

1. Bilenler...
2. Bilmeyenler...
3. Bilmediğini bilmeyenler!

İşte bu **bilmediğini bilmeyenler** var ya en tehlikeli olanlar bunlar! Kendini aydın sanan CAHİLLER!

Bilgin eksik ama bilmiyorsun ve Musa'nın sana göre "cahil" addettiğin annesinin mucizesini görmüyorsun.

Yüksek Akıl'a teslim olamıyorsun. Kendi bilgi eksikliğin ve beyin bilgisayarın ekranının arkasındaki bağlanmamış kablolar yüzünden kendi ekranındaki EKSİK RESMİ resmin bütünü zannedip, bir de bunun üzerinden yorum yapıyorsun.

İblisin, Âdem'in kendisinden yüksek yaratılışta olduğunu kavrayamayıp, bunu kavrayacak ilme sahip olmayıp "Ben ondan hayırlıyım"[24] diyerek yaptığıyla aynı şeyi yapıyorsun! Kibir!

Tebbet'e dönersek, Efendimiz (s.a.v.) "Öfkelendiğinizde hemen abdest alınız" dediğinde, insanı oluşturan dört unsurdan birinin ateş, birinin de su olduğunu bilince, o içindeki ateşin su ile nasıl da sönmeye başladığını bu durumda abdest tazelemeye koşanlar bilir...

Ebu Leheb, öfkesi, baskısı ve toplumdaki "güçlü" konumu yüzünden fakir halkı ezen bir insan, aile ya da grup tipinin arketipi, temsilidir...

Şimdi surenin hepsine girmeyeceğim. Bu ayetleri biiznillah kendi algımdaki anlamlarıyla devam eden kitaplarımızda bolca vermeye çalışacağım. Ancak tüm bunlar içinde asıl meseleye gelmek istiyorum, yani şu anki konuya.

Kuran Fatiha'dan sonra, ELİF LAM MİM ayetiyle başlar... Burada sana ne söylenmek isteniyor biliyor musun?

---

24 Araf Suresi, 12. Ayet, Orta Yer/Orta Menzil Tasavvuru, 12. İşaret

"Ne?"

O zaman gel, bu ayeti senin üzerinden içselleştirelim:

Bak Yasemen, bu Kuran, bu BİLGELİK ve KILAVUZLUK KİTABI, şu ana dek hiç kimsenin "Tam da şudur!" dediği bir anlamını bulamadığı, bilemediği üç harfle başlar! Burada verilen mesaj nedir biliyor musun? Bu Kuran'ı anlamak istiyorsan önce ümmi olman gerektiğini... Dünyevi sistemin eksik ve değişken sunumları üzerine sana öğrettiklerini unut Yasemen! Yani BİLMİYORUM de... Eğer ki Kuran'ı anlamak istiyorsan bilmeyerek, temiz bir akılla gel; dolu ve şüpheci, her şeyi bildiğini sanan kibirli bir "akıl"la değil!

Akıl ne demektir Yasemen?

İKAL... Eskiden Araplar bir yerde yolda durunca başlarına bağladıkları kefiyeyi develerinin ayaklarını bağlamak için kullanırmış ki deve kaçmasın ve belirli bir daire içerisinde kalsın.

İşte akıl kelimesi ikal kökünden gelir ve bu manayı taşır. Yani akıl bağlıdır, bağdır. Sen bir esma bineğisin, esmaların DEVEsisin ve aklın hayat içinde kaybolmaman için, seni bir daire içine hapseder ve bildiklerini bağlar.

Hatta derler ya, aklını *kaçırdı*! Bak, deve gibi kaçan bir şey bu. İşte o yüzden akıl seni bir yere bağlı tutar, bu anlamda iyidir ama geliştirmeye izin vermezsen de bu sefer seni bağnaz yapar. O zaman Analitik Akıllı ya da Akılcı denilen eksik idraktekilerden biri olursun!

Akıl bir alet olarak kullanıldıkça sıkıntı yok, ama sahibi sen oldukça. Eğer ki o senin sahibin olursa tekâmülün sona erer, çünkü akıl kendi hükmünü kaybetmek istemez Yasemen.

"Hımmm... Şimdi anlıyorum neden bazı insanlara sol beyinli dendiğini."

Çoğumuz öyleyiz! Çünkü öyle yetiştiriliyoruz!

Okullarda yıllarca materyalist felsefenin "Görmediğime inanmam!" bakış açısı altında eğitildik. Güya eğitim!

Unutma miracın yatay kısmı akılla, dikey kısmı aşkla olmuştur...

Burak ve Ref Ref!

Önce beyin sonra kalp! Sonra ikisi birden!

Resmin bütününü parçalı gören ve kendi eğitimi dışında bir şeyi algılama altyapısı olmayan akılla değerlendirmeye çalışmak, asıl cahillik budur!

Bakara Suresi, 30. Ayet,

Özünü Arama Tasavvuru, 30. İşaret

"Ve iz kâle rabbuke lil melâiketi innî câilun fîl ardı halîfeten, kâlû e tec'alu fîhâ men yufsidu fîhâ ve yesfikud dimâe, ve nahnu nusebbihu bi hamdike ve nukaddisu lek (leke), kâle innî a'lemu mâ lâ tâ'lemûn (tâ'lemûne)."

"Bir zamanlar Rabb'in meleklere, 'Ben yeryüzünde bir halife yaratacağım' demişti. Melekler), 'A!.. Orada bozgunculuk yapacak ve kan dökecek birisini mi yaratacaksın? Oysa biz seni överek tespih ediyor ve seni takdis ediyoruz' dediler. Rabb'in, 'Ben sizin bilmediklerinizi bilirim' dedi."

Bakara Suresi, 31. Ayet,

Özünü Arama Tasavvuru, 31. İşaret

"Ve alleme âdemel esmâe kullehâ summe aradahum alel melâiketi fe kâle enbiûnî bi esmâi hâulâi in kuntum sadikîn (sadikîne)."

"Allah, Âdem'e bütün varlıkların isimlerini öğretti. Sonra onları meleklere göstererek, 'Eğer doğru söyleyenler iseniz, haydi bana bunların isimlerini bildirin' dedi."

Bakara Suresi, 32. Ayet,

Özünü Arama Tasavvuru, 32. İşaret

"Kâlû subhâneke lâ ilme lenâ illâ mâ allemtenâ inneke entel alîmul hakîm (hakîmu)."

"Melekler, 'Seni bütün eksikliklerden uzak tutarız. Senin bize öğrettiklerinden başka bizim hiçbir bilgimiz yoktur. Şüphesiz her şeyi hakkıyla bilen, her şeyi hikmetle yapan sensin' dediler."

Şimdi burada olayları değerlendirirken ÖNCE şunu yapmalısın!

YASEMEN ZİKR-ET: KENDİNE HATIRLAT VE TEKRAR ET.

1. Her ayet enfüste senin bilincini inşa için var Yasemen...

2. Afakta bilincinin kâinattaki yansıması olan olayı doğru yönetebilmen için...

Kuran neydi? İMAMÜL MÜBİN.

Yani aynı anda hem tüm olabilecek kitaplar ve bilgilerini içerdiği için **Kitapların Lideri** ve hem de kişiyi psikoloji, duygu, düşünce ve davranış boyutlarıyla dönüştürdüğü için, kişiye kendi dehasını açığa çıkararak nasıl bir lider olacağını talim ettiren bir **Liderlik Kitabı**!

Kuran LİDER yetiştirir. Kişinin LİDER olmasının ise öncelikle iki şartı vardır:

1. Önce kendini kontrol edebilmek-takva...

2. Sonra başkalarını yönetebilmek...

İşte sana Kuran tüm bunları kısacık ve öz işaretler/ayetler içinde tıkır tıkır öğretir ve bu öğretileri kâinatta da sana talim ettirir!

Allah'ın seni muhatap aldı ve sana varlık verip "SEN" dedi! Yoktan var edildin. Sen ENE demeyi ENANİYET'e çevirdin!

İşte bu, **hazineyi hezimete** çevirmenin en kısa yolu!

O melekler sadece dışarıda değil senin enfüsündeki/bilincindeki kuvvelere dedi ki, Rabbim beni bu kişinin üzmesine niye izin verdin? Rabbim şu çocuğun ölümüne, tacizine niye izin verdin?

O da dedi ki: "BEN SENİN BİLMEDİKLERİNİ BİLİRİM DENİZ! BEN KULUMA ANNESİNDEN DE, SENDEN DE, OLABİLECEK HERKESTEN DE DAHA DÜŞKÜNÜM!

SEN NE BENİM PLANLARIMI NE DE O ÇOCUĞU ASLINDA NEYE KARŞI NASIL KORUDUĞUMU BİLEBİLİRSİN!

BEN ONU eğer ki yaşasaydı KENDİ AİLESİNDE YILLARCA SÜRECEK tacizden kurtarıp en yüce makamlarımdan birine ulaştırdım. Onun yegâne sahibi, koruyucusu benim. O BENİM kulum, BENİM mülküm... Beşer zalimdir ama BEN kullarıma asla zulmetmem. Şu anda göremediğin şey basiret sahibi olmadığın için, BENİ tanımadığın için, BANA güvenmediğin için bir zulümdür. Oysaki Allah kendi üzerine prensip olarak Rahmet'i yazmıştır ve O kullarına asla zulmetmez.[25] Kör olan sensin. Zalim olan insan...

* * *

Sevgili Deniz Hanım...

Sizinle tanışmama vesile olan *İşaret* kitabınız diğer okurlarınız gibi benim de hayatımda birçok güzelliklere vesile oldu. Herkesin hayatı kendine göre zordu ve imtihanları farklıydı. Yaşadığım olaylara imtihan olarak bakabilmek uzun yıllarımı aldı. Öncesinde yaşadığım her şey benim için bir cezaydı çünkü. Annemin kırılan bardaktan eğri duran yastığa kadar aklınıza gelebilecek her konuda beni suçlaması "Bir anne çocuğundan nasıl bu kadar nefret eder?" diye sormama sebep oluyordu. Annemin yıllar içinde üzerimdeki baskısı ben

25 "Ey kullarım; ben zulmü hem kendime hem de kullarıma haram kıldım. Siz de birbirinize zulmetmeyin..." (Müslim, *Birr*, 55, No. 2577)

büyüdükçe azalacağına daha da artıyordu. Sonra evlendim. Tabiri caizse annemden kurtulmuştum. Yağmurdan kaçarken doluya tutulduğumu çok geçmeden anladım. Evliliğimde hem maddi hem de manevi sorunlar gün geçtikçe artıyor, içinden çıkılmaz bir hal alıyordu. Anneme anlatmaya başladım ama bunlar onun gözünde sorun bile değildi. Çünkü o da yıllarca her konuda beni suçlamış ve psikolojik şiddet uygulamıştı. Evliliğimde yaşadıklarım da aynıydı ve ben bu psikolojik şiddeti anlatamıyordum hiç kimseye...

İşte siz her şeyden vazgeçtiğim bu dönemde karşıma çıktınız. Size mesaj gönderdim ve anında cevap geldi. Bana, geçmiş nesillerimizin ve bizim bilerek ya da bilmeyerek işlediğimiz günahlarımızın bedellerinin üzerimizden kaldırılması için tövbe namazı kılmamı önerdiniz. Kendi günahlarımın cezasını anlayabiliyordum ama geçmiş nesillerin işlediği günahların bedellerinin bizlere sirayet etmesini kavrayamıyordum. Gerek *İşaret* kitabınızdan gerekse sizin söyleşilerinizden öğrendiklerimi uygulamaya devam ederken şimdi size yazacağım olayı yaşadım.

Yıllar önce iki defa tacize uğramıştım. Birisi ilkokul yıllarında, diğeri ise 14 yaşındayken... İlkokulda yaşadığım silinmişti, yoktu, hatırlamıyordum. Diğeri ise her an benimle beynimi kemiriyordu. Hayatımı engellemesini fark edemiyordum. Yaşadığım birçok sorunun çözümünü aramakla geçiyordu zamanım ve karşıma çözüm olarak sunulan birçok yöntemde özünde yine geçmiş nesillerin günahları ve hataları çıkıyordu. İşte ben bu noktada Allah kulunu nasıl cezalandırır diyordum. Siz bize Allah'ın kulunu yüceltmek için, onu kendine döndürmek için yöntemlerini-vesilelerini anlatırken, "geçmiş nesillerin günahlarından dolayı bedel ödeyen insanlar" kavramını bağdaştıramıyordum.

Ve o gün... Bir tanıdığımızın düğünü için ailemin yaşadığı şehre gitmek üzere hazırlık yapıyordum. Yaz günü öyle bir fırtına çıktı ki evin açık olan kapı ve pencerelerini zor kapattık. Yola çıkmamıza az bir zaman kalmıştı ki gelen telefonla gidişimiz iptal oldu. Düğün başlarken yaşanan bir olay sonucu 7 yaşındaki bir çocuk ölmüştü. Buna benzer haberleri televizyonda izlediğimde veya gazetede okuduğumda "Bu çocuğun suçu ne, niye öldü?" diyebilen ben söyleyecek tek kelime bulamıyordum. Rabbim o günlerde sıkça sorguladığım bir konuyu deneyimleyerek anlamamı sağlamıştı benim. O çocuk için sadece "Rabbim onu kurtardı, tertemiz yanına aldı" diyebilmiştim. Çünkü ilkokul yıllarımda beni taciz eden kişi, ölen o masum çocuğun ailesinden biriydi. Daha hiçbir şeyin farkında bile değilken öylesine derinlere itmişim ki bu konuyu o güne kadar hatırlamıyordum bile. Çünkü o acıyı taze tutan ikinci bir örneği vardı elimde... Yıllarca uykumdan birinin bana dokunarak uyandırmasından nefret ettim. Sanki o olayı tekrar yaşıyormuşum gibi uyandığım sabahların devamı karanlık oluyordu çünkü. Ve belki de bu yüzden yıllarca hiçbir çocuğu kucağıma alarak sevemedim, tenine dokunulduğunda ya benim o anda hissettiklerimi hissederse diye. Evet her şeyin doğrusunu Allahım bilir. Ama şu anda biliyorum ki yaşadığım o olayın vesile olduğu olaylar beni Rabb'ime daha çok yaklaştırmıştı, en azından gayret sarf ettiğimin farkındaydım. Ve o çocuk da öyle bir ailede kalarak kirlenmemişti.

Günlerce, gecelerce körlüğüme ağladım. Yaşadığım her şey için Rabb'ime daha çok şükretmeyi öğrendim. Artık anlamıştım ki Allahımın her emrinde bir hikmet vardı ve bunu bizim eksik idrakimizle kavrayabilmemiz mümkün değildi. Ama biliyordum ki her ne yaşanıyorsa bizim hayrımızaydı. Bize düşen Rabb'imizden emin olup bütün işlerimizi O'na teslim etmekti. Bu olaydan sonra uzun zamandır sorun olarak gördüğüm birçok konu çözüme ulaşmıştı. *İşaret* ve sizden öğrendiklerimi uygulamaya devam ederken her daim duamdasınız...

Sevgilerimle...

Yunus Suresi, 44. Ayet,

Yunus Bilinci Tasavvuru, 44. İşaret

"Şüphesiz Allah, insanlara hiçbir şekilde zulmetmez; fakat insanlar kendilerine zulmederler."

Enam Suresi, 12. Ayet,

Hayvani Bilinç Tasavvuru, 12. İşaret

"De ki: 'Şu göklerdekiler ve yerdekiler kimindir?' 'Allah'ındır' de. O, merhamet etmeyi kendine gerekli kıldı. Ant olsun sizi mutlaka kıyamet gününe toplayacak. Bundan hiç şüphe yok. Kendilerini ziyana uğratanlar var ya, işte onlar inanmazlar."

Hep diyorum ya Kuran'ı okurken ayetlerin izdüşümünü/yansımasını iki şekilde görüp düşünmelisin:

1. İçsel âleminde, yani enfüste...
2. Dışsal âleminde, yani afakta... Yani âdemde ve âlemde...

Senin içerindeki anlayış düzeltilince bu anlayışın dışarıya yansıması düzelecek! Çünkü iki âlem senin bilincine bağlı!

"Deniz, o zaman Tebbet Tasavvuru'na, bu bambaşka içerikleri olan sureye geri dönersek, sende ne tür tasavvurlar oluşturuyor bu sure?"

Bende mi? Hımmm... "Kevser havuzundan" dolayı "ilmin" bir karşılığının "su" olabileceğini düşünürsek, "kurusun" tabiri bende o kişi için "İlimden uzak kalsın" anlamını çağrıştırıyor mesela... Dolayısıyla da halk arasındaki tabirle "Bereketi kurusun" anlamını... E, eğer asıl rızkın "ilim" olduğunu kavradıysan, bu söylemin "İlmin bereketinden uzak kalsın" gibi bir anlamı da olabileceğini düşündürüyor...

Allah inşa etmeyi hedeflediği projesi olan MUHAMMEDİ BİLİNÇTEKİ İDEAL İNSANDA her şeyi affetme hasleti ister... Ama Allah, anne/baban, öğretmenin gibi cahil değil, her şeyin bir anda olmadığını bilir ve seni bu bilince adım adım terbiye ederek ve tatlı tatlı ikna ederek hazırlar...

O yüzden bu ayeti-işareti virüslenmiş bilinci yüzünden sana soranlara yine bir ayetle cevap ver.

Âli-İmran Suresi, 128. Ayet,

İmran Ailesi Tasavvuru, 128. İşaret

"Onlar ki hem bolluk, hem de darlık zamanında Allah için harcarlar, öfkelerini kontrol altında tutarlar ve insanları affederler. Çünkü Allah iyilik yapanları sever."

"Beraber okuyabilir miyiz Deniz? Lütfen..."

Elbette okuruz... Canım kulum Deniz...

Kızım, öğrencim, yeğenim, torunum, kulum, kölem, dostum, sevdiğim, ruhumdan üflediğim... "Rabbim varoluşumu istiyorum, seni ve kendimi tanımak istiyorum" dediğinde kırmadığım, merhamet ve cömertliğimle ona varoluş verdiğim kulum Deniz...

Benim en güzel kullarım, ahlaklarını en güzele dönüştürmüş olan ve yirmi dört saat benim huzurumda olduklarını bilenlerdir, yani Muhsin'lerdir.

Onlarda tecellim artsın diye **kendi olumsuz ahlaklarını benim için kurban eden**, maddi manevi ve ilmi olarak her ne kazanırlarsa paylaşanlardır.

Kendi ilahi hakikatlerini gerçekleştirmek ve sistemime yardım etmek için, sevgimi kazanmak için, kendilerini, evlatlarını ve benim onlara eğitmeleri için tayin ettiğim kullarımı bu yönde yetiştiren ve maddi/manevi, ilmi birikimlerini cömertçe ihtiyaç sahiplerine dağıtıp onlarla paylaşanlardır.

Benim en sevdiğim kullarım, öfkelendiği anda bunun güzel bir hal olmadığını bilip; Allahımı üzmeyeyim, O'nun sevgisini kaybetmeyeyim, O'nun güzel ahlakından çıkıp çirkinleşmeyeyim, izafi benliğime yenik düşmeyeyim diye öfkesini yutanlardır Deniz...

Benim en sevdiğim kullarım her yerde ve herkeste benim tecellilerimi görenlerdir. Problem yaşadıkları insanları (benim tecellimden başka bir şey olarak görüp) ayrı bir varlık gibi ilah edinmeyen ve bu yüzden de affedici olanlardır Deniz.

Onlar güzel olan ne kazanırlarsa paylaşan, öfkesini kontrol edip onu tevhid bilinciyle bastırabilen ve affetmeyi çok seven kullarımdır çünkü onlar benim ahlakımı giyinmeyi sever Deniz. Çünkü onlar bana benzemek ister. Ben iyilik yapmayı sevdiğim için ve affedici olduğum için onlar da iyilik yapmayı sever ve affedici olur.

İşte onlar, Muhsin'lerdir yani güzelleşmiş olanlar, onlara korku yoktur ve onlar üzülmeyecektir Deniz...

Deniz, eğer ki sen de güzelleşmek istiyorsan kendi ahlakından soyun benim ahlakımı giyin. O zaman tamamıyla benim korumamda olursun. Ben de ne korkmana izin veririm ne de üzülmene...

Bakara Suresi 112. Ayet,

Özünü Arama Tasavvuru, 112. İşaret

"Doğrusu, kim iyilik yaparak kendini Allah'a teslim ederse, onun ödülü Rabb'inin yanındadır; onlara korku yoktur ve onlar üzülmeyecektir."

Sakın insanların düşüncelerine göre hareketlerini programlama... Annen, kardeşin, dost bildiğin... Her kim ki canını yaksa da sen onları Allah'ın için affetmeye çalış. Onlar bu hareketinin büyüklüğünü tartamasa da, senin Allah'ın kendisi için yapılanın değerini bilir. O'nun için yaptığın bu hareketin yüzünden, seni kendisine yaklaştırır. Onlar senin imtihan sebebin bunu unutma. O imtihanları geçersen Allah'ına doğru birkaç adım daha atmış olursun. Ve o senin adımlarına karşı sana doğru koşar. Her hareketinde insanların fikrini değil "Allahının rıza"sını gözet... Çünkü hakikatte yegâne dostun Allah'ındır... Allah için yaptığın her şey değer bulur. Çünkü hatırın değerini en çok bilen Allah'tır.

Ah ah. İşte böyle... Canım Allahım... Canımız Allahımız... Allahımız kuluna, önce onun bilinç seviyesine inerek yaklaşır ve onunla bu şekilde dertleşir. İlkokul bilinç seviyesindeki birine üniversiteden ders veremezsin. Bu ayete "zahiri" anlatımla baktığında Rabb'imizin kuluna sanki onun en yakın arkadaşı gibi yaklaştığını ve onunla dertleştiğini görebiliyorsun. Bu noktada bir kul olarak her şeyden önce "Bak! Allahım beni duyuyor ve durumumu anlıyor!" diyorsun.

Zaten yüksek bilinçteki kişi bu ayeti gördüğünde beddua görmüyor, işte "ayna" diyorum ya... Bu ayette sadece beddua gören, aslında daha ziyade kendi idrak seviyesini görüyor.

Bir psikolog önce seni dinler, sana "Seni anlıyorum" der!... Kişiyi "sakinleştiren" ilk şey, hatta o anki öfkesine yenik düşüp suç işlemekten onu alıkoyan ilk şey, halini paylaşacak güvenilir ve yakın birinin yanında olması ve onunla istişare edebilmesidir.

Yani önce kesinlikle yalnız olmadığını bilmek ve sonra da anlaşıldığını bilmektir. Sonrasında ise haklı davasında desteklendiğini ve destekleneceğini!

Nice insan haklı kızgınlığı yüzünden kendini "takva" denilen "kontrol bilinci"ne teslim edemediğinden hapislerde çürümektedir!

İşte burada, bir konuda hakkın yendiğinde ve bu yüzden öfkelendiğinde, Tebbet Suresi'ni, seninle Rabb'inin konuştuğunu bilerek okursan muhakkak halinde değişim olacaktır!

İnsanın ilkel beyni devredeyken, o kişiye, "Haydi şimdi sevgi enerjisi yayıyoruz!" diyemezsin. Önce onun seviyesinde bir yaklaşımda bulunman gerekir... Allahımız Kuran'da nice ayette bu metodu izler ki bu metot inanılmaz muazzam bir psikolojik metottur... Allah'ın en muazzam psikolog olduğunu ve nice psikolojik metodun Kuran ve Efendimiz (s.a.v.) tarafından nasıl gösterildiğine zaman zaman değindiğimde çok şaşıracaksın.

"Ya hemen bir tane söyler misin Deniz?"

Konu dağılsın istemiyorum ama. Mesela kekemeliğe ilişkin bir şey söyleyebilirim. Hazreti Musa'nın kekeme olduğunu ya da konuşmakta biraz zorluk çektiğini söyleyenler var biliyorsun, hatta ayet de var:

Taha Suresi, 27-28. Ayet, Taha Tasavvuru, 27-28. İşaret

"Allahım dilimin bağını çöz..."

"Dilimdeki tutukluğu çöz ki sözümü anlasınlar."

Musa, sandıktan alınıp Hazreti Asiye'ye getirildiğinde, Allah, Asiye ve Firavun'un kalbine Musa'ya karşı bir sevgi koydu.

Taha Suresi, 39. Ayet, Taha Tasavvuru, 39. İşaret

"Onu (bebek Musa'yı) sandığın içine koy ve denize (Nil'e) bırak ki, deniz onu kıyıya atsın da kendisini, hem bana düşman, hem de ona düşman olan birisi (Firavun) alsın. Sana da, ey Musa, sevilesin ve gözetimimizde yetiştirilesin diye tarafımızdan bir sevgi bırakmıştım."

Bununla beraber, Firavun (kâhinlerin Firavun'un hükümranlığını sona erdirecek çocuk haberini vermesi yüzünden) "kırk bin" olarak ifade edilen yeni doğmuş erkek çocuğunu katlettirmişti, hatırlarsan yukarıda değindik.

Fakat Allahımızın planları işte; Hazreti Musa (a.s.) Firavun'un sarayında, onun karısı tarafından büyütüldü ve kendi öz annesi tarafından da emzirildi!

Bu aslında Rabb'inden sana ve bana çok önemli bir mesajdır... Rabb'in bu olayla sana şunu der adeta:

"Deniz... Sen bunu fark etmesen de seni ben büyüttüm, Ben yetiştirdim. Emin ol ki her şey benim kontrolümde... O zaman haydi sen de *Musa'nın annesi gibi* teslim ol bana... Mevzubahis evladın bile olsa onunla ilgili olarak benim sana gösterdiğim metodu izle... Evladını da, kendini de bana teslim et Deniz. Emin ol ki bana teslim ettiğin her şeyi, onları en sıkı şekilde koruyup senin tahayyül bile edemeyeceğin kadar güzel bir hale getirerek, sana geri sunacağım!"

Bu ayetleri her okuyuşumda, Tahiyyat'ta hissettiğim gibi, öyle derinden etkileniyorum ki... Aslında bu, tüm Kuran ayetleri için geçerli... Ayetlerin her birini, tabiri caizse, "Rabb'imin dizinin dibinde/huzurunda" oturur gibi okuduğumda, sanki onları kendi içimde O'nun sesinden duyuyorum. Boğazım düğümleniyor.

Biz **"hakikaten"** iman edebilsek, Allah'tan aldığı ilham ve talimatla, evladını bir sandığa koyup suya salacak kadar Allah'ına güvenen ve teslim olan Hazreti Musa'nın annesi gibi olabilsek, zaten Rabb'imizin kanunları üzerine kurulan sistem, iç âlemimizde (enfüs) olanı dış âlemimize (afak) en güzel şekliyle taşırdı.

Cüzi aklını dinlemeden, Rabb'inin ona verdiği ilhama güvenip, evladını suya salan Musa'nın annesine, oğlunu taşıdığı gibi...

Bizde, çocuk yapıp, "Ben buna nasıl, ne ile bakarım? Rızkını nereden bulurum?" diye korkuya kapılıp evlatlarımızı çöpe atabilme imansızlığı (Allah'a güven eksikliği) bile mevcutken, biliyorum bu örneğin (Hazreti Musa'nın annesi) ulaştığı bilinç bizlere çok yakın görünmüyor, ama umut bizim Rabb'imize güvenimizin ifadesidir...

Kasas Suresi 7. Ayet,
İzleri Takip Etme Tasavvuru 7. İşaret

"Musa'nın annesine, 'Onu emzir, başına bir şey gelmesinden korktuğun zaman onu denize (Nil'e) bırak, korkma, üzülme. Çünkü biz onu sana döndüreceğiz ve onu peygamberlerden kılacağız' diye ilham ettik..."

Musa'nın (a.s.) annesi yegâne yaşam koçu, danışmanı, dostu, koruyucusu olan Allah'ını dinledi... Başkasını değil!

Belki Firavun'un askerleri evleri tarumar ederken o, Rabb'inin ona ilham ettiği, "öyle bir durumda çocuğunu emzirmesini ve onu bir sandığa koyup suya salması" tavsiyesini en yakın arkadaşına söyleseydi, arkadaşı onun delirmiş olduğunu düşünürdü. Ama o her şeyi yalnız Allah'ının bildiğini ve Allah'ının onu ve evladını en güzel en güvenli şekilde koruduğunu gayet iyi biliyordu!

Evladın Allah'ının kitabına göre yaratıldı. Ama sen onu dünyevi sistemin öğretileriyle, aldatmacalarıyla yetiştirmeye çalışıyorsun! Önce sen neden buradasın bunu bulmaya çalışmalısın, sonra da kendinle beraber evladının, Allah'ının ve Peygamber'inin (s.a.v.) tavsiyeleriyle kendi hakikatine varabilmesi için vesile olmalısın.

Mücadele (Mücadile) Suresi, Hakkını Arayan Kadın Tasavvuru

Söyleşi için davet aldığımız şehirlerden birine gidiyorduk. Gittiğimiz her şehirde, her söyleşide neler konuşacağımı önceden çalışırım. Allahımın beni yönlendirmesini isterim.

Çünkü her yerde Allahımın sözlerini iletmem gereken ve tebliğ bekleyen farklı tür sorunları olan kardeşlerimiz oluyor, onların sorunlarını ve ne tür bir bilgiye ihtiyaçları olduğunu yalnız Allahımız biliyor. Bu yüzden her bir söyleşiye gitmeden önce, Kuran'da çalışmayı düşündüğüm konu yerine başka bir konuya ilişkin ayetleri içeren farklı sayfaların açılması dikkatimi çekmeye başlamıştı. Hep derim ya, Allah her gün sana binlerce mesaj atıyor. Atıyor da senin telefonun O'na kapalıysa, o mesajları görmen ve danışmanlık alman mümkün olmuyor. O telefonu, Hayy-Phone'unu O'na **bağlaman** lazım. Mesela Konya söyleşimize gitmeden evvel Kuran'ı her açtığımda ya da bir konuyu araştırdığımda karşıma sürekli olarak Hadid Suresi çıkıyordu.

Konya'da onlarca insanın arasında yaşadığımız bir olay Hadid Suresi'nin neden seçildiğini ve bana çalıştırıldığını onlarca kardeşim karşısında görmeme sebep oldu. Artık anlamıştım. Allahım her birimizi yönlendirdiği gibi, türlü yollarla bize gittiğimiz yerde bulunan insanların ihtiyaçları doğrultusunda anlatmamız istenilen sureyi gösteriyordu.

Bir konuyu araştırırken birden çok Allah dostunun kitabında açtığım her yerden aynı konu, hadis ya da meselenin karşıma çıkması bundan olmalıydı. Arıya bile vahyedip ona yapması gerekenleri ilham eden Rabbimiz her birimize **ilham** etmiyor mu sanıyoruz?

Yine bir çağrı üzerine söyleşi için adını konunun hassasiyetiyle ilgili olarak vermeyeceğim bir şehrimize gidiyorduk. Oraya gitmeden evvel Kuran çalışmalarım esnasında o zamana dek üzerinde derin bir araştırma yapmadığım Mücadele Suresi sürekli olarak karşıma çıkmaya başladı... Gözyaşları içinde günlerce çalıştım: *"Ya Rabbi-l âlemin... Biz seni hiç anlamamışız tanımamışız... Sana boş yere âşık olup, sana boş yere meftun olmamış onca dostun..."*

Allahım sureyi çalıştığım günlerde, her seferinde başka bir rahmet ve şefkat tecellisiyle içimi yakıyordu. Sonra, çok ilginç bir şey oldu. Söyleşiye birkaç gün vardı. Sureyi ara ara ağlayarak çalışırken, kalbime adeta bir mesaj düştü... Bir his... Bir sezgi... *Bu sureyi çalıştırılıyorsun çünkü gideceğin yerde bir kardeşin var... Eşinden şiddet görüyor ve kimseyle de paylaşamıyor. "Allahım beni duymuyor musun? Bana niye cevap vermiyor, yol göstermiyorsun?" diye ağlıyor. Onu bul ve bu sureyi okumasını söyle...* Allahımızın her birimizle ilham ile konuştuğunu ve sen rahmani niyette oldukça da bunu duymak için kalbini temizlemek, yani alıcı ayarlarını temizlemek ve hayır yapmak dışında bir şeye ihtiyaç olmadığını bildiğim için bunu bir ilham olarak gördüm. Ama yine de Allahım bilirdi, keza şeytan da ilham (vehim) verirdi, her daim dikkatli olmalı ve benlikten uzak durmalı, Rabb'ime sığınıp O'na güvenmeliydim.

Söyleşi günüydü. İlk kez bir söyleşiye başlarken, büyük ihtimalle beni deli sanmalarına sebep olabilecek bu mesajı direkt olarak ilettim. Yüzlerce insanın önüne ilk çıktığım an, "Sevgili kardeşlerim, bilmiyorum size tuhaf gelir mi, ancak söylemezsem bana ağır gelecek. Eksik, kusurlu bir insanım, o yüzden olur da eğer bir ilham değil vehimse de Rabb'imden ve sizden af dilediğim, bir sezgimi paylaşmak istiyorum sizinle" dedim. Herkes hiç beklemedikleri bu giriş yüzünden bir an duraksadı. Salonda tam bir sessizlik oldu. Biraz "tuhaf" olarak algılanabilecek bu durumu düşünmek yerine direkt olarak konuşmaya başladım. "Aranızda bir kardeşim var. Eşinden şiddet görüyor ama bunu kimseye söyleyemiyor. Allahımız onu duyuyor, elhamdülillah ben bir şey olduğumdan değil, ama sanırım alıcılarını Allahımıza doğru açmadığından Allahımızın ona uzattığı rahmet elini o göremiyor. Bir tür sezgi, ilham, adına ne derseniz deyin kalbime, *mesaj kutuma...*" dedim gülümseyerek. "*Mesaj kutuma* düşen bu mesajı iletmek istedim... Eğer bu sezgi Rahman'dansa ve doğruysa, kardeşim bugün anlattığım sureyi lütfen derhal okumaya başlasın ve Allahımızla her an beraber olup O'ndan yardım istesin. Ve bilsin, hatta emin olsun ki Allahım onunla ve onu görüyor ve duyuyor..."

İşin içinde olmayanlar için bu tür durumlar pek de makul gelmez. İnsanlar ilginçtir. Her biri kendinin bire bir Rabb'iyle iletişimde olduğunu bilmez ve Rabb'iyle konuşabileceğini iddia edenlere de kâfir gözüyle bakmaya meyillidir. Çok ilginç olan ise dine veya bu tür şeylere inanamayan insanların, çoğunlukla falcı ya da kâhin türü kişilere oldukça meyilli olabilmesidir. Gerçekten ilginç... Hak yolunda bir ilham gerçekçi bulunmaz da falcıdan gelen bilgi hop diye kabul edilir. Allah'ın Musa Hazretleri'yle bir ağaçtan bile konuştuğunu kabul eder de insan, Rabb'inin onunla bir insandan konuştuğunu kabul etmekte zorlanır. Rabb'inin kulları aracılığıyla ilettiklerini duymaktan nedense hep kaçar. Çünkü "gelenlerin (sözlerin/olayların)" kullardan olduğuna inanır. Kuldakinin, oradakinin de sadece Rabbi tecelli olduğunu anlamadan o kullara "varlık" verir. Efendimiz'in (s.a.v.) bizi en çok uyardığı konulardan biri olan gizli şirke düşer, düşer, düşer. Onlarca kendi el yapımı/yanlış idrak yapımı "ilah" arasında Allah'ını anlayamaz tanıyamaz.

İnsan Rabb'ini öyle uzaklara bir yere koymuştur ki O, "Sana şahdamarından yakınız" dese bile bunu idrak etmek güç gelir. Allah kuluna kulu aracılığıyla ulaşır. Ama sadece Tenzih bilinci ile Göksel bir Tanrı algısı, Allah'ı yukarıda bırakıp kulu ondan ayırdığı için herkesin Allah Resulü'nün (s.a.v.) elçisi olabilme kapasitesinde olduğunu anlamasını engeller.

"Allah bir kuluna ulaşmak isterse, hiç dindar olmayan, tam bir gaflet halinde olan kişiyi bile HAK konuşturup, o an onu kullanıp sevdiği kuluna, ulaştırmak istediğini ulaştırır. Kişinin kullanılması onun büyüklüğü ya da özelliğinden değil Allah'ın ulaşmak istediği kuluna olan sevgisindendir. Bizim görevimiz bu yüzden her gördüğümüzü Hızır bilmektir."

Bu sezgimi iletmeseydim, ya bu bir ilham idiyse ve ben Allahımın kalbime koyduğu görevi yerine getirmediysem diye nefes bile alamazdım, kendimi tanıyorum. Bana deli denmesi Allahımın bana kızmasından daha kötü değildir deyip söyleyiverdim. Artık ne yapalım bu bir ilham değil de vehim idiyse de imtihanım olacaktı ki eyvallahtı...

Söyleşi bitmişti. Artık imza vakti gelmişti. Kitaplarımıza imza atıyordum. Beş kişi kalmıştı salonda ve sırada. Sonra dört. Tam imza atarken ceketim sandalyeden sıyrılıp düşünce eğildim ve doğrulurken sıranın sonundaki zarif, sarışın, uzun boylu hanımı gördüm. Nasıl bir asaletle sıranın en sonunda bekliyordu. O an tam masanın hizasına doğru kalktığımda bana baktı, ben de ona... Anlamıştım. İnsanların önünde konuşamıyordu. Zaten içine kapanık biri olduğu o kadar belliydi ki. Kalan kitapları imzalarken dudaklarım titremeye başlamıştı. İçimde bir acı... Allahım sen ne güzelsin, canım Allahım... Canım Allahım... Kardeşlerim imzaları atmama rağmen o kardeşime sıra geldiğinde salondan çıkmadılar, dolayısıyla hâlâ konuşamamıştık. Kitabını bana uzattı ve kulağıma doğru eğildi: "O..." dedi. "O benim..." Sadece bakıştık. İkimiz de ağlamak üzereydik, ama göstermemek için kendimizi kontrol etmeye çalışıyorduk.

"Beni duymuyorsun, bana cevap vermiyorsun dedim Allahıma, oysa asıl ben O'nu duymuyormuşum Deniz Hanım..." dedi acıyla titreyen sesiyle. "Şu an hem nasıl mutluyum, hem de nasıl vicdan azabı çekiyorum, anlatamam... O'nu üzdüğüm O'na beni duymuyorsun dediğim için... Suremi okumaya başlayıp artık O'nu duyabilmek için elimden ne geliyorsa yapacağım..."

Sadece ağladık... Ruhumuzda hazineye dönen hüzün gözyaşlarıyla...

Bunu size anlatıyorum çünkü bu sure size hayatla ilgili en büyük öğretiyi sunacak: **"Rabb'inden istemeyi..."** Her kim olursan ol, eğer ki derdini Rabb'ine açtıysan ve O'ndan bir cevap bekliyorsan bil ki o cevap sana gönderilecek, yeter ki sen **duymak iste**...

Bu sureyle anlatılanı biraz olsun kavradığınızda, hissettiğiniz çaresizlik ve endişe duygusu sizden uzaklaşmaya başlar.

Çünkü Rabb'inizin ona sorduğunuz sorunun cevabını göndereceğini bilirsiniz.

"Bu sure, ne zaman ve nasıl indirilmiş biliyor musunuz?" Allah'ın kuluna sevgisi, merhameti ve şefkatinin en önemli işaretlerinden Mücadele/Mücadile Suresi:

Mücadele Tasavvuru

Mücadele, hakkını arayan kadın demektir... Mücadele, "hak aramak ve bunun için tartışmak" anlamında kullanılır. Allahımız hakkını istemenin ve aramanın bir ibadet gibi olduğunu ve kullarının haklarını istemeleri gerektiğini Mücadele Tasavvuru'yla bu sure üzerinden her birimize öğütler.

Efendimiz'in (s.a.v.) hicretinden dört veya beş yıl sonra, Medine'de inzal olduğu rivayet edilen bu Medeni surede tabiri caizse hakkını söke söke isteyen ve alan bir kadının hikâyesi anlatılmaktadır.[26]

Mücadele Suresi, kadına yönelik cahiliye kökenli haksızlık ve ayrımcılığın yaşandığı bir duruma ilişkin meseledir. Ancak Kuran'ın çağlar üstü bir kitap olması ve her an, her dönem geçerli olması mucizesi gereği içinde bulunduğumuz

26 Bir surenin Mekke veya Medine'de inmiş olması, surenin inşa ettiği bilinç ve tasavvuru anlamak için önemlidir, ama buna sonra değineceğim.

şu dönemde de kadına yönelik şiddetten tutun, bu surede anlatılan “zıhâr” denilen meselenin de halihazırda pek çok evlilikte kadını mağdur ettiğini görebilirsiniz. Bu ufacık değerlendirmeyle dahi surenin hâlâ ilk inzal olduğundaki gibi aktif olduğunu kavrayabilirsiniz.

Mekke’de İslamiyet’in Efendimiz (s.a.v.) aracılığıyla tebliğinden önce, kiminin Yahudi kökenli olduğunu söylediği adına “zıhâr” denilen bir uygulama vardı. Aslına bakarsanız, toplumumuzda halen eşler arasında olabilen bir şey. Evlilikte erkeğin eşine bir süre sonra “Senin sırtın bana anamın sırtı gibi” deyip ona kocalık yapmayıp, ona maddi/manevi bağlamda bakmayı reddettiği bir durum...

Peygamberimiz (s.a.v.) “Allah’ın kadın kölelerine iyi davranın” diye erkekleri/eşleri uyarır. Bu söylemiyle bir evlilikte ailenin gerçek reisinin aslen Allah olduğunu işaret eder. Çünkü kadın ve erkek Allah’ın hem mülkü ve hem de kölesidir.

Bu sure ve Efendimiz’in (s.a.v.) bu doğrultuda ilettiği hadislerle, bir evlilikte ailenin asli reisinin Allah *(vekâleten reisin koca)* olduğunu kavrayıp, zihniyet olarak eşinle ego ve üstünlük savaşından çıkıyor ve eşlerin bir diğerine olan saygı-sevgisi ve incitme korkusunun öncelikle sahipleri olan Allah’ı üzmemek için olduğunu idrak ediyorsun.

“Allah üzülür mü be Deniz?” derseniz... Allah kulu için üzülür tabii, neden üzülmesin? O kendisini yavrusu için çırpınan “Hannan”, “Anne” sıfatıyla isimlendirebildiyse eğer, bize olan sevgisini bir annenin evladına olan sevgisinden katbekat fazla olarak nitelendirdiyse eğer, bizim hatalarımız O’nu üzmez mi? Burada üzülmeyi hâşâ bir zayıflık-zafiyet gibi değil, kulu için **sevgi** ve **şefkat** olarak görmek gerekir. Allah kulunu kendisinden sakındırır, korur. Çünkü kul nefsine zulmetmeye meyillidir. İnsandaki merhamet duygusu Allah’tan değil de, kimdendir!

Meseleye dönersek, işte kadın boşamada cahiliyede kadına uygulanan bu durum öyle bir durum ki, erkek ne karısını boşuyor ne de eşlik görevini yerine getiriyor. Kısaca eşine bir zulüm uyguluyor. Gelelim surenin nasıl inzal olduğuna, işte bence en can alıcı noktalardan biri bu...

Sure adını Efendimiz'in (s.a.v.) sahabelerinden bir kadın olan Havle ve onun eşi arasında geçen bir meseleden alıyor. Evs bin Samid isimli sahabe, eşi Havle'ye zıhâr yapıyor...

Kendisine zıhâr uygulayan kocası Havle'yi oldukça zor bir durumda bırakıyor. Ne evin erkeği gibi eşine eşlik yapıyor ne de eşini tam olarak boşuyor. Havle'nin küçük çocukları bir de küçük bebeği var ve eşi onu muallakta bırakmış durumda. Ne ayrı duruyor, ne sorumluluk alıyor, ne de ona nafaka türü bir şey veriyor. İşte bu durum yüzünden Havle eşine Resulullah'a (s.a.v.) gitmeleri ve durumu anlatmaları gerektiğini söylüyor. Tabii ki eşi yaptığı hata nedeniyle Resulullah'la yüzleşmekten kaçınıyor. Bunun üzerine Havle kalkıp kendisi Efendimiz'e (s.a.v.) gidiyor.

Efendimiz'in (s.a.v.) nasıl muazzam bir insan olduğunu, hoşgörüsünü, anlayışını, yargısızlığını anlamakta çok önemli bir örnek bu. Efendimiz'in (s.a.v.) kadınlara verdiği güvene, değere bak... Hele ki kadınların gittikçe değersizleştirilmeye çalışıldığı şu dönemde. Havle, Efendimiz'e (s.a.v.) gidiyor ve durumunu anlatmaya başlıyor.

"Gençtim, ya Resulullah, güzeldim... Birbirimizi çok sevdik... O zaman değerliydim, ona çocuklar verdim, en sonsa bu bebeğimizi. Ona hayatımı adadım, ama şimdi yıllar geçti ve onun davranış şekli değişti. Bana anamın sırtı gibisin artık deyip eşlik yapmıyor. Beni ortada bıraktı. Şimdi ise bana tekrar eş gibi olmak istiyor, ben ne yapmalıyım ya Resulullah?"

Efendimiz (s.a.v.) Havle'yi dinliyor, sonra ona üzgün bir şekilde, "Sen artık eşine haram olmuşsun ya Havle" diyor. Ama Havle, "Ya Resulullah bana talak vermedi" yani bir anlamda beni boşamadı dediğinde,[27] Efendimiz (s.a.v.) yeniden,

---

27 Talak Tasavvuru, 65. Sure

"Sen ona haram olmuşsun Havle" diyor. Havle, "Ya Resulullah... Ne olur ya Resulullah, ben çocuklarımla ortada kalırım, bir daha düşün halimizi, bir şey söyle, bir yol göster. Bana muhtaç bir yavrum var, ben tek başıma ona bakamam, aç kalırız, açıkta, darda kalırız, ne olur bir yol göster!" dediğinde Efendimiz (s.a.v.) "Bu konuda bana bir şey inmedi ki bir şey diyeyim, bir vahiy yok ya Havle" diye üzgün bir şekilde cevap veriyor.

Gerçekten de bu meseleyle ilgili bir düzenleme, vahiy olmadığı için Efendimiz (s.a.v.) ancak bu kadar diyebilmiş.

Kendisine zıhâr ile ilgili bir vahiy gelmemiş olan Efendimiz (s.a.v.), o anlamda ötesini söyleme yetkisi olmayan canımız Efendimiz (s.a.v.) üzgün bir şekilde suskun durmuş.

Havle yaşadığı sıkıntıyla ilgili bir vahiy, bir düzenleme olmadığı, cevabı yalnız Allah'ın bu meselenin çözümüne sahip olduğu anlayışı/idrakiyle içi yanarak, aşkla Rabb'ine seslenmiş. Ellerini semaya kaldırıp başını dikmiş, ağlayarak, içi yanarak, "Ya Rabbi..." demiş. "Ya Rabbi-l âlemin... Allahım... Zordayım, dardayım, çarene muhtacım. Durumumu görüyorsun, bana bir yol göster... Beni gör, beni duy ya Rabbi-l âlemin..."

Tıpkı Hazreti Zekeriya'nın duası gibi... Hazreti İbrahim'in duası gibi...

"Ya Rabbi-l âlemin bana çaremi yolla."

Çırpınan, hakkı için, evladı için mücadele eden bir kadın. Etrafınıza bir bakın, sokakta insanlar öldürülüyor, bakıp geçiyorlar. Yardım et, açım diye bağıranlardan kafa çevirenler var. İnsanların çoğu birbirinin acısına kör, kıymet verip dinlemiyor bile ama bak Rabb'in ne yapmış?

Bakın çırpınan kulunun o samimi çağrısı için ne yapmış Rabbi-l âlemin...

Mücadele Suresi, 1. Ayet,

Hakkını Arayan Kadın Tasavvuru, 1. İşaret

"Bismillahirrahmanirrahim...

Kad semiallâhu kavlelletî tucâdiluke fî zevcihâ ve teştekî ilâllâhi, vallâhu yesmeu tehâvurakumâ, innallâhe semîun basîrun."

Birdenbire herkesin hayreti içinde Efendimiz'den (s.a.v.), Allah'ın elçisinden, Allah'ın kuluna yetişen mesajları, sözleri dökülmeye başlıyor. Rabb'in kulunun sıkıntısını, onun o "samimi, kalpten" çağrısına anında cevap vererek gideriyor.

Rabb'in yetişiyor. Elçisinden, Resul'ünden seslenip kulunu dardan kurtarıyor.

"Şefkati sonsuz, sevgisi sonsuz, merhameti sonsuz Allah adına...

1. Allah, kocası hakkında seninle tartışan ve Allah'a şikâyette bulunan kadının sözünü işitmiştir. Allah, sizin sürdürdüğünüz konuşmayı (zaten) işitmekteydi. Şüphesiz Allah hakkıyla işitendir, hakkıyla bilendir."

2. "İçinizden kadınlarına zıhâr yapanlar bilsinler ki, o kadınlar onların anaları değildir. Onların anaları ancak, kendilerini doğuran kadınlardır. Şüphesiz onlar (zıhâr yaparlarken) hoş karşılanmayan ve yalan bir söz söylüyorlar. Şüphesiz Allah çok affedicidir, çok bağışlayıcıdır."

3. "Kadınlarından zıhâr yaparak ayrılıp, sonra da söylediklerinden dönecek olanlar, eşleriyle birbirlerine dokunmadan önce, bir köle azat etmelidirler. İşte bu hüküm ile size öğüt veriliyor. Allah, yaptıklarınızdan hakkıyla haberdardır."

4. "Kim (köle azat etme imkânı) bulamazsa, eşine dokunmadan önce art arda iki ay oruç tutmalıdır. Kimin de buna gücü yetmezse altmış fakiri doyurmalıdır. Bunlar, Allah'a ve Resul'üne hakkıyla iman edesiniz diyedir. İşte bunlar Allah'ın sınırlarıdır. Kâfirler için elem dolu bir azap vardır."

Şimdi size diyorum ki: Her ne yaşarsanız yaşayın gün içinde... Her ne yaşarsanız yaşayın hayat içinde. Siz durumunuzu doğru mercie bildirirseniz, yani Rabb'inize, size kimsenin veremeyeceği cevapları yalnız O verecektir. Bunun için bir ya da birden çok kulunu aracı kılıp sizi kurtaracaktır. Yeter ki siz Havle gibi O'na el açın ve evladınız, sevdikleriniz veya sizinle ilgili her konuda doğruyu, hayırlıyı bilenin yalnız O olduğunu hatırlayın...

Bir kulunun mustarip olduğu konuda onun çırpınışlarını sona erdirmek için sure indiren Rabb'iniz sizin için de çözüm gönderir. Tüm kâinatı sizin için seferber eder, yeter ki siz O'na sığının, O'na sarılın. Sizin yegâne kurtarıcınızın O olduğunu idrak edin. Yalnız O'na el açın.

Sen benim kardeşim, eğer sen de her ne konuda olursa olsun mağdur edildiysen; haksızlığa uğradığını düşünüyorsan; zalimlerin elinde arkandan çevrilen işler olduğunu biliyor, ama ne yapacağını bilmiyorsan; yalnız olduğunu sanıyorsan; çaresiz olduğunu düşünüyorsan al eline Kuran'ı ve oku... Oku ki hakikatleri hatırlayasın...

Unutuldun sanıyorsan yanılıyorsun, sevilmiyorum sanıyorsan seviliyorsun kardeşim... **Unutan insandır!** Rabb'in unutmaz. Sevmeyen insandır. Vedud olan Rabb'in her daim sever, uzaklaşmaz. Acıtan insandır, Rabb'in acıtmaz. Ayıran insandır, Rabb'in ayırmaz. Mala, şekle bakan insandır, Rabb'in kalbe bakar, insansa bakmaz. Herkes bırakır seni, Rabb'in bırakmaz. Duamı duymuyor, usandı sanma. Rabb'in senden asla usanmaz! RABB'İN seni terk etmedi! Bırakmadı. Ve sana darılmadı!

Duhâ Suresi, 3. Ayet

"Her duanın karşılığı ***en doğru*** *zamanda verilecektir."*

Hz. Ali

Tembihli

Kader taşlarında
Ayak seslerin
Çizmeye çalışırken
Yollar tembihli

Güldürürken seni
Eski heveslerin
Süzmeye çalışırken
Sonlar tembihli

Ve izâ seeleke ıbâdî annî: Sana kullarım beni sorarlarsa, bilsinler ki...

Fe innî karîb: Şüphesiz ben onlara çok yakınım!... Ucîbu da'veted dâi: Bana dua edenin duasını kabul ederim.

İzâ deâni felyestecîbû: O halde onlar da çabalasın, gayret etsin davetime, çağrıma uymaya.

Lî velyu'minû: Ve bana "güvensinler", emin olsunlar (ki onları duyuyorum, durumlarını biliyorum, görüyorum).

Bî leallehum yerşudûn: Ki doğru yola erişsin ve olgunluklarını bulsunlar.

Canım kardeşim hâlâ "Allahım beni duymuyorsun!" mu diyorsun? "Beni görmüyorsun!" mu diyorsun? Nefsinden yana bakma, serbest bırak tutkularını ve şimdi her yönüne bak, hayatın her yerinden sana Allah'ın işaret, mesaj yolluyor... Kim kimi duymuyor? Duymayan sensin. Görmeyen sensin. Her yerden seninle konuşansa O... Yoksa hâlâ fark etmedin mi?

Mücadele Tasavvuru, 7. Ayet,

Hakkını Arayan Kadın Tasavvuru, 7. İşaret

"E lem tera ennallâhe ya'lemu mâ fîs semâvâti ve mâ fîl ard (ardı), mâ yekûnu min necvâ selâsetin illâ huve râbiuhum ve lâ hamsetin illâ huve sâdisuhum ve lâ ednâ min zâlike ve lâ eksera illâ huve meahum eyne mâ kânû, summe yunebbiuhum bi mâ amilû yevmel kıyâmeti, innallâhe bi kulli şey'in alîm (alîmun)."

Allah'ın göklerde ve yerde olan her şeyi bildiğini görmedin mi Deniz?

"Niye endişe ediyorsun? Niye korkuyorsun?

Niye ne olup bittiğini bilmediğin için çaresiz hissediyorsun?

Üç kişi arasında gizli bir konuşma olmaz ki, onların dördüncüsü O (Allah) olmasın Deniz?

Ve beş kişi (arasında gizli bir konuşma) olmaz ki, onların altıncısı O (Allah) olmasın Deniz?

Ve bundan daha azı veya daha çoğu, nerede olurlarsa olsunlar, mutlaka O (Allah), onlarla beraberdir Deniz.

Sen duymasan da Allah'ın tüm konuşulanları duyuyor Deniz... Korkma! Üzülme!

Sonra Allah'ın onların yaptıklarının hata olduğunu anladıkları o uyanış günlerinde, yaptıklarını onlara haber verecektir Deniz...

Muhakkak ki Allah; her şeyi en iyi bilendir, görendir ve O'na sığınan ve doğru olanı her daim kollayandır Deniz...

HİÇ MERAK ETME DENİZ, BEN HER ŞEYİ GÖRÜYORUM VE DUYUYORUM...

EĞER BEKLİYORSAM SAKIN GÖRMEDİĞİMİ YA DA UNUTTUĞUMU SANMA, BU BEKLEYİŞ SENİN ON SENE SONRAKİ DURUMUNU BİLE ŞİMDİDEN PLANLADIĞIM VE BU BEKLEME SÜRECİNDE BİR ŞEYLERİ HİKMETİMLE OLGUNLAŞTIRDIĞIM İÇİNDİR. HER ŞEY HALİHAZIRDA MÜKEMMEL VE SENİN İÇİN EN HAYIRLISI DÜŞÜNÜLDÜ. TEKÂMÜLÜN İÇİN EN GÜZELİ TASARLANDI.

HER ŞEY KONTROLÜMDE VE HER ŞEY PLAN DAHİLİNDE. BIRAK SENİ ÜZMEYE ÇALIŞANLAR BU TUZAKLARLA KENDİ TUZAKLARINI KURDUKLARINI ANLAMASINLAR. BIRAK KENDİ ARALARINDA SENİ ZARARA UĞRATMAK İÇİN KONUŞANLAR O KONUŞMADA BENİM DE BULUNDUĞUMU FARK BİLE ETMESİNLER.

ALLAH KULUNU HER DAİM DUYAR DENİZ. SEN SAMİMİYETLE BENİMLE İLETİŞİM KURMAYI VE BANA GÜVENMEYİ ASLA UNUTMA."

Bu işaretleri okuduğumda benim O'ndan duyduğum bunlar ve ötesi.

Kulunu kırmayan onun için çırpınan Rabb'in Resul'ünden (s.a.v.) yetişir kuluna...

Surenin inişine ilişkin rivayetler böyledir. O'na yönelip güvenen bir kulu için sure indiren Allah, senin için de cevaplarını/devanı ilham edip vesilelerle yollayacaktır...

Hayatta çaren olup olmadığı "kimi dost edindiğin" ile ilgilidir. Senin hakiki dostun kim? Onu seçmelisin. Seçtiğin dostuna göre yaşamalı, onun sevgi ve güvenini kazanmaya çalışmalısın... Kalbin yoksa bile aklın var! Neden "en güçlü"yü, "en merhametli"yi ve "yenilmez" olanı seçmek yerine, kendi el yapımı ilahlarına dayanıyorsun?

Kulunu kırmayan, onu darda koymayan Rabb'in, Havle'nin duasını kabul etti... Peki ya seninkini etmez mi sanıyorsun?

Zalim, "bir şeyi doğru yerine koymayan"dır. Kendini doğru yere koymayan, varoluş hakikatini doğru yere konumlandırmayan kendine zalimdir. Daha ne kadar kendine zulmettiğin halde bilincini/cehaletini değil de Allah'ı suçlayacaksın?

Zümer Suresi, 53. Ayet,
Zümreler-Sınıflar Tasavvuru, 53. İşaret

"De ki: Ey nefislerinde israfa giren (haddi aşarak günah işlemekle nefislerine zulmeden) kullarım. Allah'ın rahmetinden ümit kesmeyiniz. Muhakkak ki, Allah bütün günahları bağışlar. O Ğafur ve Rahim'dir."

İnsan onurunu çiğnemek, onun hakikatini bulmasına engel olmak onu **köleleştirmek** demektir. Etrafına şöyle bir bak, her yerde köleler var ve her köle bir başka köleye efendi. Zıhâr yapan kişi, eşini köleleştirip, manen-ruhen öldürdüğü için, ona sonraki ayetlerde çeşitli cezalar takdir edilmiştir. Kuran'da bu tür hatalar yapanlardan köle azadı gerçekleştirmelerini istemek ise aslında kölelik anlayışını sürece yayıp ortadan tamamen kaldırmak içindir. Kuran'ın hedefi her kulun kendi hakikatini gerçekleştirip özgürleşmesidir.

Sadece Allah'a köle olan kul özgürdür... Allah her şeyi bilendir... "Külli Şeyin Âlim..."

Her detayın, her meselenin Allah'ın bilgisinde olduğunu, O'nun her şeyi görüp bizzat şahidi olduğunu bildiğinde nasıl yanlışa saparsın ki?

Bu sebeple Allah'ın kullarına kendini tanıtması ve Allah tasavvurunun kul bilincinde inşası gerekmektedir. Her güzel ilişki, sevgi ve disiplin dengesinde olmalıdır; çünkü her insan suiistimale yatkındır. Çocuklarından pay biç... Neden Allah kullarını bazen uyarıyor o zaman anlarsın. Önce müjde verirsin ki umut var olsun, sonra uyarırsın ki saygı var olsun.

Eğer doğru ve güzel bir insan olmak istiyorsan ya da yetiştirmek istiyorsan, hem sevdiğin hem de otoritesinden çekindiğin biri muhakkak olmalı hayatında. Hayatın temeli dengedir. Otoritesiz sevgi, sevgisiz otorite olmaz.

Senin idrakinde Allah tasavvurunun inşasının bu şekilde ele alınması da bu yüzdendir.

Allah tasavvurunun inşası ne demek dersen...

Allah kavramının **doğru tanımının** senin bilincine yüklenmesidir. Çünkü birçok felsefe ve öğretide bahsi geçen Tanrı tanımı Peygamberimiz'in (s.a.v.) bize tanıtmaya çalıştığı Allah tanımından eksik ya da farklıdır. Peygamberimiz'in (s.a.v.) Allah'ını tanımazsan sistemi doğru kavrayamazsın.

Allah'ın kendisini sana Âlim, Basir, Semi ve Şahit olarak tasvir etmesi (senin) O'ndan bir şey gizleme ihtimalin olmadığının sana ifade edilmesidir.

Mücadele Suresi, 8. Ayet,

Hakkını Arayan Kadın Tasavvuru, 8. İşaret

"E lem tera ilâllezîne nuhû anin necvâ summe yeûdûne li mâ nuhû anhu ve yetenâcevne bil ismi vel udvâni ve ma'siyetir resûli, ve izâ câûke hayyevke bi mâ lem yuhayyike bihillâhu, ve yekûlûne fî enfusihim lev lâ yuazzibunâllâhu bi mâ nekûlu, hasbuhum cehennem (cehennemu), ***yaslevnehâ, fe bi'sel*** *masîr (masîru)."*

"Gizli konuşmaktan men edilenleri görmedin mi? Sonra men edildikleri şeye dönüyorlar. Aralarında günah, düşmanlık ve Resul'e isyan konularında gizli gizli konuşuyorlar. Ve sana geldikleri zaman, Allah'ın selamlamadığı bir şekilde seni selamladılar. Ve kendi aralarında, 'Öyle ise (o gerçekten peygamber ise) Allah, söylediklerimizden dolayı bize azap etmeli değil mi?' diyorlar. Onlara cehennem yeter. Ona yaslanacaklar (atılacaklar). İşte o varılacak yer ne kötü."

"Yaslevnehâ": Ona **yaslanacaklar** diyor...

"Yaslaha" kelimesi salah kelimesiyle aynı kökten geliyor. Araplar demir bir değneği ateşte doğrultmaya "salleytu" diyor.

Doğrulmak nedir? Düşen insanlara nasıl sesleniriz? Artık doğrul ayağa kalk demez miyiz?

Allah'ına yaslan ve ayağa kalk. Allah'ının önünde saygı duruşunda dur... Varoluşunu gerçekleştir.

Komutanın önünde saygı duruşunda durduğun gibi, marşın okunurken, kıymetli biri anılırken ayağa kalktığın gibi Allah'ının önünde de (huzurunda da) ayağa kalk, O'na yaslan ve varoluşunu, esas duruşunu gerçekleştir.

Artık sadece ALLAH'INA YASLAN...

Bil ki ihtiyacın olan tüm cevaplar sana verilecek. Çünkü Allah'ın her an seninle... Artık her konuyu sadece O'na SOR.

Muhakkak ki aradıkların ve çaren sana gönderilecektir. SAMİMİYETLE SOR... Güvenerek sor... İnanarak sor... Sadece O'na sor ve O'na ve Resul'üne yaklaş...

Hâlâ cevapların gelmediyse yanlış kişiye sormuşsundur. Dileklerin olmadıysa kimden istemen gerektiğini anlamamışsındır.

Hadid Suresi, 4. Ayet, Demir Tasavvuru, 4. İşaret

"Ve Hüve meaküm eyne ma küntüm!"

"Her nerede olursanız olun, O sizinle beraberdir."

Gayrimeşru

Böyledir işte
Hayat böyledir
İktidar savaşı verir
Seçimlere gitmeden
Kışlara gebe kalırken
Ömrünün baharında
Gayrimeşru yıllar doğar
Kader sayfalarında...

VE ALLAH'INA İMAN ETTİ YANİ GÜVENDİ!

"Allah'ın dost edindiği" bilinci rütbesiyle şereflenmek, yani (HÜLLE) HALİLullah olmak kolay bir şey mi? Hz. İbrahim bilincine varıp, çocuğunu ve eşini Rabb'ine teslim ederek çöl gibi bir yerde bile onları bırakarak, Rabb'i için görevinin peşine gidebilecek **iman ve teslimiyette** olmak. Eşine ve evladına o kadar düşkünken, Rabb'inin talimatları doğrultusunda, kendisine verilen görevi gerçekleştirmek için eşini ve evladını bir çölün ortasında bırakmak zorunda olmak. Bu iman ve teslimiyeti düşünebiliyor musun? Sadece kendi ve ailesi değil her birimizi düşünerek Rabb'ine hizmet etmek için çıktığı yolda; nefsini bir tarafa bırakarak, sorgusuz bir şekilde, şüpheye düşmeden, Rabb'inin evladın ve eşini en güzel şekilde koruyacağına emin olarak devam etmek nasıl bir iman ve teslimiyettir? Eşinin de Rabbimiz çağırdıysa git diyebilmesi nasıl bir iman ve teslimiyettir?

Kuran, beşeri ADAM eden Kitap'tır. Hani derler ya zengin olmuş ama adam olamamış, işte Kuran, Allah'ının eğitimi ve Peygamber'inin (s.a.v.) rol modelliğinde, "mahluk" boyutundaki beşeri, ADAM eder. Hatta ona RİCAL rütbesi bile verir. Yani senin benim bildiğimiz "adam gibi adam" anlamını... Ha, bilmelisin ki Kuran bu bilinç mertebesini kadın için de söyler. Olumsuz anlamda cinsiyet ayırımcılığı asla Kuran'da olan bir şey değildir.

Gelelim Rabb'inin Musa'nın annesine verdiği "Çocuğunu emzir" talimatının içeriğine... Hani biraz önce bahsettik ya, şöyle bir düşün, sahneyi kafanda canlandır. Kapında çocuğunu elinden alıp öldürmek için bekleyen askerler varken, kalbine gelen bir ilham yüzünden onu emzirir misin Allah aşkına? Bir ölüm kalım savaşında "Çocuğunu emzir" talimatı şu aklınla baktığında ne kadar mantıklı? İnsan kendi aklıyla baktığında bu talimatın arkasındaki hikmeti görebilir mi? Her şeyi bırak böyle bir talimata teslim olabilir mi?

İşte bak, herkesin dilinde gezen "Ben Müslümanım, ben müminim" lafları bu örneklerle kıyaslandığında ne kadar **samimi** sence? Ama Rabb'inin kâinata yolladığı Kuran gibi bir kitapta, Musa'nın annesinin sana anlatılması boş yere değil... O, Rabb'ine güvenerek, çocuğunu emzirdi ve onu suya bıraktı. Sonra diğer evladını, Musa'nın kız kardeşini yine Rabb'inden aldığı talimatla kardeşinin peşinden iz sürmesi için yolladı. Böylece sandığın kimin eline geçtiğini Hazreti Musa'nın kız kardeşi görebilecekti. İşte Musa'nın annesi tüm bunları **rabb'inin danışmanlığında** yaptı.

Bu talimatları sorgusuz bir teslimiyet içinde güvenle takip edip uygulaması ise yine Rabb'inin **"Sana çocuğunu iade edeceğiz"** sözüne güvenmesindendir. Aslında Musa emzirilerek, annesinin sütüne alıştırılmıştı. Bu da Allah'ın kurgusunun, ilminin ve hikmetinin bir parçasıydı. Firavun'un sarayına alındıktan sonra, doğal olarak, Musa'nın (a.s.) emzirilmesi gerekti. İşte Rabb'inin hikmetiyle annesinin sütüne alıştırılmış Musa (a.s.) onun için seçilen sütannelerin hiçbirinin sütünü kabul etmedi.

Bu noktada sana, Rabb'inle beraber, Rabb'inin danışmanlığında hareket ettiğinde, hayatında gerçekleşen zaman zaman ise sana mantıksız gibi görünebilen şeylere, nasıl bakman gerektiği öğretiliyor. Yapman ilham edilen bir müdahale olaylar olurken sana manasız gelebilse de, bu müdahalenin ilerleyen süreçte ne kadar bilgece olduğunu anlayabiliyorsun. Çocuğunu öldürmek üzere askerler kapıya dayanmışken, aldığı ilhamla onu emziren Musa'nın annesi bu hareketiyle Musa'nın Rabb'i tarafından onun sütüne alıştırıldığını ve aslında evladını yeniden kucağına alabilmesi için yapılması gerekenin bu olduğunu bilmiyordu.

Rabb'i, Musa'nın kız kardeşini de bu sebeple Musa'nın arkasından göndermişti. Hiçbir sütannenin sütünü kabul etmeyen Musa için sütanne arayışı olduğunu duyan kız kardeşi, Musa'nın Firavun'un sarayında olduğunu bildiğinden zeki bir manevrayla o çocuğa süt verebilecek birini tanıdığını söyledi.

İşte bak! Rabb'inin talimatlarına uyan Musa'nın annesi hem çocuğunun ölümden kurtulmasını hem de kendi kucağına geri dönmesini biiznillah sağladı.

Bu kıssa sana, **teslimiyet** ve **güvenle** Allah'ına bağlanıp O'nun talimatları yönünde çaba gösterdiğinde O'nun planlarının nasıl da gerçekleştiğini gösterir. Kuran bize tüm bunları bir hikâye gibi sunar. İlginç olan ise yapılan araştırmaların da insanların, "öğretileri" en iyi "hikâye" şeklinde idrak ettiklerini kanıtlamasıdır. Ne müthiş değil mi? Her şeyin en doğrusunu bilen Rabb'in hakikatleri en güzel şekilde anlayabilmemiz için bilinçlerimizde "hikâye/kıssa" anlatımları altında inşa etmektedir.

Sevgili kardeşim şu an bu noktada duruyorum ve *İşaret* serimizin bu 3. kitabını seninle paylaştığım aşağıdaki ayetlerle sırlıyorum.

Bu ayetleri senin "içindeki Musa" ile içselleştirmen ve kendi varoluş serüveninin ve hayat yolculuğunun Rabb'inin kelamıyla anlatımı için sana sunarken, kendi bilincim üzerinden naçizane tefekkürümle içselleştirerek Allahımızın bize gönderdiği mektuplarını, kelamını, anlatımını paylaşıyorum.

Taha Suresi, 37. Ayet, Taha Tasavvuru, 37. İşaret

"Ve lekad menennâ aleyke merraten uhrâ."

"Ant olsun, biz sana bir kere daha lütufta bulunmuştuk."

Taha Suresi, 38. Ayet, Taha Tasavvuru, 38. İşaret

"İz evhaynâ ilâ ummike mâ yûhâ."

"Hani annene ilham edilmesi gereken şeyleri ilham etmiştik."

Taha Suresi, 39. Ayet, Taha Tasavvuru, 39. İşaret

"Enıkzifîhi fît tâbûti fakzifîhi fîl yemmi felyulkıhil yemmu bis sâhıli ye'huzhu aduvvun lî ve aduvvun lehu ve elkaytu aleyke mehabbeten minnî ve li tusnea âlâ aynî..."

"Onu (bebek Musa'yı) sandığın içine koy ve denize (Nil'e) bırak ki, deniz onu kıyıya atsın da kendisini, hem bana düşman, hem de ona düşman olan birisi (Firavun) alsın. Sana da, ey Musa, sevilesin ve gözetimimizde yetiştirilesin diye tarafımızdan bir sevgi bırakmıştım."

Taha Suresi, 40. Ayet, Taha Tasavvuru, 40. İşaret

"İz temşî uhtuke fe tekûlu hel edullukum alâ men yekfuluhu, fe raca'nâke ilâ ummike key takarra aynuhâ ve lâ tahzene ve katelte

nefsen fe necceynâke minel gammi ve fetennâke futûnen, fe lebiste sinîne fî ehli medyene summe ci'te alâ kaderin yâ mûsâ."

"Hani kız kardeşin (Firavun ailesine) gidiyor ve 'Size onun bakımını üstlenecek kimseyi göstereyim mi?' diyordu. Derken, gözü aydın olsun, üzülmesin diye seni annene döndürdük. (Sana baktı, büyüdün) ve (kazara) bir cana kıydın da biz seni kederden kurtardık, seni sıkı bir denemeden geçirdik (ve kaçıp Medyen'e gittin). Medyen halkı içinde yıllarca kaldın, sonra (peygamber olman için) takdir edilmiş bir zamanda (Tur'a) geldin ey Musa!"

Taha Suresi, 41. Ayet, Taha Tasavvuru, 41. İşaret

"*Vastana'tuke li nefsî.*"

"Seni KENDİM için SEÇTİM."

Şimdi enfüste beraberce okuyalım mı?

RABB'İNDEN MEKTUPLAR

Ant olsun, biz sana bir kere daha lütufta bulunmuştuk DENİZ...

Hatırla! Hani en dar anında, en zor anında, ben ne yapacağım dediğin anda, eski bir dost kapını çaldı ve sana yol gösterdi.

İŞTE O BENDİM DENİZ!

Hani annene ilham edilmesi gereken şeyleri ilham etmiştik DENİZ!

Hani annen dardaydı. Babanı yeni yanıma almıştım. Hani evladımın rızkı nasıl çıkar şimdi dedi...

Hani teyzen geldi, "Güzel bir haberim var" dedi ya. Size borcunu ödemekten kaçan kişi bir kaza geçirmiş. Bunun üzerine borcunu ödemek için kendisi çıkmış gelmiş ve ödemesini yapmış.

O kazayla onun aklını başına getiren BENDİM DENİZ...

Sen yetim kaldığında, babasız kaldığında bir kanadın kırık olmasın diye anneannenin, dedenin, dayının seni sarmalamaları için üzerine tarafımdan bir sevgi bırakan BENDİM DENİZ!

Kendi hatalarından bile olsa zaman zaman dara düştüğünde, sana sırt çevirmeyen BENDİM DENİZ...

Seninle ilgili en güzel ilahi planlarımı ilahi takvime uygun olarak gerçekleştirmek için çabalayan, çalıştığın işyeri kapatıldıktan sonra nefsini daha güzel hale getirmek için yeni işini karşına çıkaran babacan patron aslında BENDİM DENİZ!

Seni KENDİM için SEÇİP YETİŞTİRDİM DENİZ.

Seni kimse değerli görmese de, kimse anlamasa dinlemese de, sana kimse kendini önemli hissettirmese de BEN senin içindeki cevheri koyanım ve bunu açığa çıkartman için uğraşanım. Ben sana güveniyorum ve bu yüzden SENİ KENDİM İÇİN SEÇTİM DENİZ...

RABB'İN...

* * *

SEN SEÇİLMİŞSİN...

NE ZAMAN ANLAYACAKSIN? NE ZAMAN O SEVGİLİYE, O ANNEYE, O DOSTA DÖNECEKSİN, NE ZAMAN?

“Misafir-im I - İşaret IV’te
buluşmak üzere...

HİKÂYEM

BAKIŞ "ACIM"DAN BAKIŞ "AÇIM"A

Sana umut satmıyorum, "Bana gel üç seansta bilinçaltın (bilinçdışın) temizlenecek" gibi gerçekdışı bir şey ise asla söylemiyorum. Allahım korusun olur da bir gün dersem, sakın gelme... Sakın! Allah'ın ilmi parayla anlatılmaz...

Ama şunu söylüyorum sana, Allah'ının sunduğu Peygamber'inin (s.a.v.) uygulayarak gösterdiği metotları uygularsan mutluluğu, huzuru bulacaksın, diyorum.

Hatta aslen KENDİNİ BULACAKSIN diyorum. Burada var olma sebebini...

Hayatın duvarlarının üzerine yıkıldığını hissetmek nedir bilirim.

Gök kubbenin üzerime yıkıldığını sandığım günlerim oldu. Öylesine kalp delici bir acı içinde bununla nasıl baş edeceğimi bilemediğim günlerim... İnsanlar gülümsüyorum zannederken içime içime haykırarak, boğulurcasına ağladığım günlerim...

Hiç kimse bilmeden hissedemeden yalnızlığım içinde ruhumun bedenimi yırtmasını seyrettiğim günlerim...

Ama bugün buradayım, tam da karşında...

Bunları hem kendim için hem de seninle bağ kurabilmek için yaşadığımı anlayarak.

İnsanlar mutlu görünen insanların hiç derdi tasası yok zannederler.

Olmaz mı?

Hiç unutmam, besteciliğimin ilk yıllarından birinde, sosyal medyada bir kardeşim bana "Ne kadar da dertli ve şansız" olduğunu, artık umudunun kalmadığını ve kimsenin onu anlamadığını yazmıştı.

Sıkıntısının ne olduğunu sordum ve ona nasıl yardım edebilirim diye kendi kendime dertlenmeye başladım. Anlattı... Sevdiği kişi tarafından terk edilmişti. Annesiyle babası onu anlamıyordu. Söyleyeceklerinin devamını bekledim. *Bu derece karamsarlığa düşme sebebi bu kadar olamaz* herhalde diye düşündüm...

Ama kırmadım... Anlıyordum çünkü dünyan ve merkezin "kendin ve nefsin" olursa, en ufak acında o dünya başına yıkılırdı.

O an durdum. Hayatımda ilk kez o gün hiç tanımadığım birine kendi hayatımı anlatmaya başladım. Olur da anlattıklarım uyanması için bir vesile olur diye.

Arabeske bağlamayı hiç sevmem. Kendime acımanın Allahıma hakaret ve nankörlük olduğunu düşünürüm ki, böyledir. Çoğu insan acıdan beslenir, acımayı ve acınmayı çok sever. Bense ne şanssızlığa inanırım ne basiretsizliğe, ben sadece "Allahıma" ve doğru bir niyetle "çalışmaya" inanırım...

Allahımın adaletine güvenim sonsuzdur çünkü Allahım kendisine inansın inanmasın Rahman ismi gereği çabalayana, çalışana çaba ve çalışmalarının karşılığını muhakkak verir.

Başkalarının duygularını sömürüp onun üzerinden bir şeyler kazanmak yerine onlara umut olmaya çalışarak yaşamak daha güzel değil mi? Ama sanırım güçlü görünmek diğer insanların hoşuna gitmeyen bir şey, özellikle nefis ve terbiyesi hususunda tecrübesi olmayanların.

Buradan ben nefsimi terbiye ettim, gibi bir anlam çıkmasın. Asla öyle değil... Herkesten kusurlu olduğuna inanan bir insanım. Ama kusuru önce kendinde arayan bir insanım. Onun, bunun ne yaptığıyla uğraşmak sadece vakit kaybı. Kendine bak derim kendime ve herkesinki gibi kibre meyilli olan nefsime...

Allahım kusurlarımı görmekten alıkoymasın beni. İşte asıl o zaman tekâmül sürecimin bittiği gündür, bilirim.

O kardeşime kısaca çocukluğumu anlattım o gün...

Hayal meyal bile hatırlamadığım babamı küçücükken kaybettikten sonra yaşadığımız maddi manevi sıkıntıları. Yıllarca bayram ve haftasonlarını "herkesin babasıyla gezdikleri günler" olduğundan sevmeyişimi. Yeni bir ayakkabı almam gerektiğinde annemi madden zorlayacak bir şey olmasın diye ayakkabımın altındaki deliği boyalı kâğıtla kapattığım, kendimce ona destek verdiğim günlerimi.

Babamdan sonra kanser olup giden, biz oyun oynama derdindeyken yanımızdaki odada sessizce Hakk'a yürüyen dedemi.

Annemin, bize anne baba olmaya çalışan anneanne ve teyzemin kimi zaman yokluk içinde yaşadıkları zorlukları kimseye sezdirmeden çabalamalarını.

Babam yerine koyduğum ve babamla aynı isimdeki dayımın babamla aynı yaşta bir gün ani bir kazayla bize veda bile etmeden gitmesini anlattım kardeşime.

Dayım kaza geçirdiğinde bunu kaldıramayacak kadar küçük yaşta olmama rağmen kaza geçirenin o olduğunu ben teşhis etmek durumunda kalmıştım, çünkü annem ve anneannem bilsin istememiştim. Teyzem eşiyle şehir dışındaydı o gün çünkü...

Çünkü çünkü çünkü...

"Sen..." dedim kardeşime. "Anne babandan dem vuruyorsun.'En azından varlar' demen gerekirken, en büyük sorunun bunlar olsun."

En yakın arkadaşın "Üzülme bundan daha da ötesini yaşayan insanlar var" dedi diye, dürüst davranıp doğruyu söyledi diye neden ondan soğuyorsun?

Hiç yetimhaneye gittin mi? Benim dedemin tüm ailesini o beş yaşındayken gözleri önünde şehit etmişler... Böyle bir acı ne demek fikrin var mı? Evleninceye kadar onun hiç kimsesi olmamış. Hiç kimsesi...

Sen "hiç kimsesi olmamak" nedir bilir misin? O hissi hiç yaşadın mı canım kardeşim dedim...

Peki ya yaslanabileceğini düşündüğün insanların gidişlerini gördün mü hiç? Öyle aniden?

Gencecik yaşında bir kaza sonucu doktorlar sana ameliyat olursan felç, olmazsan da 24 saat acı içinde yatalak kalacağını söylediler mi dedim.

Ben çocukluğumdan beri gelen şarkı-şiir yazma, besteleme yeteneğimi ne zaman bu derece ele aldım biliyor musun?

O yatağa "mahkûmiyetim" esnasında... Tam bir buçuk yıl gece gündüz ağrı eşiğini son noktaya kadar zorlayan acılarla, arkadaşlarım dışarıda gezerken; eskiden iğneden bile korkan ben, doktor doktor gezip "Ne olur beni KESİN!" diyecek noktaya gelmiştim. Ve biliyor musun gece gündüz bunu yapacak doktor aradım.

Sen çoğu insan gibi, şarkılarımı sahilde sevgilimle kokteyl içerken falan yaptığımı ve bu işin böyle bir iş olduğunu düşünüyorsun belki de. Ama o iş bende öyle olmadı dedim...

Benim terapim oldu, yoldaşım oldu yazdıklarım. Rabb'imin benimle iletişimi oldu şarkılarım, bestelerim... Hele ki şiirlerim dedim. Hepsi Rabb'imin hediyesi... Ben O'nun en büyük şair ve olağanüstü bir müzisyen olduğunu onları yazıp bestelerken anladım.

Kardeşim de bana aynen şöyle söyledi:

"Durun ne olur. Vallahi bilmiyordum. Şu an kendimi bıraktım sizin için üzülmeye başladım."

"Neden?" dedim. "Neden *üzülmek?* Bunların hepsinin bir nefsi terbiye, öğreti ve beni olmam gerekene iten bir kurgu olduğunu düşünmek yerine, neden üzülmek? Sakın, sakın üzülme. **Olan şeyi anlamaya çalışmak ve doğru seçimlerle kaderinin işaretlerini, izlerini takip ederek Kendi'ne, Öz'üne "tekâmül" ederek kavuşmak için buradasın.**" Beni şu anda okuyan yol arkadaşım... O kardeşime olduğu gibi sana da bu sözlerim. Benim canım ezel kardeşim. Bir yerlerde tanışmış olmasak ne sen şu an bu kitabı elinde tutar ve ne de ben seninle konuşma fırsatı bulabilirdim.

Ben artık dün ne, yarın ne, geçmiş ne, gelecek ne inan bilmiyorum. Ancak bu dünyanın bir oyun sahnesi ve "bu ışık oyununda" Hakikat'e dönebilme şansım olduğunu biliyorum. Ve tam da bu yüzden "senaryoya" dahil olman gerektiğini...

Artık endişe duymayı, kendine acımayı, nefsinin tuzaklarına düşmeyi bırak. Ve Allah'ına GÜVEN. İman aslen budur... Ona inanman ve güvenmen. Yaşadığın her şey, seçimlerin ne olursa olsun, sürekli senin "Kendi Öz"üne varabilmen için uyarlanıyor. O yüzden sakın üzülme...

Çünkü her şey ilahi plan dahilinde... Hiçbir şey ilahi planın dışında yürümüyor.

Ve hayatın "asli Takvim'i" o sayfalardan saydığın rakamlara suretlediğin geçen günler, aylar, saatler değil senin İLAHİ PLAN SÜRECİN...

Hazırsan sahne!

Sessiz Film

Ben de istemez miyim?
Geri sarmayı
Hataları...
Ama ne yönetmenim ne de direktör...
Film benim gibi görünse de
Telif hakkı kaderin!

Bazen
Esas oğlan mıyım?
Yoksa dublör müyüm?
Onu bile bilmiyorum...

Bazı yerleri yanmış filmimin
Ateşimden mi acımdan mı?
Kim bilir
Hayal meyal
Hatırlıyorum...

Hep merak ederim
Bu bölümün sonu ne olacak
Ya da filmin sonu... Sanık hep kader
O zaten her filmde
Öyle...

Ama kötü adam kim?
Beni bu hallere koyan...
Sevdiğimden ayıran...
Paranın kölesi olan...

Sessiz film benimkisi...
Duymaz oldum söylenenleri
Görmek istediğimden öte...
Kadrom bile belirsiz!...
Fukara filmi benimkisi...
Yakında her rol benim...
Bir tek Kendim'i beğenince
Anlaşamadığım aktörlere teker teker
Yol verir oldum...

Diğerleri niyeyse
Beceremiyor
Benim kadar rol yapmayı...

Motor...
Kes...
Yalanları çıkar...
Yalnızlığa ekle...
Hayatım...
Montaj...

Herkes şarkı yazamaz ya da besteleyemez, herkes fizik kimya anlatamaz ama herkes kendi hayatını yazabilir ve yazmalıdır...

Kameranın önünden değil, arkasından bakarak... Çünkü her hayat O'nun kaleminden çıkmış inanılmaz bir sevgi ve şefkat yağmuru içinde muazzam bir kurgu ve başarı hikâyesidir... Yeter ki oyuncu SUFLÖR olarak **nefsi** yerine **özünü** dinlesin...

Hayatın eminim ki fark etmediğin onlarca örgüyle dolu... Sana sunulan onlarca fırsat "Ayakkabı bağını bile Allah'tan iste" diyen canın Peygamber'inin (s.a.v.) sözünü unuttuğun için, bağlanmadan kayıp gitmiş.

Ama hiçbir şey için geç değil... Hatta tam tersi!

Şimdi tam zamanı!

* * *

Yıllardır tasavvuf, hakikat ilmi ilgimi çekmiştir. Anneannemin, ailemden biri gibi öylesine çok sevdiğim Hızır (a.s.) ile başlayan maceraları, ailesi ve kendisinin "*Yüzüklerin Efendisi*'ne taş çıkartır" denilecek türden masalsı hayatı, babamın Hakk'a yürümesi ve aile içinde sonradan gelen ani vedalarla annemde ve ailemizde iyice artan hakikat ilmi sevdası bunun başlıca sebeplerindendir. Rabb'imize özlemimiz, onlarca Hak dostuyla tanışmamız ve hayat yolculuğumuz, her biri ayrı ayrı bu hakikatlere ilgimi çok küçük yaştan beri pekiştirmişti.

Bir kafeteryada arkadaşlarımla otururken, stüdyoda yemek arası verirken veya hukuk şirketinde uzun çalışma saatleri içinde verilen aralarda, kulaklıkla hakikat ilmi çalışırdım... "Onlarca defterin var, yazıp yazıp duruyorsun, bunlar ne olacak ki?" diyebilenlere ve biraz da "Tuhafsın!" minvalindeki bakışlara cevaben, "Hem kendim için çalışıyorum hem de çevreme anlatabilmek için. Neden derseniz, aşk bu, ama başka bir sebebi yok..." der, kendimce birtakım açıklamalara girerdim.

Aslında doğduğum andan itibaren olanların hepsi Rabb'imin "Sebbeha lillâhi mâ fîs semâvâti vel ard" diye başlayan Hadid[28] Suresi'nin bu ilk ayetinin anlamı olan "Göklerdeki ve yerdeki her şey Allah'ı tespih etmektedir" işaret ve özetinin dahilindeymiş...

Yerler ve göklerdeki her şey gibi hepimiz Allahımızı TESPİH ediyormuşuz... "Sebbeha" bir anlamıyla yüzmek, bir an-

28 Hadid, 1. ayet.

lamıyla ise "bir parçacığın merkezinden koparak hedefine doğru yol alması" demektir...

Kelimeyi kurcalamaya başlayıp da bu manayı fark ettiğimde aslında o parçacığın Ben olduğumu anladım. Hayatımda olan her şey parçacığın hedefine doğru yol alması, **yani benim varoluş hakikatime, özüme, kendime doğru yol almammış**. Tüm bunlar da benim tespihimmiş. Geçtiğim her hayat kesiti hedefime gidişte menzil ve duraklarımmış.

Yeni bir plana gerek yokmuş, zaten hayatım için seçilmiş en güzel plan hazırmış. İlahi bir plan... Tüm yapmam gerekense bu ilahi planı **"oku"**maya çalışma metotlarını öğrenmek ve bu ilahi planın sahibi canım Allahıma ve O'nun sistemine teslim olmammış...

Ta ki Kuran'ı Rabbim kalbime daha çok izah etmeye başlayıncaya kadar. Bunları bilmiyordum.

Bundan dört yıl önceydi. Yıllardır çok şey yaşanmıştı. Son dönemde İstanbul'dan sık sık ailemin yaşadığı kente yanlarına geliyordum çünkü annem ve anneannem rahatsızlanmıştı. İkisinin de uzun süren, takip edilmesi gereken tedavi süreçleri başlamıştı.

Şu koca dünyada artık, annem, teyzem, anneannem ve ablam kalmıştık. Diğer tüm sevdiklerimiz gitmişti, hep beraber er geç buluşacağımız yere.

Bir gün teyzem durup dururken bana "Ben annenle İstanbul'a gideceğim kızım, birkaç güne geliriz. Ufak tefek işlerimiz var, ablanı da görmüş oluruz" dedi. Anlayamadım tabii.

Yine de, "Peki... Ben anneannemle baş başa vakit geçiririm, siz merak etmeyin, ama bol bol gezin, değişiklik size çok iyi gelir" dedim.

Gülümsedi.

Yine anlamadım. Tuhaf bir his ve kalbimde ani bir sızıdan başka bir şey hissedemedim.

Ona o sene denize giderken giyer diye mavi bir deniz kıyafeti almıştım. Normalde maviyi sevdiği için mutlu olur diye düşünmüştüm ama bu sefer ondan, ara sıra ona bir şey aldığımda görmeye alışkın olduğum tepkiyi görememiştim. İstanbul'a gittikleri gün fark ettim. Mavi kıyafet komodinin üstünde öylece duruyordu, dokunulmamıştı...

Anneannem yalnız kalmaya alışık olmadığı ve nasılsa teyzemle annem birkaç gün içinde döneceklerdir diye düşündüğüm için, onu alıp komşumuz Gülümser Teyzelerin çıktığı yazlık siteye götürdüm.

Sonra...

Sonra ne mi oldu?

Teyzemle annemin bu ani İstanbul seyahati uzamaya başladı. Cevap verilmeyen ve cevap verilme arası normalden çok daha fazla uzayan telefon aramaları...

Neler oluyordu? Ablam İstanbul'da onlarlaydı. Ona ulaşıp da ne oluyor, ne bu gizem diye sorduğumda "İyiyiz, bir şey yok" diyordu.

Anlamıyordum. Ama içim titriyordu. Nedensiz sandığım bu iç titremesinin çok önemli bir nedeni olduğunu bir gün, nihayet öğrendim...

Ablam aradı. "Deniz..." dedi, konuşmakta zorlandığını anlamamam için uğraştığını hissettiğim bir ses tonuyla...

"Ne yapıyorsunuz ya siz?" dedim. "Anneannem her gün soruyor, bunlar nerede diyor... Vallahi kızmaya başladı artık. Görüyor musun bak bizi bırakıp gittiler, geziyorlar diyor" dedim...

"Deniz..." dedikten sonra sesi gitti.

O an, o ana dek görmek istemediğim şeyden artık kaçamayacağımı anladım. Kalbim hızla atmaya, nefesim hızlanmaya ve ellerim titremeye başladı.

Üzerimizde yıllardır hakkı büyük olan apartman görevlimiz Adnan Ağabey'in çok sevdiğim eşi Raziye Abla'nın, son günlerde ani ziyaretlerle bize gelip konuşma esnasında ben

"Bizimkiler de yakında gelirler, geziyorlar herhalde bak ya!" dediğimde gözlerinde gördüğüm o acımanın, o üzgün bakışın sebebini ben o an anladım.

"Ne oluyor Şeniz?" dedim. "Bak..." dedi. "Teyzem."

Ağlamaya başladım... "Hayır!" dedim... "Hayır sakın... Sakın bana!..."

Teyzem, babasız büyümüş bizler için o kadar fedakâr davranmıştır ki anlatsam kitap olur. Hatta onun bizdeki emekleri yüzünden Müjde Ar'ın *Teyzem* adlı filmini ilk izlediğimizde ablam ve ben o kadar ağlamıştık ki arkadaşlarımız bir filme neden bu kadar ağladığımızı anlayamamıştı...

Her zaman söylerim, acılarını paylaşmak, mutluluklarını paylaşmaktan çok daha fazla yakınlaştırır insanları. Bu böyle...

O filmin sadece adı geçtiğinde bile hâlâ boğazım düğümlenir, hâlâ en sevdiğim, izlerken en çok ağladığım filmlerden biridir. Konusunun farklı olması önemli değil, filmin bizim için önemli olan yanı, teyze ve yeğen sevgisinin bizdeki yansıması olmasıdır. Asıl mesele de bu...

Herkes aslında hep kendine ağlıyor bu hayatta. Ne ilginç değil mi?

Canım Allahımın canım lütfu, teyzem... Bu ailenin birçok yükünü gencecik yaşında sırtlamış, her zaman herkesi kendi önüne koyan, hiçbir zaman bencil olmamış, olamamış canım teyzem, beyin kanaması geçirmişti.

Bu kadar büyük bir kanamayı bile, nasıl olduğunu hiçbir doktorun anlayamadığı bir şekilde, bize hissettirmemişti. Ne çektiği dayanılmaz ağrıyı nasıl olup da bize yansıtmadığını ne de o kanamaya rağmen nasıl ayakta kalmaya çalıştığını hiç kimsenin aklı almıyordu. Canım Allahımın onun bu derece sıkıntılı halinde dahi bencil olamayışına verdiği bir lütuf olmalıydı bu...

Ve o, kimseye durumu tam anlamıyla anlatmadan, kimseyi üzmeden, dayanılmaz olduğu hakkında en ufak bir fikrimiz olmayan ağrıları yüzünden İstanbul'a gitmişti.

Ablam ağlayarak anlatmaya devam etti, "Yalnız beyin yapısı farklıymış."

"Bu da ne demek? Yani?" Cevap veremedi...

Tekrar seslendim... "Şeniz? YANİ?"

Sesi çıkmıyordu ki ablamın... Zorlanarak "Yani..." dedi. "Bir daha beyin kanaması geçirmemesi gerekiyormuş, eğer..." deyip sustu...

Allahım!...

"Ne? Allahım!" diye gözyaşlarına boğuldum...

Salonda oturan anneannem konuşmaları duymasın, olan biteni hissetmesin diye balkona çıkmış hüngür hüngür ağlıyordum. Anneannem ağladığımı görmesin diye akşamın o vakti güneş gözlüğü takmış, balkon kapısını sımsıkı kapatmış aşağı yukarı dolanıyordum.

"Peki ameliyatı yok muymuş bunun?"

"Onun için de gittik profesöre."

"VE?"

Hıçkırdı... Konuşamadı...

"Yani" dedi zorlanarak ve sustu... Allahım...

Artık hüngür hüngür falan değil boğularak ağlıyordum... Ama hâlâ o durumda bile, gencecik iki evlat kaybetmiş anneannemin en ufak bir tedirginlik yaşamasına mahal vermemeye de bir taraftan dikkat ederek... "Şeniz..." dedim...

Ablam ağlıyordu... Ben ağlıyordum...

Ağladım... ağladım... ağladım... Sonra durdum...

"Şeniz..." dedim. Yine ağlamaya başladım. "Şu an... şu an ramazan ayının üçüncü günü... Bak... Her şey değişebilir. Her şey... Biz kaderimizin ne olacağını bilmiyoruz ama güzelliklere ulaşmak, şerlerden korunmak için gayret etmekle, çaba göstermekle mükellefiz... Biz... Biz Rabb'imizden ümit kesmeden gayret etmeliyiz. **Artık ağlama değil, dua etme zamanı...** Yegâne çaremiz Allahımızdır. Hangi doktor ne diyor umurumda değil... Çünkü biliyorum ki sadece ve sadece **ALLAHIMIN DEDİĞİ OLUR.**"

Yalnız Allahımın dediği...

O şekilde kapattık. Ellerim ayaklarım titriyordu. Salonda her şeyden bihaber televizyon başında sevdiği dizisini izleyen anneanneme baktım...

Allahım dedim... Canım Allahım... Ne olur... yardım et bize... Ne olur...

Kafamdan deli gibi senaryolar geçiyordu... Neler neler... Allahım, dedim... Sen benim her şeyimsin, her şey sensin...

Bana verdiğin kendi varlığım, bu güzel aile, hepimiz, her şey yalnız senin tecelliniz benim canım Allahım... Ne olur beni bana verdiğin bu güzel aileye, bu güzel aileyi de bana bağışla... Her şeyin sahibi, hepimizin sahibi yalnız O'ydu.

Gökyüzüne baktım. Sanki direği sallanıyordu. Aklıma üşüşen onlarca şey beni sarsarken sanki içimde zilzal oluyordu.

Günlerce ne yedim ne içtim ne uyudum...

O dönemde teyzemin durumunu kontrol altında tutabilmek için kimsede uyku kalmamıştı. Allah korusun her an tetikte olabilmek için herkes insanüstü bir gayretle en az uykuyla ayakta kalmaya çalışıyordu. Bense derhal teyzem ve annemin yanına gitmeliyim ama anneanneme durumu hissettirmeden hangi bahaneyle onu İstanbul'a uçurabilirim diye kara kara düşünüyordum...

Bir gün Allahıma yine sabaha kadar yalvarmıştım... "Canım Allahım..." dedim. "Ne olur... Yok mu bir vesile, yok mu bu rahatsızlığı *senin izninle* çözebilecek doğru bir doktor? Ne olur beni teyzem için ona ulaştır."

O gün çok sevdiğimiz komşumuz Sevim Teyze'yle Evrim gelmişti bize, onlar da herkes gibi biliyordu olayı artık... Misafirliğe gelmiş gibi aslında anneannemi oyalamaya gelmişlerdi.

İçeri girdim... Gözlüklerimle...

Ablamdan olan biteni duyduğum o günden beri, anneannem gözlerimin şişini, kızarıklığını fark etmesin diye, evin içinde sürekli güneş gözlüğüyle dolaşan garip biri olmuştum.

Bana kızıyordu "Bu nedir kızım, evin içinde böyle gezilir mi?" diye.

Ben de ona, "Minnoşum, bilgisayara bakmaktan gözüm ağrıyor aşkım" diyordum. O zaman, bana kıyamadığı için, "Peki kızım ama ihmal etme bir doktora git, göster gözlerini" diyordu.

Evrimler anneannemle oturup onu başka konularla meşgul etmeye çalışırken, ben izin alıp içeri, çalışma odama girdim. Kalbimi Allahıma raptetmiş O'ndan yardım diliyordum. Onun bana doğru yolu göstermesini, beni doğru doktora yönlendirmesini bekliyordum. Bilgisayarımı açtım ve arama motoruna beyin sapı, kanama, doktor yazdım...

Pat diye önüme Yeditepe Üniversitesi Hastanesi ve Doktor Uğur Türe ile ilgili bir yazı çıktı. Bunun Allahımdan geldiğinden emin olarak, yazıyı ve devamını okumaya başladım...

AMAN ALLAHIM!

Bu kişi teyzemin durumundaki hastalarla ilgilenen ve dünyada bu konuda ihtisası olan çok az sayıda doktordan biriydi!

Üniversitenin iletişim numarasını telefonuma girdim ve ARA tuşuna dokundum. Garip bir şekilde telefon daha doğru dürüst çalmadan hemen açıldı.

"Yeditepe Üniversitesi... Buyurun..." dedi bir kadın sesi. "Be... ben..." dedim. "Uğur Bey'den randevu almak istiyordum."

"Sizi hastaneye asistanına bağlıyorum" dedi ses.

"Teşekkür ederim..." diye sözümü dahi tamamlayamadan bağlandım.

Uğur Bey'in sekreteri telefonu açtığında ona durumu olabildiğince ilettim.

"Bu... bu çok acil bir durum..." dedim. Bana aynen şunu söyledi:

"Deniz Hanım, Uğur Bey yurtdışına çok sık seyahat ettiği için randevuları aylar öncesinden düzenlenir... Bu kadar çabuk ulaşabilmeniz gerçekten mucize, çok şanslısınız."

"Şanslı değilim" dedim. "Dualıyım. Allahım yardım etmese size asla ulaşamazdım."

Durdu.

Hafifçe güldü. "Doğru söylüyorsunuz, dua her şeyden önce gelir."

Böyle böyle her şey yol almaya başladı. Tüm bunlar oluyordu ama o süreç hiç de kolay geçmiyordu. Teyzemi ameliyata ikna etmek çok kolay değildi. Olayın ciddiyetinin ne derece büyük olduğu, Allah korusun olmuş hasarın üzerine bir de korku ve stres faktörü binmesin ve yeni riskler oluşmasın diye teyzemden hâlâ gizleniyordu.

Bu arada anneannem İstanbul'u sevmediği için Nuh diyor peygamber demiyor ve oraya kesinlikle gitmem diyordu. "Biz niye gidiyoruz, ben yaşlı bir insanım yorulurum, çağır gelsin annenle teyzen," deyip duruyordu.

Ona durumun aslını anlatamazdım fakat öte yandan onu İstanbul'a gitmeye de ikna edemiyordum. Teyzem, annem ve ablam çok zor durumdaydı, bir an önce yanlarına gidip onlara güç vermeli, destek olmalıydık.

Ama ne denediysem olmadı... Sonra birden anneannemin katıldığım TV programlarında beni izlemekten ne kadar mutlu olduğunu defalarca söylediği aklıma geldi.

Ve Allahım beni affetsin, ona olayın içyüzünü, doğrusunu söyleyemedim ve onu ikna etmek için "Anneanne televizyonda çekimim olabilirmiş, çağırıyorlar bak aşkım, gitmezsek olmaz" dedim.

Bu durumda işime engel olmamak, beni zor durumda bırakmamak için, orada komşuları olmadığından ötürü bir türlü çok sevemediği İstanbul'a gitmeye razı oldu...

Sezgileri olağanüstü yüksek bir insandı anneannem... Onu tanıyan herkes de onun bu yönünü bilirdi. O tertemiz kalbiyle Allahım ona neler neler görmeyi ve hissetmeyi nasip etmişti. Ama bu defa... bilmiyorum... Belki de bir şeyler sezmişti, ama inanmamıştı. Yine de artık beni kırmamak için İstanbul'a gitmeye tamam dedi... Belki de Allahım, anneannemin sezgilerini sonsuz şefkatiyle, olan biteni yaşı ve sağlık durumu gereği hissetmemesi için, örtmüştü. Canım Allahım...

Her şey bittikten sonra ona gerçeği yumuşatarak, hafifleterek söyledik. Ama o dönemde, yaşı, kalbi durumu ve öncesinde iki gencecik evlat kaybetmiş biri olmasından dolayı neyi nasıl söylemek gerektiğini bilemediğimizden, ondan doğruyu gizlemiştik.

Velhasıl kelam, anneannemle İstanbul'a gittik. Daha eve geçtiğimiz an anneannem, annem ve teyzemin aşırı kilo vermiş ve üzgün hallerine şaşırıp "Ne oldu size?" dedi gülümseyerek "Yoksa Şeniz size diyet mi yaptırıyor?"

Çok esprili bir kadındı anneannem... Aslında "dı" dememek lazım çünkü hakikatte kimse ölmüyor...

Tabii biz onun tuhaf bulduğu her şeye geçiştirme cevaplar vererek günler günler geçirdik. Teyzem ameliyattan köşe bucak kaçadursun ben bu tür kanamalar ve ilgili ameliyatlar ve sonuçları hakkında okumadık şey bırakmıyor ve okuduklarım gereği onu ameliyat olması için ikna etmeye çalışıyordum.

Zor bir süreçti... Çok zor... Eğer ki Allahım bizi her zamankinden çok sarıp sarmaladığını bize hissettirmese o günler nasıl geçerdi? Nasıl?

Birine böylesine güvenmek ve inanmak ne güzel... O'nun seni her an, her koşulda EN iyi, EN mükemmel şekilde koruyup kolladığını bilmek... Birine böylesine muhtaç olup, O'na böylesine sığınabilmek ve çağrılarının hiçbirinin cevapsız kalmadığını görmek.

Biz teyzemin durumunu takip ededuralım bu süreçte bir gün iş ortağım ama aslen bunun çok ötesi Allahımın kulları içinde tayin ettiği canım dostum, kardeşim, ağabeyim, sırdaşım Taner bize geçmiş olsun ziyaretine geldi... Evin oğludur, üçüncü kardeşimizdir, Allahımın bana O'nun yolunda lütfudur o... Her zaman olduğu gibi o dönemde de bize o kadar destek oldu ki hakkını ödeyemeyiz. Allahım razı olsun...

Teyzem yemek yapmayı ve sunmayı çok sever. Tabii Taner'i de çok sevdiği için hemen ayaklandı ve Taner'e güzel bir şeyler hazırlamak istedi. Biz de o iyi hissetsin ve biraz başka bir şeylerle meşgul olsun diye bıraktık yapsın güzel yemeklerinden...

Bayramdı. İstanbul bomboştu. Herkes tatildeydi. Bizim içinse diken üstünde geçen zor günlerdi, çünkü acil bir durumda ne ulaşabileceğimiz bir doktor vardı ne de bir asistan ya da ekibi...

O gece teyzem Taner'e yaptığı yemeği anlatırken dilinde sürçmeler arttı. Taner, ben, Şeniz birbirimize baktık. Teyzem birden yüz ifademizi görünce ayağa kalktı ve o an ayaklarının tam tutmadığını gördük.

Aman Allahım! Ne oluyordu?

Onu paniğe sokmamak için neredeyse ağzımızda atmaya başlayan kalbimizle ona hissettirmemeye çalışarak teker teker yanından kalktık, yavaşça içeri mutfağa geçtik. İçeride sessiz bir şekilde ama panik bir halde ne yapmalıyız diye konuşmaya ve acı içinde ağlamaya başladık. İşin en zor kısmı gözünün önünde gerçekleşen bir şeye karşı hiçbir şey yapamamandı. Ne kadar da acizdi insan...

"Ne oluyor? Ne oluyor?" dedim.

Taner, "Evet bir şeyler oluyor Deniz..." dedi... Endişeyle... "Yürüyüşü bozuldu aniden ve konuşması..."

ALLAHIM tam bayram dönemiydi. Ne yapacaktık ne yapmalıydık? Doktoru yurtdışındaydı, bu geceyi geçirebilir miydik?

Anlatamam. İnanın anlatamam. O an olan bitenleri, o günleri, haftaları hatırlayıp yazarken bile nefesim gidiyor benden...

Kaç gün, kaç hafta daha uykusuzluk ve stres içinde "Ya yine olursa?" korkusuyla geçecekti? Daha ne kadar dayanabilecekti ruhum, bedenim? Ben de bir yerde bir an çökecektim, artık gücümün tükenmeye başladığını hissediyordum.

O gece de sabaha kadar uyumadım. Uyumadık. Nasıl uyurduk ki? O an ne oluyordu bedeninde? Sabah kalkabilecek mi? Onu ürkütmeden nasıl kontrol edebilirdik? Düşünceler, düşünceler.

Seccademde ağladım ağladım ağladım... Ağladım dua ettim... Ağladım yalvardım... Ve dedim ki Rabb'ime:

"Allahım... Biliyor musun ve elbette biliyorsun ARTIK her şeyi, bana sevdirdiğin tüm ailemi **gerçekten** sana TESLİM ETTİM... Tamamen teslim ettim... Ne yapabilirim ki? Ben kimim ki? Bana verdiklerine kendimce yapışmış, bırakmıyordum. Ne de âcizim... Ne de zavallı... Kimin malını kime bırakmıyordum, kimin malını kime bırakmıyorum ben Allahım? Hepimizin yegâne SAHİBİ SENSİN... Sen hepimizin sahibisin... MALİKİSİN... Acı içinde kıvransam da artık bana verdiğin her şeyi, kendimi ve tüm sevdiklerimi, tüm bu olanları, her şeyi SANA teslim ettim. Sana bıraktım. Sana güvenim sonsuz... Duamsa daim... Artık aczimi gördüm, ne kadar çırpınsam da hiçbir şey yapamayacağımı, hiçbir şeyin kontrolünün bende olmadığını artık gördüm. Ve tüm endişelerimi, korkularımı, bırakamadıklarımı... Kendimi... Her şeyi sana teslim ettim. Sana bıraktım..."

Anlatamam. O çırpınma hallerimi... O kurumayan yaşlarımı...

Allahımdan asla vazgeçmedim. İmanım kendi idrakimce tamdı. Ama yorulmuştum, bedenen neredeyse çökmek üzereydim.

O gece yine uyumadan sabaha kadar ağladım ve dua ettim. Yalvardım... Ve kendimi O'nun kucağına bıraktım... Hayatımda ilk kez belki de ilk kez, bu derece TESLİM etmiştim kendimi ve her şeyi... İlk kez bu kadar bırakmıştım. Rabb'ime bu derece teslim olmaya ilk kez bu kadar yaklaşmıştım.

Seccademin üzerinde saat yine sabahın sekizi olmuştu. Geldim, teyzemi kontrolde olabilsin diye onunla yan yana yatan annemle teyzemin arasına girdim. Orada uyuyakalmışım.

Bir süre sonra haftalarca gece gündüz demeden tonlarca yükü sırtında ve kalbinde taşımış birinin ansızın üzerinden yükü kaldırılmış gibi çok ilginç bir şekilde gözlerimi açtım.

Tamamen hafiflemiş biri olarak açmıştım gözlerimi...

Tam o an karnımdan çıkıp uçup giden bir MARTI gördüm...

İçimdeki BEN o neydi biliyordu. Kendini ben zannedense olanı şaşkınlıkla izliyordu.

Anne dedim... "Anne... uyan..."

Tam ona dönüp "Anne... Sanırım dün Kadir Gecesi'ydi" diyecektim ki, "Deniz..." dedi aniden kalkarak. "Dün Kadir Gecesi'ydi galiba."

"Ah!..." dedim. "Anne..." Teyzem duymasın diye fısıltılı bir sesle. "Bence de olabilir... Tabii Rabbimiz bilir ama uyandığımdan beri öyle bir his var içimde. Kalbim... Kalbimden tonlarca yükü kaldırdı biri bu sabah... Biliyorum O Rabb'imdi..."

O, karnımda ağrılar yapan acım var ya, martı oldu gözlerimin önünde ve benden uçup gitti bu sabah... Gördüm...

"Teyzem biiznillah yaşayacak anne" dedim... "İnşaAllah yaşayacak..."

Kaderin değişmesi de kader dahilindedir, Peygamberimiz (s.a.v.) bunu söyler ve *İşaret*'te buna detayıyla değindim. Ama işte biz neyin ne olacağını bilemeyeceğimiz için sürekli sözel ve fiili dua halinde olmalı, gayret sarf etmeli, Rabb'imize yalvarmaya devam etmeli ve o değişim olasılığı kader dahilindeyse onun için çabalamalıydık. Ömür belliydi, yine de biz süreçteki olasılıkları değerlendirme çabasından asla geri durmamalıydık. Eninde sonunda takdir edilen olacaktı ama biz umut etmeye devam etmeliydik.

Anneme döndüm... "Allahım artık bu belirsizlikle yaşamamıza kıyamadı anne..." dedim. "Ve bana sabah müjdeyi verdi Allahım. İnşaAllah..."

Sarıldık ve sessizce ağladık.

"İnşaAllah kızım" dedi... "İnanıyorum. Rabb'imize sonuna kadar güveniyorum..."

O gün manevi anlamda bambaşka geçti. Teyzem ameliyat olmaya ikna olmuştu ama fiziksel durumu gittikçe daha kötüye gidiyordu. Doktorunun asistanına ulaştık ve ameliyat öncesi bayram süresince acilen alabileceği ilaçları aldık. Artık yürümekte zorlanıyordu ve konuşması neredeyse tamamen bozulmuştu.

O gece bize ablamın iki arkadaşı geldi. Biri televizyoncu, diğeri yayıncı olan dünya güzeli insanlardı. Haber sunuculuğu yapan arkadaşı çok güzel yemek yaptığı için bir de yemek kitabı yazmak istiyormuş. Hem ziyaret ve sohbetleriyle teyzeme de değişiklik olsun hem de kitap meselelerini konuşabilsinler diye bizde bir araya gelmişler.

Ablam yazar olduğu için arkadaşıyla beraber istişare yapıyordu. Ortamın havası da değişsin diye keyifli, şen şakrak bir sohbet hali oluşturmuşlardı evde.

Benimse akşamın ilerleyen saatlerine kadar kim kimdir bilmediğim gibi, bu durumlara ilişkin en ufak bir fikrim de yoktu.

İftarımızı açtık. İlerleyen saatlerde ablam ve arkadaşları güzel sohbetlerine devam ederken günlerin yorgunluğu üzerimizde olduğundan biraz dinlenebilmek ve gece dualarımıza hazırlanabilmek için annemle biz izin istedik. Teyzem ve anneannemse uykuları geldiği için içeri geçti.

Ben içeri geçtikten bir süre sonra ablam seslendi:

"Deniz, yurtdışından ani bir telefon geldi acilen bakmam lazım, biraz misafirlerimle oturabilir misin?"

Yelda'yla yani yayıncımla tanışmam da böyle oldu. Allahımın takdiri ve ablamın vesilesiyle...

O gece onlarla on beş dakika için oturduğum sohbet, mesele İslamiyet'e dönünce ancak gece üçe doğru sonlandı. O da mecburen sonlandı çünkü sahur vaktiydi artık.

Defne (Sarısoy), Yelda'ya (Cumalıoğlu) dönüp, "Yelda bir dakika bak ciddi bir şey söyleyeceğim, sen benim kitabımdan önce Deniz'in kitabını çıkar. Ne olur... Deniz'in kitabı bir an önce çıkmalı" dedi.

Yelda da "Bence de!... İnsanlar bir de bu bakış açısıyla İslamiyet'i dinlemeli" dedi.

"Ne?" dedim. "Ne kitabı? Bu da nereden çıktı? Yok, benim böyle bir niyetim kesinlikle yok. Ben kimim ki? Sadece yıllardır süregelen çalışmalarımı paylaştım sizinle..."

"Hayır!" dedi Yelda... "Hayır!" dedi Defne...

"Senin bunu yapman lazım."

Gülümsedim. İtiraz etmeye ne durumum ne de saat müsaitti. Cevabı geçiştirdim.

Yelda bana döndü ve aynen şöyle dedi: "On beş gün tatile gidiyorum, döndüğümde ofiste seni bekleyeceğim. Teyzen acilen şifa bulsun, ameliyatı çok güzel geçsin İnşaAllah...

Olaylar biraz toparlandıktan sonra hemen kitabın üzerinde çalışmaya başlıyorsun."

"Hiç zamanı değil Yelda ve artı ben yazar falan değilim" dedim...

"Ben ciddiyim ve ARAYACAĞIM" deyip çıktı gitti... Haftaların yorgunluğu, "herkesin aşırı riskli" dediği koca bir beyin ameliyatı geçirecek olan teyzemin durumu, annem, ablam, anneannem... Yani benim cevap bile verecek takatim yoktu. O noktada kafamda başka hiçbir konu yer alamazdı...

Ne mi oldu?

O kimi doktorların asla olmasın dediği, bizimse Allahımıza tevekkül edip olmasını beklediğimiz ameliyatın öncesinde tahliller için hastaneye gitme günü geldi çattı.

Teyzemin ikinci kanamayı geçirdiği ortaya çıktı ve o artık ameliyattan kaçışı olmadığını öğrenmek zorunda kaldı.

O noktadan sonra gerek tansiyonu gerek diğer durumları kontrol altına alınıp acilen ameliyat için hazırlanmaya başlamıştı. Ardından ameliyat için teyzemi hastaneye götürme günü artık gelmişti.

Mübarek cuma günü...

Ablam durgundu o gün, annemse halsiz... Anneannemse hiçbir şeyden haberdar değildi.

Ona sezdirmeden iki hafta teyzemi hastanede nasıl yatıracaktık ve ameliyat nasıl geçecekti sorularıysa birbiriyle yarışır noktadaydı.

Ben mi?

Ben EMİNDİM!

O gün o hissi içime koymasa Rabbim, belki endişeli olmaya devam ederdim ama o Kadir Gecesi olduğuna inandığım gecenin sabahından beri hani insanın üzüntü zamanında karnında bir düğüm, bir ağrı, sancı olur ya, o haftalardır içimi kemiren sancı uçup gitmişti. Allahım bana işaretini vermiş ve hadi artık biraz uyu. Ama elbette her daim duanı eksik etme der gibi, rahatlatmıştı beni... Canım Allahım...

O gün evden çıkarken anneanneme baktım, "Sakın..." dedim. "Hareket ederken acele etme ve dikkat etmeden yürüme." Ona gözüm gibi bakmaya çalışırdım. Kendine yeten güçlü bir karakterdi anneannem ama zorla da olsa o yürürken ben ellerine yapışır dengesinin bozulmasına mahal vermemeye uğraşırdım kendi çapımda... Asla elini bırakmazdım. Asla... Olur da ayağı takılır düşerse üzerime düşsün de tutabileyim diye...

Ona, "Biz şimdi çarşıya gidiyoruz geleceğiz, gelince seni de misafirliğe götüreceğiz" dedik. Ve evden çıktık. Saat 10.30 gibi hastanedeydik. Teyzemin çekaplarını yaptırıyorduk. Onu dualarla odasına yerleştiriyorduk...

Saat 14.00 olmuştu, aklım nedense sürekli anneannemdeydi. Birden ablamın telefonu çaldı...

"Evet..." dedi ablam. "Ben Şeniz." "Evet... Ne! Ne zaman, nerede?"

Aniden ayağa kalktı ve sakin görünme çabasıyla odadan çıktı.

Hemen ben de onun arkasından kalktım. Teyzem "Ne oluyor?" dedi.

Annem de "Çocuklar ne oluyor?" diye seslendi.

Sakin görünmeye çalışarak, "Ne olacak? Sanırım işle ilgili bir şey" dedim. Oysa anlamıştım. Karnıma bu sefer başka bir sancı oturmuştu. Anneanneme bir şey olmuştu, biliyordum. Odadan çıktım. Ablam koridordaydı.

"Hemen geliyorum!" dedi. Bana baktı. "Anneannem düşmü.. Çok kötü düşmüş. Kalçası kırılmış, hemen ambulans bulmalıyız."

Başımdan aşağı kaynar sular döküldü. Evet.

Anneannem düşmüştü ve kalçası kırılmıştı...

Yeni bir koşuşturma başlamıştı. İçim eriyordu... Yaşlı bir kadın ve kalça kırığı, kızı hastanede haberi yok. Annemse annesi ve kardeşi arasında iyice allak bullak olmuştu... Ablam, ben... Kafamın içinde bin tane şey dolanıp duruyordu.

O esnada o kadar çok şey oldu ki... O kadar çok şey...

Sonuç olarak o gün anneannemi ve teyzemi aynı hastaneye yatırdık... Teyzemi 10. anneannemi 11. kata...

Normal şartlarda teyzem pazartesi ameliyat olacakken anneannem ondan önce, cuma günü ameliyat oldu.

Anneannem yıllar yılı ayakta kalabilmek için, biiznillah hep bizim için direndi ve Allahım da o zamana dek lütfetti bize bağışladı onu. Bunu o kadar iyi biliyorum ki. Canım Allahıma borcumu ödeyemem...

Anneannemin doktoru "Hastamız oldukça yaşlı, ameliyatından önce aileden kiminle konuşabilirim?" dediğinde, bize destek vermek için gelen dostlarımız doktora, "Aslında şu an hepsi zorda ama isterseniz Deniz'le konuşun" demişler.

Dolayısıyla anneannemin doktoru beni çağırdı. Odasına doğru yol alırken kalbim ya yerinden çıkacak ya da duracak sandım, ikisinin ortası değildi. "Allahım beni bırakma!" diye yalvarıyordum ve olabildiğince soğukkanlı davranmaya çalışıyordum.

Sürekli salavat getirerek doktorun yanına girdim.

Bana üzgün gözlerle baktı ve "Hoş geldiniz buyurun oturun" dedi. "Diğer hastanızı da şimdi öğrendim... Zor bir durum." "Sağ olun" dedim.

"Maalesef anneannenizin durumu çok riskli çünkü kalbinin ve ciğerlerinin faaliyetleri kısıtlı, dolayısıyla..."

"Biliyorum..." dedim. "Yaşama olasılığı? Sizce yani..."

"Risk büyük" dedi gözlerini kaçırarak...

"Teşekkür ederim..." deyip ayağa kalktım. "Allahım sizinle olsun, güzel haberleri bekleyeceğim."

Dört saat dendi ama saatler sürdü ameliyat... Tülay Teyzem, canım Tülay Teyzem ve oğlu Doğa'm... Teyzemin ameliyatında bize destek olmak için İstanbul'a gelmişti Doğa... Anneannemin durumu herkeste şok etkisi yaratmıştı...

Hastanenin içinde teyzeme ve anneme yansıtmamaya çalışarak geçen topu topu birkaç saat olmasına rağmen yıllar gibi hissedilen bir zaman dilimi. Boş bir hastane odasına geçip anneannemin ameliyat sonucunu beklemeye başladık. Ve bir türlü gelmeyen haberleri.

Doğa sürekli gidip geliyor ve bizi de teskin etmeye çalışıyordu. "Ben tekrar gideyim" dedi yine ve sonra heyecanlı bir şekilde döndü.

"Deniz! Şeniz! Çok şükür... Çok şükür... Ameliyat düşündüklerinden başarılı geçmiş..." dedi gülümseyerek.

O an, o sahne unutamayacağım anlarımdan biridir. Nasıl ağladık anlatamam!... Nasıl...

"Gece servise alınacak. Yalnız solunumunun ve kalp ritminin özellikle ilk 24 saat çok dikkatle takibi gerekecekmiş" diye ekledi. Anlayacağınız yine uyku yoktu... Ama olsundu... Çok çok çok şükürdü... çok... Günlerce uyumasam neydi? ALLAHIM SENİ ÖYLE ÇOK SEVİYORUM Kİ...

Ablamla beraber anneannemi bekledik... Bir süre sonra onu sedyeyle getirdiler.

Ablam, annem, Doğa o gece anneannemin yanında kalmak istediler... Ta ki ben anneannemi görünceye dek.

Onlara "Yok ben hallederim, siz teyzemle ilgilenin ki sezmesin bir şey... Anneannemle ben ilgilenirim" dedim...

Tam 24 saat aralıksız bir monitöre bakıyorsun. Belirli seviyelerin altına düşmesin diye rakamları sayıyorsun. Ve bu esnada kolunda onlarca kabloyu damarından söküp atmaya çalışan, bilinci narkozdan fazlasıyla etkilenmiş yaşlı bir insanın kendisine zarar vermesini engellemen gerekiyor.

Günler geceler geçti. Canım benim... Çok acı çekti. Belli bir yaşta halihazırda o kadar sağlık problemi ve geçmişten gelen yıpranmışlıkları varken, üzerine bu kadar büyük bir kırık ve böyle bir ameliyat onun için hiç de kolay değildi.

O pazartesi teyzem de ameliyat oldu. İkisinin de birbirinden haberi yoktu. Bizse bir alt kata iniyor bir üst kata çıkıyor ve birbirleriyle ilgili durumlarını onlardan gizliyorduk.

Teyzemin ameliyatında beyni açılmıştı. Böyle bir ameliyat sonrasında insanın ne kadar da âciz bir varlık olduğuna bir kez daha şahit oldum.

O süreçte dostlarımız ne dualarını ne yanımızda olan desteklerini esirgediler, Allahım hepsinden razı olsun...

Tülay Teyzem, Doğa'm, Raziye Ablam, Huriser Teyzem, Muhlise Ablam, Aynur Ablam, Şengül'üm, Taner'im...

Evimize döndüğümüzde salonda iki koca hastane yatağıyla iki hareket edemeyen hastayla uzun bir süreç geçirdik.

Canım Allahım onları o günler bağışladı ya... Daha ne olsun? Öyle mutluyduk ki...

Bir gün Mehmet Ali Hocam bize geçmiş olsun ziyaretine geldi.

Eve geldiğinde hastane ortamını gördü, gözleri doldu... "Kız..." dedi. "Gözlerin gülüyor, sana helal olsun." "Hocam..." dedim. "Yardım en yakınındakinden en uzağındakine kadar değil mi? Nefsi ezmek için insana her tür hizmeti yapmak gerekmiyor mu? Aczimizi görmek için hepsi vesile bunların ve günahlarımızdan topluca arınıp tekâmül etmemiz için."

Hocam bana dönüp "Şu elini göster bakayım" dedi. Mehmet Ali Hocam çok yönlü bir âlimdir. Kendisi tevazuu yüzünden böyle şeyler denmesinden hiç hoşlanmaz ama hakikat de değişmez...

Elfabe isimli kitabını, rüya yorumları ve tasavvuf kitaplarını muhakkak bilirsiniz.

Elimi avucuna alıp elimdeki çizgileri inceledi. İnceledi. Sonra bana dönüp gözlerimin içine bakarak "Sen..." dedi.

"Kitap yazmalısın. Hatta sen kitaplar yazacaksın ve bu kitaplar büyük bir hizmet olacak."

İşte *İşaret*'in asıl başlangıç hikâyesi o andır...

Ondan konuşanın Rabbim olduğunu hissettiğim Hak yolcusu hocamdan gelen bu sözler, Rabb'imin hayatımla ilgili kurgusunu anlamama sebep oldu.

Tüm bu olaylar, yıllardır dünyevi bir nedeni olmadan yapılan çalışmalar... Bu hastalıklar sürecinde, sokakta nefis peşinde gezmek yerine, ailene, yaşlı insanlara yardım etmeyi tercih etmek bir ödülün habercisiydi.

İmtihanlar geldiğinde isyan da edebilir insan ya da hayat kısa deyip dünyayı daha çok yaşama derdine de düşebilir.

"Varoluşunu, hakikatini" gerçekleştirmek ya da sadece daha rahat bir dünya hayatı için çabalamak... Bu ikisi arasındaki seçimin/tercihin senin Hayat Kurgu'ndaki değişikliğin merkezidir. Yine de sana bir sır vereyim, ilkini seçersen ikincisi zaten gelir.

Eğer şu an bir acı zincirinden geçtiğini düşünüyorsan Allah'ının RIZASINI kazanmak için DOĞRU olanı seç. Sakın "Ne doğru bilmiyorum" deme, sakın!... Çünkü insan neyin doğru olduğunu her zaman bilir ve bunu bilecek fıtratta yaratılmıştır. Bilemeyecek olsa Allah ondan doğruyu seçmesini beklemezdi.

Sen de biliyorsun neyin doğru olduğunu.

Bu yüzden artık Rabb'ine **"Bana bunları niye yaşatıyorsun?"** demek yerine, **"Beni neye hazırlıyorsun Rabbim bana bunu göster"** de.

Çabanı, gayretini ve de en başta O'na olan GÜVENİNİ, İNANCINI asla kaybetme...

SABRET... GAYRET ET...

Nefsini değil, hakikatini ve Hakk'ın halkına hizmet etmeyi seç.

Bizi haftalarca, aylarca hastaneye ve eve kapattı Rabbim, çünkü 24 saat bakıma muhtaçtı sevdiklerimiz... Ama bu olurken ödüllerini de gönderdi. Bizi eğitmeye devam etti...

Size bu kitapları hazırlarken bana her seferinde yeniden yeniden yeniden cehaletimi gösterip, beni böyle bir hizmete vesile kılarken eğitmeye, terbiye etmeye devam etti ve hâlâ da devam ediyor. Sonsuz hamd ve senalar olsun benim güzel Allahıma... Benim canım Allahıma...

Bununla beraber sizin sevginizi lütfetti, dualarınızı lütfetti. Sizlere vesile olabilmeyi lütfetti.

Hiç hak etmesem de...

Ben kusurlu bir insanım... Mehmet Ali Hocam, Faruk Dilaver Ağabeyim, Cemalnur Hocam, Ali Ağabeyim, Ali Ustam gibi ruhani bir lider bir Hak dostu veya önemli biri değilim. Ama yine de bana bunları lütfetti...

Ve ne yapsam bunların karşılığını ödeyemem.

Bu dünyanın HAYAL olduğunu anlamamı lütfetti. Peygamber'imi (s.a.v.) delice sevmemi lütfetti.

Pirimin sorduğum sorulara cevap verip benimle muhatap olmasını lütfetti.

Hak dostlarıyla muhatap olmayı lütfetti.

O'nun yolunda sizin gibi dostlar, yol arkadaşları lütfetti.

Asıl ölünün "hakikatine uyanmamış insan" olduğunu görmemi lütfetti.

Canım Allahım...

O bunları çoktan planlamış ama ben uyuyormuşum tabii... Teyzem ve anneannemin bakım sürecinde eşyalar indirilip kaldırılırken bir gün eşyaların arasından yıllar yıllar önceden kalan bir defterim düştü önüme, yeşil kaplı eskimiş bir defter.

Bir zamanlar içine notlar almışım.

Eşyaları kaldırırken kayıp düşen defterimin sayfaları dağıldı. Düştüğünde içinden dağılan sayfaları toplamak için eğildiğimde elime gelen sayfada aynen şöyle yazıyordu:

"İşte böyle sevgili okurlarım..."

Bir beyin fırtınası anında yıllar önce yazdığım, yazdırıldığım, "bende benden içeri" olan "ben" tarafından yazdırıldığım bir hikâye ve altındaki bu notum:

"İşte böyle sevgili okurlarım..."

İleride bir gün kitap yazacağımı bilen benden içeri ben yazdırmış olmalıydı bunu... İşte Rabb'imin kurgusunu o an anlamıştı.

Anneme, teyzeme, anneanneme, ablama gösterdiğim bu notu hâlâ da saklıyorum.

Sözün bittiği yer, sözün başladığı yermiş... Bunu anladım...

Şimdi senden de artık SIZLANMAYI BIRAKIP içinde bulunduğun durumda, her ne olursa olsun Rabb'inin yolunda, nefsin aleyhinde "doğru" davranmanı istiyorum...

Bil ki doğru "seçim" yaparsan ve kendine değil Rabb'ine hizmet etmeyi seçersen er geç senin için PLANLANAN gerçekleşecek.

Sabret. Gayret et...

İşte o zaman "hayret" edeceksin...

Allahım seni çok seviyorum ve senin beni tüm kusurlarıma rağmen sevdiğini biliyorum.

Canım Allahım...

Bana verdiğin her şey için sonsuz şükürler olsun.

Canım Allahım üzerimde canım anneannemin, senin bize bahşettiğin muhteşem tecellin anneannemin pijamasıyla bu satırları yazıyorum, onu hissetmek için...

Seni çok özledim canım Allahım, SENİNLE olmama rağmen... Beni bırakma... Ne olur bizi hiç bırakma...

Bize verdiğin anneannemize iyi bak olur mu canım Allahım?

Çok şanslıyım, çok... Her kulun gibi çok ŞANSLIYIM. Kucağından, koynundan ayırma bizi...

Kusurlu ve eksik ama SENİ çok seven kulun Deniz...

Benim canım Allahım, benim güzel Allahım...

Hayatın içinde bir su gibi, başımı o taştan bu taşa vurup bir yere doğru giderken ama nereye gittiğimi bile fark etmezken, bir gün lütfunla fark ettim ki, sen bana bu dünya deneyimiyle seni ve kendimi daha iyi tanımam, var olabilmem için, o kadar sonsuz ve paha biçilmez bir fırsat, bir şans vermişsin ki, hem de ben hiç hak etmediğim halde... Lütfetmişsin...

Biz kullarının hayat içinde hep duyduğu sözler vardır. Biz unutkan ve düşünmeyi dahi unutmuş kullar için bunlar artık içleri boşaltılmış, basmakalıp haline gelmiş, ezber edilmiş sözlerdir. Dildedir, kalpte değil. İşte bunlardan biri olan "Allah seni yoktan var etti" sözünü anlayıncaya dek ben seni de, rahmetinin sonsuzluğunu da anlamamıştım.

Dünyaya neden konduğunu bile bilmeyen, burada olmak benim seçimim değil diyerek zanda bulunan ve sadece bu dünyanın yaşama amacım olduğunu düşünen biriymişim ben.

Sadece topraktan ibaret olduğunu zannedip, geride gerçekleşmemiş hayaller, boşa çekilmiş acılar ve kırıklar bırakarak hayatının bir çukurda sona ereceğini düşünen âciz biri...

Karşılığını ödeyemeyeceğin kadar büyük bir hediye olan bu asli varlığının hazin bir sonla amaçsızlık içinde biteceğini zanneden zavallı bir idrak... Bana verdiğin bu tanımlamaya gücümün yetmediği hayat hediyene ekseriyetle bu idrakte yaşayan diğerleri gibi sitemler içinde veda edecekmişim.

Biliyor musun Allahım... Ve elbette biliyorsun ki, ben senin beni anlamadığını düşünme kibrindeyken bu âcizliğimle asıl ben seni anlamamışım benim şefkatli, sevgi dolu Allahım...

Ben vücuda gelmemiş âciz bir varlıkken şimdi bana verdiğin ebedi olma fırsatı ne demek onu bile kavrayamamışım benim canım Allahım...

Bu çocuğa elması vermişsin de o cam sanmış canım Allahım... Senden ayrı düştüğümüz ya da bu zanna hapsolduğumuz, doğrusunu cehaletimizle onca mesajın/işaretin/yardımına rağmen göremediğimiz bu dünya hayatını **gerçek** sanmışız canım Allahım... Anne ve babasının parlak bir geleceği olsun, o en iyi eğitimleri alsın ve her anlamda **tamamlansın** diye sılaya gönderdiği çocuğu gibi "ben yalnızım" sansam da, **senin** aslında bir saniye, bir an bile beni yalnız bırakmadığını, bir an olsun elimi tutmaktan vazgeçmediğini anlayamamışım ben canım Allahım.

Bana mektuplar yazmışsın sen. Onları elçilerinle yollamışsın. Sen hâlâ da her an mesajlar atıyor, beni arıyor, beni kendine yani özüme çağırıyormuşsun da ben... ben fark edememişim, hakikati görememişim canım Allahım... Niyetlendiğim insan bilinci makamına yakışmayan olumsuz bir işte bana verdiğin, sadece benim için düzenlediğin "kişisel âlemin" gökyüzünün kararmasının nedenini anlayamamışım. Hataya düşeceğim yere gidememem için emrindeki varlıkların, ağaçların, kuşların, arabaların, bulutların, her şeyin(!) emrinle elinden geleni yaptığını ama benim senin mesajlarını-işaretlerini okuyabilecek gözüm olmadığını idrak edememişim benim canım Allahım...

Ben senin kendine Hannan dediğinde bunun "yavrusu için çırpınan anne" demek olduğunu, senin her daim yavrusunu **"özleyen anne", "koruyan anne"** olduğunu bilememişim. Seni asla tanımadan ve tanıma zahmetine girmeden, "dua" zannettiğim "dünyevi geçici putlar ve hevesleri ilah etmemden kaynaklı sana söyleyip durduğum iki üç lakırdı"yı seninle sohbet zannetmişim benim canım Hannan Allahım...

Kulunu her daim şartsız koşulsuz seven ve onu affetmek için bahane arayan benim Raufur Rahim, benim Vedud Allahım, annelerin annesi... babaların babası... dostların dostu... sevgililerin sevgilisi...

Beni... Affet...

Hayat içinde, aslında benim Seni **hakkıyla** bilemediğim, tanıyamadığım, yanlış düşünüp kendi eksik idrak ve cehaletimle seninle ya da sisteminle ilgili olumsuz zan yapabilecek kadar şuursuz ve kibirli olabildiğim dönemler için affet beni canım Allahım...

Bu mektup... Asla SANA layık olmasa da...

Senin bana yazdığın onca mektubuna, bana gönderdiğin ve göndermekten asla vazgeçmediğin işaretlerine ve beni yetiştirmek için hiç yorulmadan bıkmadan gerçekleştirdiğin uğraşılarına sonsuz kez teşekkürüm ve cevabımdır...

Seni ÇOK seviyorum canım Allahım...

Bir gün... tam anlamıyla... kavuşmak üzere... Kulun...

Deniz...

Elhamdülillahirabbilâlemin

Allahualem bi muradihi bihi

İşaret Serisi:

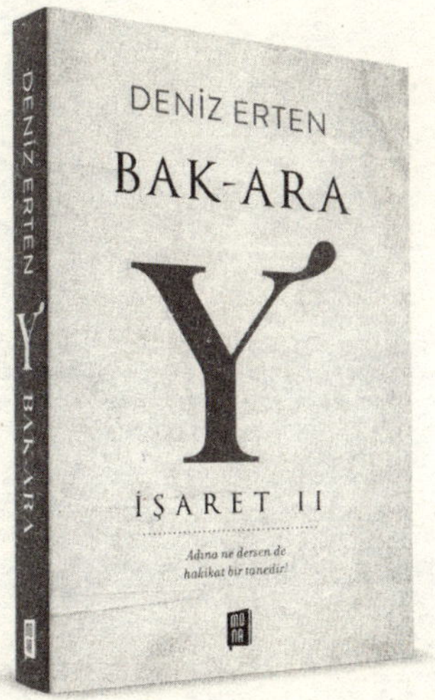

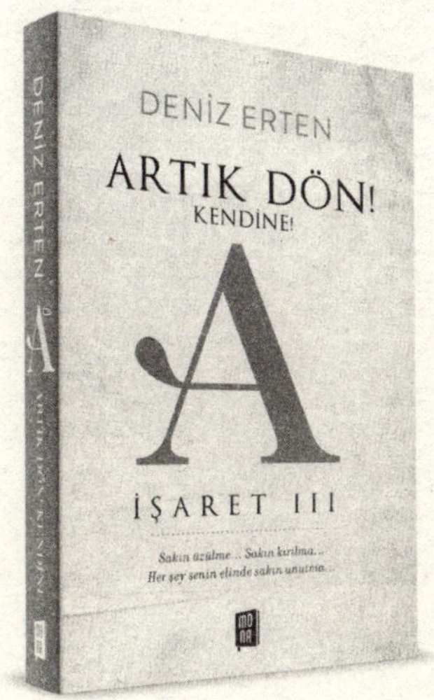

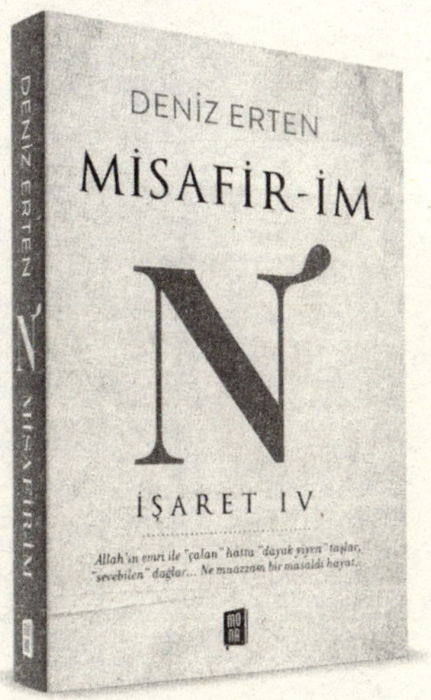

Kitabımın editörlüğünü yapan
Devrim Yalkut'a
teşekkürler...